Wandern im Wienerwald

Peter Hiess, Helmuth A. W. Singer

Wandern im Wienerwald

Die 30 schönsten Wanderungen
in und um Wien

FALTER *VERLAG*

Bitte besuchen Sie auch die Website *www.wandernimwienerwald.com*, auf der die Autoren des vorliegenden Buchs Sie mit aktuellen Wandertipps, Anekdoten und Gschichtln, Terminhinweisen und vor allem Aktualisierungen zu den 30 hier vorgestellten Wanderungen informieren. Wir bedanken uns ganz herzlich bei Susanne Schwameis, ohne die es dieses Buch nicht gäbe.

ISBN 978-3-85439-606-2
© 2021 Falter Verlagsgesellschaft m.b.H.
1011 Wien, Marc-Aurel-Straße 9
T: +43/1/536 60-0, F: +43/1/536 60-935
E: bv@falter.at, service@falter.at
W: faltershop.at
3., überarbeitete Auflage 2021
Alle Rechte vorbehalten.

Autoren: Peter Hiess, Helmuth A. W. Singer
Lektorat: Helmut Gutbrunner
Fotos: Katharina Bliem, Peter Hiess, Helmuth A. W. Singer
Karten: arbeitsgemeinschaft kartographie
Umschlagdesign: Dirk Merbach
Grafik und Layout: Marion Großschädl
Satz: Barbara Blaha, Andreas Rosenthal
Druck: Finidr, s.r.o., 73701 Český Těšín

MIX
Papier aus verantwortungsvollen Quellen
FSC
www.fsc.org
FSC® C014138

Wir haben bei diesem Buch im Sinne der Umwelt auf die Verpackung mit Plastikfolie verzichtet.

Inhalt

Über das Wandern, den Wienerwald ... und dieses Buch

Wir – die Autoren des vorliegenden Werks – wandern praktisch, seit wir gehen können. Zuerst mit den Eltern, später mit Lebensgefährtinnen, Freunden und Bekannten. Und manchmal, wenn wir dringend vom Schreibtisch wegmussten, gern auch allein. Insgesamt wären wir so sicher mehrmals nach Santiago de Compostela und zurück gekommen. Aber von dort blieben wir „lieber mal weg" ...

Anfangs war das Wandern für unsereins eine reine Notwendigkeit. Schließlich konnten sich seinerzeit nur wenige Leute teure Fernreisen leisten, und für den Urlaub in Österreich standen nicht an jeder Ecke Themenparks und „Erlebnisausstellungen" zur Verfügung. Man musste also auf die meist gut markierten Wanderpfade in der Umgebung Wiens zurückgreifen, besuchte die zahlreichen Ausflugslokale am Weg (von denen heute leider nur mehr ein Bruchteil vorhanden ist) und schloss die körperliche Ertüchtigung mit einem entspannten Besuch beim Heurigen ab.

Heute liegt Wandern wieder im Trend. Und das ist gut so – nicht nur für die Autoren eines Wanderbuchs. Es stärkt den Bewegungsapparat, füllt großstadtbelastete Lungen mit frischer Luft, baut Stress ab und weckt das Gefühl für die Natur, das vielen von uns abgeht.

Der Wienerwald, um den es in diesem Buch geht, ist zu jeder Jahreszeit ein lohnendes Wander- und Ausflugsgebiet. Wir haben dreißig Strecken ausgewählt, die auch für „Halbschuhtouristen" kein Problem darstellen sollten. Besondere Ausrüstung brauchen Sie dazu nicht; festes Schuhwerk bzw. gut eingegangene Sportschuhe und ein für alle Fälle mitgeführter Regenschutz reichen völlig aus. Nach längeren Regenfällen, bei extremer Hitze oder Kälte und bei schneebedecktem Boden ist allerdings von jenen Wanderungen abzuraten, bei denen größere Höhenunterschiede zu überwinden sind.

Natürlich kann es auch einmal passieren, dass ein Weg durch Traktor- oder Pferdespuren schwieriger begehbar ist – mehr als

Der Weg ist nicht das Ziel ... aber trotzdem schön

schlammbedeckte Schuhe und Hosenbeine haben Sie aber auch dann nicht zu befürchten. Gefährlicher ist da schon der natürliche Feind des Wanderers: der Mountainbiker. Immer wieder rasen einem solche Waldradler bei steilen Aufstiegen entgegen, auch wenn sie auf der betreffenden Strecke gar nicht fahren dürfen. Da der Mountainbiker aber ein Herdenwesen ist, sind Sie unter der Woche oder außerhalb der Ferienzeit großteils vor ihm geschützt.

Proviant brauchen Sie auf den meisten Routen nicht mitzunehmen; entlang fast aller Strecken findet sich mindestens ein Ausflugslokal, das Möglichkeit zur Einkehr bietet. Da sich Öffnungszeiten, Urlaube und Ruhetage dieser Gaststätten bzw. Hütten aber immer wieder ändern (die Informationen dazu im vorliegenden Buch sind auf dem Stand von Mitte Juli 2018), empfiehlt sich vor Antritt der Wanderung ein kurzer Anruf im gewünschten Lokal – oder das Einpacken belegter Brote, Äpfel und Wasserflaschen.

Auch bei den Markierungen der in unserem Buch beschriebenen Routen kann sich schnell etwas ändern. Die alten Marken verblassen oft bis zur Unkenntlichkeit und werden nur unregelmäßig erneuert, während die neuen gelben, EU-konformen Wandertafeln noch nicht überall (und manchmal verwirrend) angebracht wurden. Noch dazu sind Holzfäller dafür bekannt, dass sie am liebsten die Bäume an Wegkreuzungen umschneiden, wo eine entscheidende Markierung angebracht ist.

Daher haben wir auch eine abschließende Bitte an Sie: Sollten Sie beim Wandern feststellen, dass Wege anders verlaufen als beschrieben, Markierungen sich geändert oder Lokale geschlossen haben, dann schicken Sie uns doch bitte eine Nachricht an die E-Mail-Adresse bv@falter.at. Wir werden Ihre Korrekturen dann gern in der nächsten Auflage berücksichtigen.

Bis dahin aber wünschen wir Ihnen viel Spaß beim Lesen – und natürlich beim Wandern!

Helmuth Singer und Peter Hiess
(Wien, im Juli 2018)

Ein Naturgarten vor
den Toren der Großstadt

Der Wienerwald ist weder eine „Lebensregion" noch ein „Biosphären-park", auch wenn das auf allerorten aufgestellten Schildern behauptet wird. Er ist vielmehr ein seit Generationen bei Wanderern und Spazier-gängern beliebtes Gebiet rund um die österreichische Bundeshaupt-stadt, das sich mit Bahn, Bus oder Straßenbahn bequem erreichen lässt und zur körperlichen wie geistigen Entspannung einlädt – ganz unab-hängig von modernen Slogans.

Der Wienerwald umfasst eine Gesamtfläche von 1250 Quadrat-kilometern und dehnt sich westlich und südwestlich der Hauptstadt aus. Trotz seines Namens gehört er zu gut neunzig Prozent gar nicht zu Wien, sondern zu Niederösterreich. In der Ost-West-Dimension erstreckt er sich von der Randzone des Wiener Beckens bis zum Ein-schnitt des Traisentals südlich von Sankt Pölten, in der Nord-Süd-Richtung vom Donauknie bei Höflein bis zur Senke der Flüsse Gölsen und Triesting. Die nördliche Grenzlinie gegen die Niederungen des Alpenvorlands zur Donau hin durchschneidet das Tullner Hügelland etwa auf der Höhe Königstetten – Sieghartskirchen – Neulengbach – Böheimkirchen – Wilhelmsburg.

Das so abgesteckte Areal lässt sich in drei großräumige Zonen einteilen – den nördlichen, den südlichen und den westlichen Wiener-wald. Die logische Trennung zwischen nördlichem und südlichem Teil ist das Wiental. Südlicher und westlicher Wienerwald sind durch die Wasserscheide vom Gerichtsberg über den Schöpfl zum Jochgraben-berg bei Rekawinkel voneinander getrennt.

Die herausragende Erhebung des Wienerwalds ist der Schöpfl mit 893 Metern Höhe. Wenn man bedenkt, dass der tiefste Punkt in der Wiener Lobau auf nur 151 Meter Seehöhe liegt, ist es leicht vorstellbar, dass bei einigen Wanderungen beträchtliche Höhenunterschiede zu überwinden sind.

Wienerwald-Blick auf Wien

SANDSTEIN, KALK UND HEILENDES WASSER

Das bedeutendste geologische Merkmal des Wienerwalds ist das Aufein-
andertreffen von Sandstein (Flysch) und Kalkstein. Der **Sandstein-Wienerwald** macht etwa vier Fünftel des Wienerwalds aus. Südöstlich der
geografisch schwer auszumachenden Linie Wien–Mauer – Sulz – Alland
– Altenmarkt beginnt der **Kalkstein-Wienerwald** mit seinen schrofferen
Formen, die durch ihren Föhrenbestand an südliche Länder erinnern.

Längs des Alpenostrands verläuft in Nord–Süd-Richtung der
unter dem Begriff „Thermenlinie" bekannte Abbruch der Kalk- und
Sandsteinzone zur weiten Senke des Wiener Beckens hin. Es handelt
sich dabei um einen geologisch instabilen Landstrich, wo das in tie-
feren Bodenschichten gespeicherte Wasser mit wertvollen Mineralien
und Spurenelementen angereichert ist. Unter speziellen hydrogeologi-
schen Bedingungen kann es zu einem natürlichen Quellaustritt dieser
Thermalwässer – die sich bis zu 20.000 Jahre im Erdinneren befinden
– kommen.

In **Bad Vöslau** treten sieben Quellen mit einer Durchschnitts-
temperatur von 23° C aus, die in erster Linie das Thermalbad des Or-

tes speisen. Die bedeutendste dieser Quellen ist die sogenannte „Ursprungsquelle", die seit 1825 genützt wird, aber schon vorher bekannt war. Sie allein schüttet täglich an die drei Millionen Liter Thermalwasser aus. Ein Teil dieses Wassers wird gekühlt und gelangt nach Versetzung mit Kohlensäure als „Vöslauer Tafelquellwasser" in den Handel.

Etwa fünf Kilometer nördlich davon entspringen in Baden – beim Einschnitt der Schwechat zwischen Lindkogel- und Anningermassiv – 14 Steigquellen, die alle den Status eines heilenden Wassers besitzen. Täglich dringen dort ca. vier Millionen Liter des mit Kalzium, Natrium, Magnesium, Sulfat und Chlorid angereicherten Thermal-Schwefelwassers aus einer Tiefe von 900 bis tausend Metern an die Erdoberfläche. Die Temperatur des Wassers liegt zwischen 29 und 36° C. Im Kurbetrieb wird das heilsame Nass zur Behandlung aller Formen rheumatischer Gelenks- und bestimmter Hauterkrankungen eingesetzt.

Auch innerhalb der Wiener Stadtgrenze sind zunächst historische Quellen zu erwähnen. In Meidling existierten sogar mehrere kalte Schwefelquellen, die zum Teil zur Speisung des Theresienbads herangezogen wurden. Bereits 1965 trat bei Bohrungen im Raum Laaer Berg ein starker Schwefelwasserzufluss mit unglaublichen 53,8° C aus ca. 360 Metern Tiefe aus. 1974 wurde das Kurzentrum Oberlaa eingerichtet, um das hochwertige Thermalwasser einer therapeutischen Nutzung zuzuführen.

DIE „LETZTE BASTION" DER ALPEN

Wetter

Der Wienerwald fungiert als Wetterscheide zwischen Alpenvorland und Wiener Becken, das bereits stärker vom trockenen kontinentalen (pannonischen) Klima beeinflusst wird.

Im nördlichen und westlichen Teil können Westwinde ungehindert durch das Alpenvorland und das Donautal einströmen; hier sind mildere, oft schneereiche Winter und kurze, etwas kühlere und feuchte Sommer vorherrschend. Auf der vor kalten Nord- und Nordwestwinden geschützten Ostseite und vor allem im südöstlichen Teil macht sich der Einfluss des pannonischen Klimas mit seinen größeren

jahreszeitlichen Temperaturunterschieden bemerkbar: Die Sommer sind hier heißer, die Winter oft empfindlich kalt. Im Frühsommer fallen in diesem Gebiet die meisten Niederschläge.

Flora

Die Baumarten des Wienerwalds bilden verschieden zusammengesetzte Mischwälder. Am häufigsten sind Buche, Fichte, Eiche, Birke, Lärche, Kiefer und Tanne vertreten; der hohe Anteil an Buchen ist durch jahrhundertelange Einflussnahme des Menschen entstanden. Im eher vom maritimen Klima beeinflussten Teil treffen wir vorwiegend eine Mischung aus Laub- und Nadelhölzern an; während der trockenere nordöstliche Teil durch Laubholzmischwälder aus Buchen und Eichen geprägt ist.

Die hoch aufragende Rotbuche, die sowohl auf Kalk- als auch auf Sandsteinboden wächst, ist im gesamten Wienerwaldgebiet anzutreffen und kann daher als charakteristische Baumart dieser Region bezeichnet werden. Ihre biologischen Begleiter sind meist Schattenpflanzen, die bereits zeitig im Frühjahr – wenn die Baumkronen noch genug Sonnenlicht durchlassen – blühen. Im Unterholz gedeihen unter anderem Waldmeister, Leberblümchen, Buschwindröschen, Bärlauch und Maiglöckchen. Das kühle, feuchte Dunkel des Rotbuchenwalds macht diesen vor allem für Pilzsucher interessant, die an „Geheimplätzen" Eierschwammerln, Herren- und Birkenpilze sammeln.

Die im südöstlichen Wienerwald verbreitete Schwarzföhre, die vor allem die trockenen Hänge der Föhrenberge, des Anningers und des Hohen Lindkogels überzieht, ist nach der Eiszeit aus dem illyrischen Karstwald „eingewandert". Ihre heutige weite Verbreitung ist dem Einfluss des Menschen zu verdanken, der sie vor allem wegen ihres raschen Wachstums und der Harznutzung pflanzte. Bedingt durch den weniger dichten Bewuchs, der mehr Sonne und Luft durchlässt, haben wir es in Schwarzföhrenzonen mit einer Vegetation zu tun, die an die benachbarte Felssteppe („Heide") erinnert: Felsenbirne, Behaarter Ginster, Bergaster – und südlich vom Anninger auch subalpine Gewächse wie Alpenjohannisbeere oder Mehlprimel.

Fauna

Auch die Fauna des Wienerwalds ist typisch für den geografischen Übergang von den Alpen zu den weiten Ebenen des Ostens. Arten, die sich in schattigen, feucht-kühlen Gebirgswäldern wohlfühlen, sind hier ebenso anzutreffen wie Tiere, deren bevorzugtes Milieu sommerliche, trockene Hitze ist.

Viele Tierarten des mitteleuropäischen Gebirgswalds haben (und hatten) im Wienerwald ihre Heimat. Früher wurden hier sogar Luchse, Wölfe und Bären gejagt – sie sind aber seit weit mehr als hundert Jahren ausgestorben. Auch Wildschweine findet man bis auf wenige Ausnahmen nur mehr im Lainzer Tiergarten.

In der gesamten Region können aufmerksame Wanderer jedoch noch heute Rehe und Hasen, gelegentlich auch Dachse, Füchse, Marder, Igel, Maulwürfe und Iltisse erspähen. Der Rothirsch wurde nach dem Zweiten Weltkrieg so intensiv gejagt, dass er nur mehr selten zu sehen ist.

Unter den Nagetieren ist das Eichhörnchen am häufigsten zu beobachten; die langschwänzige Waldmaus, die Haselmaus und der Siebenschläfer zeigen sich untertags hingegen kaum. In einigen Höh-

Feuersalamander im Herbstlaub

len des Wienerwalds sind auch verschiedene Fledermausarten – wie etwa die Zwergfledermaus und die Kleine Hufeisennase – anzutreffen.

Die Vogelwelt besteht zum überwiegenden Teil aus Amseln, Finken und Meisen. Raubvögel kommen in jüngster Zeit wieder häufiger vor; hier sind vor allem der Wespen- und der Mäusebussard, der Habicht und der Turmfalke zu nennen. Die Region Wienerwald bietet ca. 150 Vogelarten, u. a. Rebhühnern, Fasanen, Buntspechten und Eichelhähern, eine Heimat.

Zu den Vertretern der Kriechtiere gehören in diesem Gebiet in erster Linie die Blindschleiche sowie die Ringelnatter. Giftschlangen gibt es im Wienerwald keine; die Kreuzotter, die oft fälschlich hier vermutet wird, ist erst im Gebiet jenseits der Triesting zu finden. Die bis zu zwei Meter lange Äskulapnatter hat sich wie die Smaragd- und die Mauereidechse im wärmeren Süden, nahe der Thermenlinie und der Weinberge, angesiedelt.

Im Frühjahr: die Bärlauch-Explosion

EIN WALD MACHT GESCHICHTE

Im Eiszeitalter war das Gebiet des heutigen Wienerwalds zwar nicht vergletschert, wies aber wegen der niedrigen Temperaturen auch keinen Baumbewuchs auf. Erst nach der letzten Kaltzeit im Alpenraum, der Würm-Eiszeit, begann die Waldgeschichte dieses Gebiets. Pollenanalysen haben ergeben, dass vor 9000 bis 11.000 Jahren erste anspruchslose Baumarten wie Birke, Espe und Kiefer auftauchten. Mit zunehmender Erwärmung konnten Eichen und andere Laubbäume – Eschen, Hainbuchen, Linden, Ahorne und Ulmen – im Wienerwald Fuß fassen. Sie bildeten mit der gegen Ende der Haselzeit eingewanderten Tanne Mischwälder.

Archäologische Funde belegen, dass der trockene und warme Ostrand des Urwalds im Neolithikum (ca. 2500 v. Chr.) erstmals von Menschen besiedelt wurde. Sie errichteten ihre Behausungen wahrscheinlich auf Lichtungen, die sie auch als Acker- und Weidegründe benützten. Mit der Verbesserung der Werkzeuge konnten immer weitere Gebiete gerodet werden. Die Randzonen des Walds dienten zur Gewinnung von Bau- und Brennholz, als Nahrungslieferant und zur Viehzucht. Letztere war bis ins Mittelalter üblich und gefährdete durch starken Verbiss zeitweise sogar die Existenz des Walds. Das Innere des Urwalds blieb aber noch jahrhundertelang weitgehend unangetastet. Sämtliche Volksstämme, die sich in diesem Gebiet ansiedelten – von Illyrern und Kelten über Römer und Markomannen bis hin zu den Goten, Hunnen und Slawen –, drangen nur bis zum Wienerwald vor und kultivierten die Landschaft rund um ihn herum, durchquerten ihn aber nicht.

In der Bronzezeit breitete sich die Rotbuche aus; der Eichenmischwald wich weitgehend einem annähernd geschlossenen Tannen-Buchen-Wald. Bis zum Mittelalter waren im Wienerwald noch große Eichenbestände zu finden, die seither jedoch stetig im Abnehmen begriffen sind.

Der Wienerwald wurde im Jahr 1002 erstmals urkundlich erwähnt, als der Babenberger-Markgraf Heinrich I. der Starke (994–1018) von Kaiser Heinrich II. (1014–1024) das Gebiet zwischen der Liesing und der Triesting als Lehen erhielt. Auch damals gab es im Wienerwald weder Siedlungen noch Wege und Straßen – der Wald wurde nur zur

Jagd genutzt. 1035 überließ Kaiser **Konrad II.** (1027–1039) den Babenbergern durch eine Schenkungsurkunde weitere angrenzende Gebiete: im Osten das Terrain zwischen der Schwechat und der Piesting, im Norden Ländereien zwischen der Liesing und der Donau.

Die erste Siedlung im Wienerwald war ein von Markgraf **Leopold III.** (1095–1136), dem Landespatron, gestiftetes Zisterzienserkloster im südlichen Wienerwald, das später **Heiligenkreuz** genannt wurde. In Dokumenten aus dem 14. Jh. finden sich bereits die Bezeichnungen „silva viennensis" und „Wienner Waldt". In dieser Zeit vergrößerte Herzog **Otto der Fröhliche** (1330–1339) den kaiserlichen Wienerwald durch den Kauf des Waldguts **Purkersdorf.**

Die organisierte Bewirtschaftung durch den Forstbetrieb begann um 1400. Seit Mitte des 15. Jh.s wurden auch im Waldinneren Rodungen zur Gewinnung von Wiesenflächen vorgenommen. Diese sogenannten „Raumwiesen" erkennt man noch heute an ihrer geradlinigen Begrenzung.

1467 erließ Kaiser **Friedrich III.** (1452–1493) erste Anordnungen zum Schutz des Wienerwalds. Kaiser **Maximilian I.** (1493–1519) setzte sich besonders für die Erhaltung, Pflege und Erweiterung des Walds ein. Er erließ eine Waldordnung und verfügte eine Trennung von Jagd- und Forstwirtschaft. 1511 wurde das erste Waldbuch über den Wienerwald angelegt, in dem die Grenzen des Gebiets eindeutig festgelegt wurden.

Eine von Kaiser **Ferdinand I.** (1558–1564) erlassene Bergordnung, die „Ferdinandea", diente 1553 – in Zeiten verstärkter Besiedlung – der Bewahrung des Walds und erklärte den Wienerwald zum landesfürstlichen Kammergut. In der zweiten Hälfte des 16. Jh.s wurde das „Waldamt" in **Purkersdorf** als Verwaltungsstelle – wo man u. a. Genehmigungen für Schlägerungen einholen musste – für den gesamten Wienerwald eingesetzt.

Nach 1670 wurden genauere Vermarkungen des Wienerwalds vorgenommen und im „Wald- und Forstbuch 1674–1678" festgehalten, das im Wiener Hofkammerarchiv zu finden ist.

Die zwei Türkenkriege und die Pest führten im 16. und 17. Jh. dazu, dass der Wienerwald schwere Schäden davontrug und die Besiedlung stark zurückging. Im darauffolgenden Zeitalter des Merkanti-

Nicht als Wegmarkierung geeignet: der Holzstoß

Einleitung

lismus unter Kaiser **Leopold I.** (1658–1705) stieg der Holzbedarf ständig. Holzknechte aus Salzburg, Oberösterreich und der Steiermark siedelten sich im Inneren des Walds an und holzten große Areale ab, wodurch auch der Artenreichtum der Tierwelt abnahm. 1755 übergab „Kaiserin" **Maria Theresia** den gesamten Wienerwald an den Staat; damit wurde aus dem landesfürstlichen Gebiet eine Staatsdomäne.

Der Konflikt zwischen Waldschützern und Forstwirtschaft wurde im 19. Jh. mit besonderer Intensität ausgetragen. Ab 1853 unterstellte man sämtliche österreichischen Forste der Verwaltung des Finanzministeriums. Dieses schloss Verträge ab, die den Verkauf der gesamten Holzproduktion an den Holzhändler **Moritz Hirschl** und eine Ausholzung des Wienerwalds vorsahen. Statt 80.000 Klafter Holz sollten nun jährlich 200.000 Klafter gefällt werden. Zahlreiche Wienerwaldgemeinden protestierten gegen den Verkauf des Wienerwalds; der Wiener Gemeinderat beschloss eine Enquete gegen den Verkauf.

1870 trat der Publizist **Josef Schöffel** mit einer Artikelserie im *Neuen Wiener Tagblatt* an die Öffentlichkeit. Er schaffte es in jahrelangem Kampf, den Verkauf und die Abholzung des Wienerwalds zu verhindern – und wurde dadurch als „Retter des Wienerwaldes" (siehe Wanderung 13) bekannt. Sein Einsatz führte dazu, dass es ab 1873 zu einer umfassenden Reorganisation des gesamten österreichischen Forstwesens kam.

1905 beschloss der Wiener Stadtrat ein Gesetz zur Erhaltung des Wald- und Wiesengürtels (also der Waldgebiete nördlich und westlich von Wien) wegen seiner Bedeutung als Naherholungsgebiet für die Wiener. Nach den beiden Weltkriegen fanden sich die Bewohner der Hauptstadt jedoch in so großer Not, dass sie in Scharen in den Wienerwald pilgerten, um sich mit Brennholz einzudecken. Dabei wurden nicht nur herabgefallene Zweige und Äste eingesammelt, sondern auch Bäume gefällt.

Seit 1926 – mit einer achtjährigen Unterbrechung während der Nazizeit – steht etwa die Hälfte des Wienerwalds unter der Verwaltung der Österreichischen Bundesforste. Insgesamt 15 Prozent der Waldfläche sind im Besitz von Klöstern (wie dem Augustiner-Chorherrenstift **Klosterneuburg** und dem Zisterzienserstift **Heiligenkreuz**). Der Gemeinde Wien und adeligen Großgrundbesitzern gehören nur je fünf

Prozent; der Rest entfällt auf mittelgroße und kleine Waldbesitzer, darunter auch kleine Städte und Gemeinden.

1987 wurde die „Wienerwald-Deklaration", ein übergeordnetes Konzept zum Schutz der Landschaft, beschlossen, 2002 weitergeführt und erweitert.

NATURPARKS UND WEITWANDERWEGE

Um die natürlichen Lebensräume so unverfälscht wie möglich zu erhalten, sind im Laufe der Jahre im Wienerwald etliche Naturparks entstanden, in denen Flora und Fauna vor dem schädlichen Einfluss des Menschen geschützt werden. Vor allem die „Verhüttelung" (Zersiedelung) der städtischen Randbereiche durch Wochenenddomizile und Einfamilienhäuser wurde in den vergangenen Jahrzehnten zum großen Problem. Durch die Einrichtung geschützter Zonen sollte dieser Entwicklung wenigstens in einigen Bereichen Einhalt geboten werden.

Folgende Naturparks können kostenlos besucht werden:
– **Naturpark Eichenhain**: zwischen Klosterneuburg und Hagenbachklamm, ca. 3800 Hektar Gesamtfläche. Beeindruckendster Aussichtspunkt ist der **Haschberg** – mit Privatsternwarte und Obstlehrpfad (Wanderung 4). Der landschaftlich abwechslungsreichste Abschnitt ist die **Hagenbachklamm** (Wanderung 6).
– **Naturpark Purkersdorf**: zwischen Wiental bei Purkersdorf und Westautobahn, unmittelbar nach der Wiener Stadtgrenze, 76 Hektar Fläche. Höchster Punkt ist mit 475 Metern die **Rudolfshöhe,** von deren Aussichtswarte sich ein schönes Panorama bietet (Wanderung 13).
– **Naturpark Föhrenberge**: hauptsächlich die nördlichen Ausläufer des Kalkstein-Wienerwalds, ca. 65 Quadratkilometer Fläche. Das schroffe Gelände zeichnet sich vor allem durch seine vielen Schwarzföhren aus. Höchste Erhebungen im **Höllensteinzug** sind der **Höllenstein** mit 645 Metern und der **Hintere Föhrenberg** mit 582 Metern (Wanderungen 17 und 18). Jenseits der A21 setzen sich die Föhrenberge im **Anninger**-Massiv mit dem **Hochanninger** (675 m) und dem **Eschenkogel** (653 m) fort (Wanderungen 21 und 22).
– **Lainzer Tiergarten**: siehe Wanderung 12.

Wandertafeln im Naturpark Sandstein-Wienerwald

Gegen Entrichtung eines Erhaltungsbeitrags besucht werden kann:
– **Naturpark Sparbach**: an den südlichen Ausläufern des Höllensteins zum Gaadener Becken hin, 355 Hektar Fläche. Der ehemalige Liechtensteinsche Tiergarten ist durch eine zehn Kilometer lange Einfriedung abgegrenzt und der älteste Naturpark Österreichs. Zugänglich ist er über das Besucherzentrum in Sparbach von Anfang April bis Anfang November.

Das Wandern über größere Distanzen ist keine neuzeitliche Erscheinung, sondern hat Tradition. Vergleicht man die Entfernungen, die unsere Vorfahren zurücklegen mussten, mit den heutigen Wanderstrecken, so nehmen sich unsere Ausflüge eher bescheiden aus.

Drei der vom Österreichischen Alpenverein (ÖAV) initiierten Weitwanderwege führen durch das Gebiet des Wienerwalds:

Nordalpenweg (Nr. 01)
Der mit insgesamt 1400 Kilometern längste Weg seiner Art berührt außer Wien und Kärnten alle Bundesländer und beginnt im Osten

zweiästig. Ein Ast hat seinen Ausgangspunkt in Perchtoldsdorf bei Wien, führt über den Höllensteinzug und Sittendorf nach Heiligenkreuz und dann über den Peilstein nach Weissenbach an der Triesting, wo der Wienerwaldbereich Richtung Schneeberg und Rax verlassen wird.

Anm.: Bei den Routenbeschreibungen scheint dieser Weg unter der Bezeichnung **WWW 401** auf.

Voralpenweg (Nr. 04)

Er ist mit 1260 Kilometern der zweitlängste Weitwanderweg und berührt die Bundesländer Wien, Nieder- und Oberösterreich sowie Salzburg. Auch hier gibt es am östlichen Beginn zwei Abschnitte, die in Wilhelmsburg im Traisental zusammenlaufen und unter der Bezeichnung **WWW 404** auch als „Wienerwald-Weitwanderweg" bekannt sind; letzterer (mit einer Gesamtlänge von 222 km) wird jedoch leider nicht mehr gepflegt, weshalb seine Markierungen zunehmend spärlicher werden. Westlich von Wilhelmsburg setzt sich der Weg mit der Nr. 604 fort.

Bedeutend ist auch der „Wienerwald-Verbindungsweg" mit 50 km Länge, da er die beiden östlichen Ausgangspunkte des WWW 404, Mödling und Grinzing, verbindet. Er zählt zu den regionalen Wanderwegen und wird im Text als **RWW 444** angeführt.

Mariazellerwege (Nr. 06)

Dieser Weg stellt eine Ausnahme unter den klassischen Streckenführungen dar, da er sternförmig angelegt ist. Die einzelnen Routen leiten sich von traditionellen Wallfahrerwegen ab und laufen in Mariazell zusammen. Auf diese Art werden Nieder- und Oberösterreich, Steiermark und Kärnten berührt.

Das Wienerwald-Teilstück des **WWW 406** läuft zwischen Perchtoldsdorf und Maria Raisenmarkt (nördlich des Peilsteins) mit dem Nordalpenweg (WWW 401) gleich. Weiter geht's über Hafnerberg und Kleinmariazell nach Kaumberg, wo die Strecke mit der Nr. 206 in den Voralpen ihre Fortsetzung findet.

Die Gesamtlänge aller nach Mariazell führenden Strecken beträgt 1100 Kilometer.

Seit jeher war man in verschiedenen Ländern bestrebt, nationale Wanderwege zu einem europaweiten Netz von Fernwanderwegen zu verbinden. Einer dieser Wege, der Europäische Fernwanderweg Nr. 4, im Text als E4 angeführt, berührt auch den Wienerwald. Er läuft zwischen Perchtoldsdorf und dem Peilstein mit dem WWW 401 gleich, zwischen Peilstein und Wilhelmsburg ist er identisch mit dem Streckenverlauf des WWW 404. Markiert ist er durch eine weiße Ziffer in einem roten Quadrat.

Neben dem oben bereits erwähnten RWW 444 sollen noch zwei andere regionale Wanderwege vorgestellt werden:

Waldmarkweg (Nr. 622; im Text: RWW 622)
Mit 300 Kilometern Länge ist er die längste Rundstrecke in Niederösterreich. Als „Waldmark" bezeichnete man früher das Gebiet des Traisen- und Gölsentals zwischen Wilhelmsburg und Lilienfeld. Auf dem Gebiet des Wienerwalds führt der Rundweg von Wilhelmsburg-Kreisbach über Steinwandleiten, Kukubauerwiese und Gföhlberg zur Klammhöhe, die man dann nach Kaumberg verlässt.

Traisentaler Rundwanderweg (Nr. 655; im Text: RWW 655)
Dieser Weg nimmt ebenfalls in Wilhelmsburg seinen Ausgang und führt auf ca. 170 Kilometern bis nach Annaberg. Der Wienerwald wird im südwestlichsten Teil im Bereich Steinwandleiten berührt.

Weitere lokale Rundwanderwege über kürzere Distanzen finden in der jeweiligen Streckenbeschreibung Erwähnung.

Aufstieg auf den Tulbinger Kogel

1 Wien im Blick

Über die Hügel im Nordwesten Wiens

Von Grinzing – dem beliebtesten Heurigenort Wiens – ausgehend führt die Route über den „Himmel", bleibt eine Zeit lang nahe der Höhenstraße und erreicht dann Salmannsdorf. Anschließend streift der Wanderer kurz Neuwaldegg, ersteigt Heuberg und Gallitzinberg, bis er schließlich im Park des Schlosses Wilhelminenberg den Blick auf die Stadt genießt.

DER WANDERWEG

Bei der Endstation der Linie 38 gehen wir nach hinten durch den Torbogen hinaus und sind gleich im Zentrum des traditionellen Wiener Heurigenorts **Grinzing,** der ebenso viel besungen wie von Touristen besucht wird. Wir befinden uns in der Himmelstraße, die wir nach links leicht bergauf spazieren, vorbei an der zwischen 1417 und 1426 erbauten (und mehrmals wieder aufgebauten) Grinzinger Pfarrkirche und einigen Buschenschenken. Der Anstieg wird dann etwas markanter; wo von links die Straßergasse dazustößt, sehen wir rechts die ehemalige österreichische Präsidentenvilla (Himmelstraße 26). Hier hatten **Karl Renner** und **Theodor Körner** ihre Residenz; Körner starb im Jänner 1957 vor diesem Haus.

Vorbei an einigen der wohl exklusivsten Grundstücke, die Wien zu bieten hat, zieht sich die Himmelstraße den Berg hoch. Sobald wir den beidseits verbauten Abschnitt hinter uns haben, flacht der Anstieg etwas ab. Hinter einem Parkplatz links der Straße erreichen wir die Bellevuewiese, die einen herrlichen Ausblick bietet. Im Norden grüßt das Kahlengebirge, im Süden das Stadtzentrum. Hier stand bis 1946 das Schloss Bellevue, in dem eine Nervenheilanstalt untergebracht war. **Sigmund Freud** war hier als Nervenarzt tätig; ein Gedenkstein erinnert daran, dass sich dem Vater der modernen Psychiatrie an diesem Ort 1895 „das Geheimnis des Traums offenbarte". Von 1963 bis 1982 stand hier ein Ausflugsrestaurant – heute ist von den genannten Gebäuden keine Spur mehr zu finden. Nicht einmal 500 m

WEGVERLAUF: Streckenwanderung. Grinzing – Am Himmel (45 Min.) – Dreimarkstein (45 Min.) – Salmannsdorf (15 Min.) – Neuwaldegg (30 Min.) – Heuberg (45 Min.) – Jubiläumswarte (30 Min.) – Predigtstuhl (30 Min.)

DAUER: 4 Std., mit Variante 4 ¼ Std.

LÄNGE: 14 km, mit Variante 14,5 km

SCHWIERIGKEITSGRAD: Lediglich der Aufstieg auf den Heuberg ist etwas anstrengender, sonst keine übermäßigen Anforderungen.

WEGMARKIERUNGEN: Markierungslos, alternierend rote und grüne Marken, markierungslos, Grün, Grün/Gelb, Gelb

EINKEHRMÖGLICHKEITEN: Häuserl am Himmel (Mo–Mi Ruhetag), Café-Restaurant Oktogon (Sommer: Mo und Di RT, Nov. bis Feb.: Mo–Do RT), Häuserl am Roan (Do und Fr RT), Restaurant, Café und Bar Schloss Wilhelminenberg (kein RT), Gasthaus am Predigtstuhl (Mo RT)

ANFAHRT: Mit der Straßenbahnlinie 38 vom Schottentor (über U6 – Nussdorfer Str.) nach Grinzing

RÜCKFAHRT: Mit den Autobuslinien 46A und 46B von den Stationen Schloss Wilhelminenberg bzw. Predigtstuhl oder Oberwiedenstr. zur Anschlussstelle Ottakring (S45 und U3) und Straßenbahnlinie 46

weiter bergwärts auf der Himmelstraße erreichen wir das Ausflugslokal Häuserl am Himmel (45 Min.).

Wir gehen nun noch ca. 100 m geradeaus weiter. Hier befindet
sich der Zugang zum Gelände des beliebten Baumkreises, der einen
Abstecher lohnt. Wir stehen zunächst vor einem auffällig gestalteten
Gebäude – dem Café-Restaurant Oktogon, das in seiner Konstruktion
einen Baum symbolisieren soll. Nach rechts gelangen wir auf einem
Kiesweg zu einer großen, kreisförmigen Anlage, die mit 40 Bäumen in
unterschiedlichen Wachstumsphasen bestückt ist. 1997 schuf das Ku-
ratorium Wald diesen Lebensbaumkreis Am Himmel – angeblich nach
den Prinzipien des keltischen Glaubens an die Kräfte der Natur. Vor
jedem einzelnen Baum wurde eine Tonsäule platziert, die über seine
Eigenschaften und Daten aufklärt.

Variante: Durch den südöstlichen Durchstich zwischen Weide und
Kiefer hindurch und auf dem Kiesweg vor dem Weingarten nach rechts
in das Waldstück hinein zur Sisi-Kapelle. Hin und zurück sind 600 m
zusätzlich einzurechnen (siehe S. 36, „Am Wege").

Nach einem Rundgang im Baumkreis auf der Himmelwiese verlassen
wir das Gelände wieder durch den Zugang in der Himmelstraße, wenden uns nach links und erreichen nach wenigen Schritten die Höhenstraße (siehe „Wien von oben – die Höhenstraße", S. 37), die wir wenige
Meter vorgehen und einer roten Markierung folgen, die links in dichten
Wald weist. Nach zehn Minuten eines Abstiegs erreichen wir eine Wegkreuzung und folgen der von rechts zuführenden grünen Markierung
geradewegs Richtung „Sievering/Gspöttgraben". So erreichen wir die
Sieveringer Straße, die dann auf einem Schutzweg zu übersetzen ist.

Auf dem Gegenhang folgen wir der Tafel „Dreimarkstein – Häuserl am Roan 30 Min." auf Rot in einen schattigen Laubmischwald. Nach
gut 1 km im Zierleitengraben erreichen wir neuerlich die Höhenstraße,
die hier zu überqueren ist, um die Wanderung auf der gegenüberliegenden Seite fortzusetzen. Nach weiteren 300 m in einem Waldstück
erreichen wir das Ausflugsgasthaus Häuserl am Roan (1 ½ Std.).

Wir wandern unmittelbar neben dem Lokal auf Rot („Hameau")
weiter und verlassen damit die Anhöhe des Dreimarksteins. Etwa

500 m folgen wir hier dem <u>RWW 444</u> und Stadtwanderweg 3 der parallel führenden Höhenstraße, die links durch die Bäume zu erkennen ist, zu einer Wegkreuzung. Dann biegen wir links Richtung „Salmannsdorf – Waldandacht – Schlosspark Pötzleinsdorf" durch einen Tunnel unter der Höhenstraße auf Gelb und Grün ab. Gleich nach der Unterführung teilen sich die Strecken. Wir wählen den rechten Abstieg auf Grün und erreichen die <u>Waldandacht</u> Maria Einsiedeln, deren Adorationsobjekt eine Nachbildung der Schwarzen Madonna von Maria Einsiedeln ist. Der Kapellenbau geht auf das Jahr 1936 zurück und wurde nach dem Krieg erneuert (1 ¾ Std.)

Etwas unterhalb der Kapelle betreten wir den Promenadeweg und damit das verbaute Gebiet von <u>Salmannsdorf,</u> das hier genau an der Grenze zwischen 19. und 17. Bezirk liegt. Wir biegen links in den Waldrandweg und gleich darauf rechts in den Quellenweg ein, den wir zügig bergab gehen. Auf Höhe des Kleeblattwegs gehen wir wieder unter der Höhenstraße durch und erreichen diese nach ca. 250 m bei einer rot-weißen Schranke noch einmal. Wir überqueren sie zu den Steinstufen hin (starker Autoverkehr!), gehen diese ganz hin-

Abstieg Richtung Sieveringer Straße

auf und biegen nach rechts in einen unmarkierten Waldweg ein. Dieser führt uns im weiteren Verlauf zu einer gelb markierten Forststraße, die wir zur asphaltierten Geroldgasse weitergehen, in die wir nach rechts bergab einbiegen. So gelangen wir in die Neuwaldegger Straße, die wir sogleich überqueren (2 ¼ Std.).

Nach einer Telefonzelle neben einer Bushaltestelle setzt sich der grün markierte Weg Richtung „Kreuzeichenwiese – Schottenhof – Hütteldorf" auf dem Stadtwanderweg 3 hinter der Häuserzeile im Schwarzenbergpark fort. Kurz darauf queren wir die Schwarzenbergallee und folgen auch hier den grünen Marken. Nach einem leichten Erstanstieg teilt sich der Weg. Hier wählen wir den stärkeren Anstieg links Richtung „Kreuzeichenwiese – Jubiläumswarte" zwischen aufgelockert stehenden Laubbäumen. Nach gut einer halben Stunde eines beträchtlichen (und nach längeren Niederschlägen nicht zu empfehlenden) Aufstiegs überqueren wir den Gipfel des Heubergs (3 Std.).

Danach senkt sich der Wanderweg kurz, bis wir den Knotenpunkt Kreuzeichenwiese erreichen. Wir treten dann aus dem Wald heraus auf diese langgestreckte Lagerwiese und folgen an deren Ende grün–gelben Marken. Nach einem weiteren dichteren Waldstück erreicht man nach einer Schranke einen Parkplatz und damit die Johann–Staud–Straße. Nach rechts sind es nur mehr wenige Schritte zur Jubiläumswarte in 449 m Höhe, vor deren Besteigung wir noch kurz einen Blick auf die Wiener Waldschule Ottakring des Wiener Forstamts werfen. Die Warte steht auf dem höchsten Punkt des nicht genau zu trennenden Hügelkonglomerats Gallitzinberg, das auch als **Predigtstuhl** oder **Wilhelminenberg** bezeichnet wird. Der heutige Bau stammt aus dem Jahr 1956. Über 183 Stufen erreicht man die Aussichtsterrasse in 31 m Höhe und genießt einen gewaltigen Rundblick über die Hügel des Wienerwalds sowie das Wiener Stadtgebiet (3 ½ Std.).

Nach der Warte wenden wir uns zurück zum Beginn des Parkplatzes und dringen auf Gelb rechts, parallel zur Straße, in den Wald ein. Der meist breite Waldweg („Stadtwanderweg 4") senkt sich nun ab, wir kommen an einem kleinen Teich vorbei, überqueren bei einem weiteren Parkplatz die Johann-Staud-Straße und setzen gegenüber auf Gelb und Rot fort („Schloss Wilhelminenberg"). So gelangen wir zur Savoyenstraße, biegen aber noch davor links in einen parallel führenden Weg ein, der uns an Schautafeln über den Wienerwald als Kultur- und Naturraum vorbeiführt und schließlich zum Forschungsinstitut für Wildtierkunde und Ökologie sowie zum Konrad-Lorenz-Institut für vergleichende Verhaltensforschung bringt. Schräg gegenüber befindet sich das **Schloss Wilhelminenberg**. Über den davor liegenden Parkplatz umgehen wir das Gebäude und kommen in den Park, von dem aus sich ein wunderschöner Blick auf Wien eröffnet.

Inoffizielle Namensgeberin des **Wilhelminenbergs** war **Wilhelmine von Montléart-Sachsen-Curland** (1827–1895), deren Mann Moritz von Montléart das Gelände um das Schloss und dessen ursprünglichen Bau erwarb. Das heutige Schlossgebäude im Neo-Empire-Stil stammt aus dem Jahr 1908 und hat seit damals wiederholte Besitzerwechsel hinter sich. Heute firmiert es als **Hotel Schloss Wilhelminenberg**.

Über die zweite Parkplatzzufahrt des Schlosses gelangen wir wieder in die Savoyenstraße, in die wir rechts einbiegen. Rechter Hand sehen wir uns nach ein paar Metern das noch zum Schlosspark gehörende **Montléart-Mausoleum** an, wo Wilhelmine und Moritz von Montléart bestattet sind. Danach gehen wir weiter zur Kreuzung mit der Wilhelminenstraße, wo wir die Zusteigemöglichkeiten zu den Bussen ins Zentrum vorfinden. Eine Einkehrmöglichkeit bietet sich noch an, wenn wir ein paar Schritte die Oberwiedenstraße zum **Gasthaus am Predigtstuhl** hinuntergehen (4 Std.).

AM WEGE
Sisi-Kapelle

Der 2005 höchst stillos – aber dafür mit „Erlebnisraum" – renovierte neugotische Sakralbau wurde in den Jahren 1854–56 nach Plänen von Johann Garben von Baumeister Josef Kastan errichtet. Anlass dafür war die Vermählung des Kaiserpaares Elisabeth und Franz Joseph I. 1854. Auftraggeber des Baus war Johann Karl Sothen, ein Mann aus dem Bürgerstand, der durch Lottobetrügereien zu einem sagenhaften Vermögen gekommen war und unter anderem auch einmal Besitzer des Schlosses Cobenzl war. Für die Errichtung seiner „Elisabethkapelle" wurde er 1871 in den Adelsstand erhoben und durfte sich fortan Johann Carl Freiherr von Sothen nennen.

Der „Wohltäter" war aber nicht nur auf unrechtmäßige Art zu seinem Reichtum gelangt, sondern zeichnete sich auch dadurch aus, dass er seine Angestellten bei jeder Gelegenheit schikanierte und sogar schlug. Am 10. Juni 1881 wurde es Eduard Hietler (oder Hüttler), einem von Sothens Jagdgehilfen, dann endgültig zu bunt. Er erschoss seinen Arbeitgeber und stellte sich auf der nächsten Döblinger Wachstube der Polizei.

„Ein Aufschrei der Erleichterung ging durch das Grinzinger Tal, als die Tat bekannt wurde", heißt es in einem zeitgenössischen Bericht. Man sammelte für die Familie des Täters und begleitete Sothens prachtvoll inszenierten Leichenzug auf den Cobenzl mit Spottliedern und Schmähungen. „Der Trauerzug brauchte zwei Stunden bis zum ‚Himmel'. Immer wieder geriet er ins Stocken. Die Menschen wollten nicht Platz machen. Von allen Seiten hagelte es Schimpfwörter, Pfiffe, Flüche, Erdschollen polterten auf den Sarg." In den Polizeiberichten von damals heißt es, „dass noch nie ein so schrecklicher und einmütiger Ausbruch der Volkswut in Wien zu bemerken gewesen sei".

Freiherr von Sothen entkam posthum knapp einem Volksaufstand und wurde in seiner eigenen Kapelle bestattet, ebenso wie später seine Gemahlin. Der Jagdgehilfe, der ihn ins Jenseits befördert hatte, wurde zum Tod verurteilt, später aber von Kaiser Franz Joseph zu zwölf Jahren Kerker begnadigt.

Wien von oben – die Höhenstraße

Im Jahre 1905 beschloss der damalige Wiener Bürgermeister **Dr. Karl Lueger** in einem Erlass die Schaffung eines Wald- und Wiesengürtels in den nordwestlichen Stadtbezirken Wiens. Damals ging man noch von der Annahme aus, dass Wien Mitte des 20. Jh.s vier Millionen Einwohner haben würde und daher ohne Flächenwidmung jedes Grünland verschwunden wäre.

Gemeinsam mit der Schaffung dieses Grüngürtels an der Landesgrenze zu Niederösterreich dachte man wegen der Zunahme des privaten Autoverkehrs auch an den Bau einer Straße. Die meisten Teile des Waldgebiets rund um die Hauptstadt waren bisher nämlich nur auf Wanderwegen oder mit Bergbahnen erreichbar gewesen. So führte z. B. auf den **Kahlenberg** nur eine unzureichende Bergstraße, die sich zwischen den Weingärten des Nussbergs hinaufschlängelte.

Nach den Kriegswirren musste die Zahnradbahn auf den Kahlenberg eingestellt werden – die Wiener hatten nun andere Sorgen, als einen Freizeitausflug zu unternehmen. Sie statteten dem Wienerwald höchstens einen Besuch ab, um Brennholz zu sammeln. 1932 wurde ein „Freiwilliger Arbeitsdienst" ins Leben gerufen, der vielen Arbeitslosen über die Schwierigkeiten dieser Zeit hinweghelfen sollte. So konnte 1934 Luegers Straßenbauprojekt wieder ernsthaft ins Auge gefasst werden. Im folgenden Jahr wurde der erste Abschnitt der Höhenstraße eröffnet – das Teilstück zwischen Cobenzl und Kahlenberg, das zum Teil der alten Zahnradbahntrasse folgte. 1937 konnten die Verbindung zum **Leopoldsberg** sowie der Klosterneuburger Ast fertiggestellt werden, 1938 schließlich auch der südliche Anschluss bis **Neuwaldegg.**

Insgesamt ist die Höhenstraße 14,9 harmonisch ans Gelände angepasste Kilometer lang. Wien-Besucher, die einen Eindruck vom Grüngürtel der Stadt und den letzten Ausläufern des Wienerwalds mitnehmen möchten, sollten sich die kurvenreiche Strecke mit ihren zahlreichen Aussichtspunkten keinesfalls entgehen lassen. Ihren höchsten Punkt erreicht die Straße auf dem Plateau des Kahlenbergs. Von der Terrasse neben der Kahlenbergkirche St. Josef und dem Hotelrestaurant kann man einen der wunderbarsten Panoramablicke auf Wien genießen; bei gutem Wetter kann man im Süden sogar Schneeberg und Rax und im Osten die Kleinen Karpaten in der benachbarten Slowakei sehen.

Wer nicht mit dem Auto unterwegs ist, kann die Höhenstraße auch mit einem Bus der Linie 38A befahren, die zwischen der U-Bahn-Endstelle Heiligenstadt und Kahlenberg verkehrt.

2 Schöne Aussichten

Höhenwanderung im Kahlengebirge

Leopoldsberg, Kahlenberg und Hermannskogel – so heißen die beliebtesten „Hausberge" der Wiener. Wer noch nicht näher mit ihnen Bekanntschaft geschlossen hat, sollte sich weder die einzigartigen Panoramen, die sich von den Aussichtspunkten des Kahlengebirges bieten, noch die kulinarischen Genüsse in den vielen Ausflugslokalen am Weg entgehen lassen.

DER WANDERWEG

Wir überqueren bei der Busstation die Bundesstraße zum **Kahlenbergerdorf** hin, gehen die Stufen hinunter und wenden uns dann nach links, um zur Bloschgasse zu gelangen. In dieser halten wir uns rechts, bis uns ein roter Pfeil bei einem Parkplatz Richtung „Leopoldsberg" weist. Hier beginnt ein Steig, der uns markant bergwärts führt. Über den sogenannten „Nasenweg" verlassen wir das Ortsgebiet und erklimmen über zahlreiche Kehren und Stufen die spärlich bewachsene, steile Ostflanke des **Leopoldsbergs,** der zusammen mit dem **Bisamberg** die von der Donau durchschnittene Wiener Pforte bildet. Während des Aufstiegs bieten sich immer wieder faszinierende Ausblicke ins Donautal. Wir bleiben auf dem hangseitigen Wegabschnitt und erreichen schließlich in 425 m Höhe das Fundament der babenbergischen Burganlage aus dem 13. Jh., auf dem die heutigen Baulichkeiten des Leopoldsbergs ruhen (30 Min.).

Die Burg auf dem damals noch als „Callenberg" bezeichneten Gipfel wurde 1529 beim Herannahen des Türkenheers gesprengt, um dem Feind keinen Unterschlupf zu bieten. 1679 wurde im Auftrag von Kaiser **Leopold I.** – zu Ehren seines Namenspatrons, des 1485 heiliggesprochenen Markgrafen **Leopold III.** – auf den Resten der ehemaligen Burgkapelle mit einem Kirchenbau begonnen. Nach dem entscheidenden Sieg im zweiten Türkenkrieg wurde **St. Leopold am Berg** 1693 fertiggestellt. Damals wurde auch der Callenberg in Leopoldsberg umbenannt; der benachbarte Josefsberg erhielt den Namen Kahlenberg.

WEGVERLAUF: Streckenwanderung. Kahlenbergerdorf – Leopoldsberg (30 Min.) – Kahlenberg (30 Min.) – Jägerwiese (45 Min.) – Hermannskogel (15 Min.) – Grüass Di a Gott Wirt (30 Min.) – Häuserl am Stoan (30 Min.) – Sievering (30 Min.)

DAUER: 3 ½ Std.

LÄNGE: 13 km

SCHWIERIGKEITSGRAD: Anfangs beträchtlicher Anstieg, danach gemütliche Höhenwanderung

WEGMARKIERUNGEN: Mehrfärbig, ab Jägerwiese auch Holzpfeile „Stadtwanderweg 2"

EINKEHRMÖGLICHKEITEN: Josefinenhütte/Hütte am Weg (aktuelle Öffnungszeiten auf der Homepage), Café-Restaurant Kahlenberg (kein Ruhetag), Imbiss-Standl Sobieski (in der kalten Jahreszeit nur Wochenende und Fei), Café-Bistro Schönstatt (April bis Oktober, kein Ruhetag), Gasthaus „Zum Agnesbrünnl" (Mo und Di Ruhetag), Grüass Di a Gott Wirt (Mo und Do Ruhetag), Häuserl am Roan (Do und Fr Ruhetag), Häuserl am Stoan (Mo bis Mi Ruhetag)

ANFAHRT: Mit dem Bus vom Bahnhof Heiligenstadt in Richtung Klosterneuburg-Kierling bzw. Maria Gugging/ Lourdesgrotte

RÜCKFAHRT: Die innerstädtische Buslinie 39A verkehrt zwischen der Agnesgasse in Obersievering – über die Anschlussstelle Oberdöbling (S45) – und Heiligenstadt (U4).

Blick auf das Kahlenbergerdorf

Burghof und Kirche sind wieder zu betreten (Mai bis Sept. täglich außer Mittwoch von 9 bis 15 Uhr, außer bei Veranstaltungen). Beeindruckend ist der grandiose Blick auf die Bundeshauptstadt von der Burgmauer aus nach Süden (hier Relieftafel mit einer Darstellung Wiens im Jahre 1683) und vom 1948 errichteten Heimkehrer-Gedächtnismal. Links hinter dem renovierten Burgkomplex schweift der Blick nach Norden, wo Klosterneuburg, die Donau und Korneuburg aus dem Tal herauf grüßen.

Unsere Wanderung führt über die Zufahrt zum Burghof (westseitig) an einem Denkmal für die ukrainischen Kosaken vorbei zu einem Parkplatz hinunter, der den östlichsten Punkt der Höhenstraße – mit 14,9 km die längste Straße Wiens – markiert. Wir steuern über einen rot markierten, asphaltierten Weg (Stadtwanderweg 1a) meist parallel zur Straße und dann mitten durch den „Waldseilpark Kahlenberg" auf die Josefinenhütte/Hütte am Weg zu, die neben der Abzweigung der Höhenstraße nach Klosterneuburg am Rande der Elisabethwiese liegt. Auf einem breiten Asphaltweg wandern wir danach vom Lokal aus durch ein schönes Buchen- und Eichenwaldstück, bis wir auf das

Plateau des riesigen Parkplatzes auf dem **Kahlenberg** treten. Dort halten wir an der **Kahlenbergkirche** vorbei auf eine Aussichtsplattform zwischen zwei langgestreckten Bauten zu – und können vorher dem **Imbiss-Standl Sobieski** einen Besuch abstatten (1 Std.).

An der Stelle des heutigen Komplexes des Café-Restaurants Kahlenberg (rechtes Gebäude) befanden sich bis 1783 die Baulichkeiten einer Einsiedelei des Kamaldulenserordens – einer 1012 gegründeten Klostergemeinschaft, die das Einsiedlerleben mit der Glaubenslehre der Benediktiner verband. Der Grundstein zur Kahlenbergkirche (St. Josef), einem einschiffigen Barock-Sakralbau, wurde 1629 unter Kaiser **Ferdinand II**. gelegt. 1683 wurde das Gebäude bei einem Türkenangriff schwer beschädigt und bis 1734 in seiner früheren Gestalt neu aufgebaut. Eine Gedenktafel erinnert an den Polenkönig **Johann Sobieski,** der damals beim Entsatz Wiens von den türkischen Belagerern eine entscheidende Rolle spielte. In der Kirche können wir eine Nachbildung der berühmten schwarzen Madonna von Tschenstochau besichtigen.

Bergseitig gehen wir am Eingang zur MODUL University Vienna vorbei und betreten den Villenweg (Richtung „Stefaniewarte"). Rechts am höchstgelegenen Privathaus Wiens vorbei erreichen wir nach wenigen Minuten den höchsten Punkt des Kahlenbergs in 484 m Höhe und damit die 22 m hohe **Stefaniewarte** und den daneben 165 m hoch aufragenden ORS-Sendemast, der 1974 errichtet wurde. Vom Plateau der Warte (ein Ziegelbau nach Plänen von H. Helmer und F. Fellner) bietet sich ein gewaltiges Panorama: Man sieht ganz Wien, das Donautal, das Wiener Becken bis zum Leithagebirge und bei optimalen Bedingungen sogar den 70 km entfernten Schneeberg.

Über die Zufahrt zum Sender gelangen wir zur Höhenstraße, die wir schräg überqueren, um auf der anderen Seite dem Weg parallel zur Straße zu folgen. Nach etwa einem halben Kilometer biegen wir bei den Gebäuden der katholischen Ordensgemeinschaft **Schönstatt** (ein Café-Bistro lädt zur Rast ein) rechts ab und steuern links an der Anlage vorbei den Wald an. Die Tafeln weisen nun Richtung „Hermannskogel". Wir kommen an einer kleinen, zwischen den Bäumen versteckten Andachtsstätte vorbei und wandern zwischen Buchen und Eichen unterhalb des **Vogelsangberg**-Gipfels leicht bergauf. Durch ein besonders dichtes Waldstück führt der Weg auf mehreren stark ausgetretenen Trassen auf die Lichtung der Jägerwiese zu, wo mehrere Wanderwege beim Gasthaus **„Zum Agnesbrünnl"** zusammenlaufen (1 ¾ Std.). Die Lokalbetreiber haben einen vor allem bei Kindern sehr beliebten kleinen Zoo eingerichtet, in dem die verschiedensten Tierarten in Gehegen und Käfigen gehalten werden. Die Jägerwiese selbst ist ein beliebter Lagerplatz, der mit Spielgeräten und einem Waldklassenzimmer ausgestattet ist (siehe S. 44, „Am Wege").

Von der Gaststätte aus schlendern wir an der Umzäunung des Eselgeheges entlang und wenden uns bergwärts, wobei wir u. a. auch dem Holzpfeil „Stadtwanderweg 2" folgen, um den höchsten Punkt Wiens – den <u>Hermannskogel</u> (542 m) – zu erklimmen. Nach ca. 800 m treten wir auf die langgestreckte Goldwiese; dort entdecken wir an einem Baum die „Selbstkontrolle Hermannskogel" des <u>RWW 444</u>. Über steiniges Terrain wandern wir noch etwa 100 m auf Gelb bergwärts zur 1888 vom Österreichischen Touristenklub errichteten

<u>Habsburgwarte</u> (2 Std.). Der Bau (geöffnet bei günstiger Witterung von April bis Okt. Sa 13–18 Uhr, So und Fei 10–17 Uhr) ist einem mittelalterlichen Wehrturm nachempfunden. Das Aussichtsplateau bietet eine überwältigende Fernsicht bis zu den Kleinen Karpaten in der angrenzenden Slowakei und ist mit einer Höhe von 558,7 m der höchste öffentlich zugängliche Punkt der Bundeshauptstadt.

Wir verlassen den Hermannskogel über den vorherigen Aufstieg, gehen aber die Goldwiese entlang und steigen über die breite, grün und rot markierte Gipfelzufahrt ab. Schließlich erreichen wir die

Habsburgwarte

Spaziergänger auf dem Nasenweg

Rohrerwiese, an deren westlichem Rand wir uns auf die Gaststätte Grüass Di a Gott Wirt zubewegen, die mit ihrer Wiener Küche besonders an Wochenenden zahlreiche Besucher anlockt (2 ½ Std.).

Wir überqueren die Sieveringer Straße direkt vor dem Lokal und setzen unsere Wanderung nach einer Schranke auf Blau und Rot Richtung „Dreimarkstein" fort. Der leicht ansteigende Waldweg bringt uns nach ca. 20 Min. Gehzeit zum Gasthaus Häuserl am Roan, das sich in unmittelbarer Nähe des Dreimarksteins befindet. Der Name dieses 454 m hohen Berges rührt vom Zusammentreffen der drei Gemarkungen von Sievering, Salmannsdorf und Weidlingbach her. Auf dem Parkplatz vor dem Lokal hat die von Neuwaldegg zum Cobenzl geführte Autobuslinie 43A eine Station.

Wir bewegen uns nun auf dem Damm oberhalb des Parkplatzes ostwärts und unterqueren auf dem asphaltierten Weg die Zierleitenbrücke, über die die Höhenstraße führt. Nur 100 m nach dieser Unterführung stehen wir schon vor dem nächsten Ausflugslokal, dem Häuserl am Stoan, einer urigen Einkehrmöglichkeit für Wiener und Wienbesucher (3 Std.).

Über den Lokalparkplatz geht es weiter ins nächste Waldstück, wo sich hinter einem Fahrverbotsschild mit der Aufschrift „Forststraße" ein rot markierter, bergab führender Weg fortsetzt. Auch hier können wir wieder den Holzpfeilen mit der Aufschrift „Stadtwanderweg 2" folgen. Zuerst wandern wir zwischen dünnstämmigen Eichen und Buchen dahin, dann zwischen Waldrand und ausgedehnten Weinbergen, die zum Bezirksteil **Salmannsdorf** gehören. Die Salmannsdorfer Höhe mündet schließlich beim 1697 an der Stelle eines Pestgrabes aufgestellten Reißerkreuz in die Agnesgasse. Hier wenden wir uns nach links, gehen zur Sieveringer Straße und damit zur Endstelle der Buslinie 39A hinunter (3 ½ Std.).

Der Vorort **Sievering** ist seit 1891 dem 19. Wiener Gemeindebezirk angeschlossen und hat noch viel von seinem ländlichen Charakter bewahren können. Zur abschließenden Einkehr stehen einige – leider nur mehr wenige – Heurige zur Verfügung, in denen man in zum Teil urwüchsigem Ambiente den Wein der Gegend verkosten kann. Die Sieveringer Kirche (von der Bushaltestelle stadteinwärts) wurde übrigens auf den Fundamenten eines römischen Wachturms errichtet.

AM WEGE

Von der Jägerwiese aus können wir einen kurzen Abstecher (etwa zehn Minuten) zum **Agnesbrünnl** machen, wenn wir der blauen Markierung am Zwergziegengehege vorbei über einen Waldweg folgen.

Die am Hang des Hermannskogels entspringende Quelle galt seit jeher als wundersam und wurde früher „Jungfernbrünnl" genannt. Erst durch eine Sage um ein unglückliches Edelfräulein erhielt sie ihren bis heute gültigen Namen. An Sonn- und Feiertagen zogen die sogenannten „Bründlweiber" mit Tausenden von Anhängern zum Agnesbrünnl und warfen Steine in den Brunnen, aus deren Lage sie angeblich die Lottozahlen vorhersagen konnten. Auch Wahrsagerinnen und Verkäufer von Heiligenbildchen versammelten sich in Scharen um die volkstümliche Andachtsstätte.

Heute genießt das recht stillos renovierte Agnesbrünnl den amtlichen Status eines „Naturdenkmals".

Die Bergbahnen von Wien

Zu Beginn der 70er-Jahre des 19. Jh.s, als Banken, Maklerfirmen und Baugesellschaften nur so aus dem Boden schossen, gab es auch Bauprojekte in Hülle und Fülle. Der Plan, eine Standseilbahn auf den Leopoldsberg zu errichten, sollte nicht nur dem Fremdenverkehr während der Wiener Weltausstellung von 1873 dienen, sondern die Naturschönheiten des Kahlengebirges auch für die Wiener leichter erreichbar machen. Obwohl mehrere Male während der Bauzeit aus Geldmangel die Arbeiten eingestellt werden mussten, gelang es im Juli 1873 – fast drei Monate nach Eröffnung der Weltausstellung – doch noch, die Bahn dem Betrieb zu übergeben.

Bei der Talstation „Donauwarte" zwischen Kahlenbergerdorf und Klosterneuburg wurde eine eigene Station der Franz-Josefs-Bahn namens „Leopoldsberg-Drahtseilbahn" errichtet. Zwei Waggons legten den 725 m langen, bis zu 340 ‰ steilen Schienenweg auf den Leopoldsberg zurück und bewältigten dabei einen Höhenunterschied von 248 m. Obwohl anfangs 20 Züge pro Tag verkehrten, konnten die meisten Wiener ihre Angst vor einem eventuellen Reißen des notorisch knarrenden Stahlseils nicht überwinden. Deshalb musste die Bergbahn, deren Trasse noch heute sichtbar ist, nach nur einem Jahr wieder eingestellt werden.

Mitverantwortlich für den Misserfolg war unter anderem die Konkurrenz der Anfang 1874 eröffneten Zahnradbahn auf den Kahlenberg, die ihre Passagiere in grün gestrichenen Waggons von Nussdorf auf die Elisabethwiese (oder „Minnewiese") brachte. Die zweigleisig geführte Strecke war 5,5 km lang und überwand eine Steigung von 316 Höhenmetern. Nach fast einem halben Jh. wurde die Zahnradbahn am 1. Dezember 1921 eingestellt – es fehlte das Geld, sie zu elektrifizieren und ins Wiener Straßenbahnnetz einzugliedern. Im oberen Teil der Trasse verläuft heute die Höhenstraße; in Nussdorf findet man noch das Gebäude der ehemaligen Talstation. Die Zahnradbahn wurde übrigens von der „Kahlenberg-Eisenbahn-Gesellschaft" unterhalten, die auch für den Bau der von Stephanie von Belgien (der Gemahlin von Kronprinz Rudolf) gestifteten Stefaniewarte zuständig war.

Auch die Drahtseilbahn auf die Sophienalpe war eine Gründung der Börsenära der 70er-Jahre. Ein Großindustrieller – der Lokomotivfabrikant Georg Sigl – war so in technische Spielereien verliebt, dass er die 682 m lange Trasse bauen ließ, die eine Steigung von fast 250 ‰ aufwies. Die Waggons, die nach dem Vorbild der ersten Pferdeeisenbahn (zwischen Budweis und Linz) konstruiert wurden und wie Fiaker aussahen, legten einen Höhenunterschied von 108 m zurück. Die Talstation befand sich nahe der Rieglerhütte im Haltertal. Auch diese Bahn war ein finanzielles Desaster und überstand nur sieben Jahre – eigentlich schade, wenn man bedenkt, welche Touristenattraktionen die drei Bergbahnen zu den schönsten Ausflugsorten der Wiener heute mit Sicherheit wären ...

3   Mit der Straßenbahn in die Natur

Der Wienerwald im Westen Wiens

Am Stadtrand entlang führt diese Route von Neuwaldegg aus durch den Schwarzenbergpark, dann auf die Sophienalpe und schließlich hinunter ins Mauerbachtal. Auf Schritt und Tritt wird der Wanderer an all die Erzherzöge und Feldherren erinnert, die diesen Teil des Wienerwalds so liebten. Die Tour endet mit einem Streifzug durch ausgedehnte Kleingartensiedlungen.

DER WANDERWEG

Wir verlassen in **Neuwaldegg**, einem Teil des 17. Wiener Gemeindebezirks **Hernals**, bei der Endstation die Straßenbahn, überqueren die Dornbacher Straße auf einem Schutzweg, gehen am mittlerweile geschlossenen Restaurant „Resi-Tant" vorbei und biegen nach links in die Waldegghofgasse ab. Entlang der Mauer um das **Schloss Neuwaldegg** (siehe S. 53, „Am Wege") führt unser Weg bergauf, bis die Holztafel „Stadtwanderweg 3" nach rechts in die Schwarzenbergallee weist. Die etwa 1,5 km lange, schnurgerade und von mächtigen Kastanien gesäumte Allee führt uns vom Schlossgebäude weg durch die ausgedehnte Anlage des **Schwarzenbergparks**. Nach einigen hundert Metern erreichen wir zwei Obelisken am Wegesrand – auf der Säule zur Linken ist deutlich erkennbar der Name „KYSELAK" eingraviert (siehe „Das steinerne Autogramm", S. 56).

   Wir unterqueren schließlich durch einen kleinen Tunnel – unweit des südlichen Endes der **Höhenstraße** – die Neuwaldegger Straße. Unmittelbar danach befindet sich das **Waldgasthaus „Zur Allee"**, wo wir uns erfrischen können. Nun geht die Parkanlage allmählich in Waldgebiet über. Wir folgen der roten Markierung an lieblichen Teichen, einer Spielwiese und einem Denkmal für die Gefallenen des Ersten Weltkriegs vorbei und gelangen an eine Weggabelung, wo eine Gedenktafel für **Karl Panek** angebracht ist. Panek war von 1949 bis 1965 Bezirksvorsteher in Hernals und hat sich für die Umwidmung des früheren Lacyschen Parks in den heutigen Schwarzenbergpark verdient gemacht. Wir wählen den linken Weg und kommen nach etwa 400 m in den Wald, wo wir uns auf Gelb Richtung „Hameau" halten.

Durch aufgelockerten, hochstämmigen Mischwald gewinnen wir nun auf steinigem Untergrund rasch an Höhe, bis wir das <u>Hameau</u> (464 m) erreichen (1 ¼ Std.). Auf dieser Lichtung, dem ehemaligen „Holländerdörfl", befindet sich heute nur mehr ein Unterstandshaus der Bergwacht.

Wir schreiten nach Westen (weiter in Gehrichtung) über die Lichtung und setzen unsere Wanderung auf dem rot markierten Hauptweg fort, der Teil des <u>RWW 444</u> ist. Wenn wir wollen, können wir aber auch auf der markierungslosen Forststraße (Alte Artilleriestraße) weitergehen, die nahe an einem Kriegerdenkmal vorbeiführt, das zum Andenken an die „tapferen Streiter" des Ersten Weltkriegs errichtet wurde. Beide Wegvarianten über den Sattel zwischen Hameau und Exelberg führen später wieder zusammen.

Bald nach jener Stelle, wo ein blau markierter Pfad vom Schwarzenbergpark zu unserem Weg stößt, sehen wir schon die 106 m hohe Richtfunkstation der Post, die den <u>Exelberg</u> weithin erkennbar macht. Im Wald überqueren wir übrigens kurz die Grenze zwischen

Schwarzenbergpark, Biberteich

Wien und Niederösterreich. Bald danach mündet der Waldweg am
Rand eines Parkplatzes, eines hier aufgestellten Roten Kreuzes sowie
eines wiedererrichteten alten Kilometersteins in die Exelbergstraße.

Wir gehen hier nach rechts weiter, überqueren bei einer Busstation (Exelberg/Rotes Kreuz; hier lässt sich die Wanderung radikal abkürzen, indem man nach Neuwaldegg zurückfährt) die Exelbergstraße
und gehen am linken Fahrbahnrand (oder auf einem Parallelweg einige
Meter daneben im Wald) bis zu einem Privathaus, wo wir schräg links
einbiegen. Nach ca. zehn Minuten kommen wir über eine Wiese mit
schöner Aussicht und durch Jungwald zu einer Spielwiese mit etwas
veraltet wirkenden Kinderschaukeln auf dem Plateau der Sophienalpe

WEGVERLAUF: Streckenwanderung. Neuwaldegg – Hameau (1 ¼ Std.) – Sophienalpe (45 Min.) – Mostalm (30 Min.) – Mauerbachtal/Vorderhainbach (30 Min.) – Hütteldorf/Straßenbahnlinie 49 (1 ½ Std.) – Hütteldorf/S-, U-Bahn (15 Min.)

DAUER: 4 ½ Std., mit Variante 4 ¾ Std.

LÄNGE: 16 km, mit Variante 17 km

SCHWIERIGKEITSGRAD: Längerer Steigungsabschnitt zum Hameau, nach der Mostalm beträchtliches Gefälle, sonst nur geringe Höhenunterschiede

WEGMARKIERUNGEN: Braune Holztafeln „Stadtwanderweg 3", gelbe Balken, rot-weiß-rote Balken mit „444", Holztafeln „Stadtwanderweg 8", ab Jägerwaldsiedlung unmarkiert

EINKEHRMÖGLICHKEITEN: Waldgasthaus „Zur Allee" (Di und Mi Ruhetag), Mostalm (Fr Ruhetag), Gasthaus Prilisauer (Mo Ruhetag)

ANFAHRT: Mit der Straßenbahnlinie 43 von der Endstelle Universität/Schottentor über den Hernalser Gürtel (U6 – Alser Straße) durch die Hernalser Hauptstraße (S45 – Hernals) zur anderen Endstation in Neuwaldegg

RÜCKFAHRT: Mit der Straßenbahnlinie 49 von der Endstelle im Kreuzungsbereich Linzer Straße/Bujattigasse durch die Hütteldorfer Straße (S45 – Breitensee) über den Neubaugürtel (U6 – Burggasse) zum Parlament am Ring

HINWEIS: Es handelt sich um den einzigen im Buch enthaltenen Wandervorschlag, bei dem sowohl An- als auch Rückfahrt mit der Straßenbahn möglich sind!

– benannt nach Erzherzogin **Sophie**, der Mutter von Kaiser **Franz Joseph**, die sich besonders gern in diesem Teil des Wienerwalds aufhielt. Kurz darauf langen wir beim geschlossenen Hotel-Restaurant Sophienalpe an, das sich auf dem Höhenrücken der Sophienalpe befindet (2 Std.).

Vorbei am Parkplatz des Lokals verlassen wir das Anwesen und bewegen uns Richtung Mostalm – der Weg wird auch durch Tafeln mit der Aufschrift „Stadtwanderweg 8" angezeigt. Auf einer breiten Schotterstraße wandern wir über freies Gelände, bis wir zum etwas erhöht liegenden Punkt der **Franz-Karl-Fernsicht** (benannt nach Erzherzog **Franz Karl**, dem Vater des Kaisers) kommen. Hier können wir unseren Blick Richtung Südosten auf die Siedlungen beiderseits des Haltertals – nördlich von Hütteldorf, wo diese Tour endet – schweifen lassen. Zwischen hohen Buchen führt der Weg von hier aus leicht bergab zum urigen Ausflugsgasthaus <u>Mostalm,</u> das wir nach ca. 1 km ansteuern (2 ½ Std.).

Nach dem Gastgarten setzt sich unsere Route auf Rot am Waldrand auf dem Höhenrücken der <u>Hohen Wand</u> fort. Wir gelangen schließlich zu einer Abzweigung und schlagen den nach links führenden, weiterhin rot markierten Weg Richtung „Kasgraben/Grüner Jäger" ein. Der Waldweg fällt nun zwischen hohen Buchen und Eichen rasch ins Tal des Mauerbachs ab, bis wir an seinem unteren Ende zu einem geschotterten Parkplatz gelangen (3 Std.).

<u>Abstecher</u>: Wenn wir hier links noch einmal in den Wald gehen und der gelb markierten Kasgrabenstraße der Bundesforste folgen, finden wir nach ca. 500 m linker Hand ein Areal, auf dem Naturbestattungen durchgeführt werden. Im „Wald der Ewigkeit" sehen wir zwölf mit grauen Schleifen bezeichnete Buchen bzw. Eichen, die für Baumbestattungen im Wurzelbereich vorgesehen sind. Der Wald befindet sich im Eigentum der Österreichischen Bundesforste; alle Bäume sind auf 99 Jahre geschützt. Nach der Besichtigung kehren wir zurück zum erwähnten Parkplatz.

<u>Abkürzung</u>: Wer die Wanderung bereits hier beenden will, dem steht eine Busverbindung nach Hütteldorf (U-Bahn) zur Verfügung. Die Haltestelle befindet sich direkt gegenüber dem Parkplatz.

Wir befinden uns hier in <u>Vorderhainbach,</u> einer Stadtrandsiedlung im Bezirk Penzing, verlassen die Stellfläche und gehen zur Straße hinunter, halten uns links, bleiben auf der linken Straßenseite und überqueren eine Brücke. Danach folgen wir den grünen/blauen Marken und den Tafeln „Stadtwanderweg 8" wieder zum Waldrandweg, der in einem leider stark geschlägerten Gebiet zunächst nur wenige Meter neben der stark befahrenen Mauerbachstraße verläuft. Nach 300 m erreichen wir das Grabmal des Feldmarschalls <u>Gideon Ernst Freiherr von Laudon</u> (1716–1790), eines Zeitgenossen des Grafen Lacy, der sich ebenfalls auf seinem Wienerwaldgrundstück bestatten ließ; die mittlerweile recht ungepflegte Grabstätte befindet sich etwas rechts unterhalb des

Wanderwegs. Hier wendet sich der Pfad von der Straße ab und bringt uns nach weiteren 400 m zu den sogenannten Türkensteinen, die Laudon nach seiner Wiedereroberung der Feste Belgrad (1789) nach Wien mitbrachte und hier aufstellen ließ.

Grab von Gideon Ernst Freiherr von Laudon

Nach diesem Denkmal und dem Brunnen daneben wählen wir den rechten Ast der Gabelung und gelangen nach 20 m zum Dodererstein, auf dem eine Tafel angibt, dass unterhalb dieser Stelle – im Laudonschen Forsthaus – am 5. September 1896 der österreichische Schriftsteller **Heimito von Doderer** geboren wurde. Wir gehen zurück zum Brunnen und setzen unsere Wanderung rechts davon auf dem Hauptweg fort, wo kurz darauf eine rote Markierung auftaucht (Richtung „Jägerwaldsiedlung"). Etwa 300 m weiter auf Rot gelangen wir zu einer Abzweigung mit der Tafel „Alexander Laudongrab". Eine blaue Markierung führt uns auf den nächsten Hügel, wo wir nach einem kurzen Aufstieg zwischen einigen hohen Föhren die eingefriedeten, schlichten Grabplatten von **Alexander von Laudon,** einem Neffen des Feldherrn, und dessen Sohn **Olivier von Laudon** erreichen.

Auf einem schmalen, unmarkierten Pfad verlassen wir die Anhöhe zu einer zwischen den Bäumen sichtbaren Wiese hin, an deren rechten oberen Ende wir wieder den Wald betreten. Dort treffen wir schon nach wenigen Metern wieder auf den Holzpfeil „Stadtwanderweg 8" und die rote Markierung, der wir nach rechts folgen. Wir wandern etwa niveaugleich durch dichten Laubwald am Südhang des **Kolbeterbergs** entlang – dessen Sonderstellung unter den Wienerwalderhebungen hier nicht unerwähnt bleiben soll: Obwohl kein einziger markierter Weg auf den Berg führt, schmückt den Gipfelbaum ein Kreuz; daneben ist ein Behälter mit einem Gipfelbuch angebracht. Das Kreuz wurde vor Jahrzehnten an den jungen Baum gebunden und ist mit ihm hochgewachsen. Zu diesem Punkt mit wenig lohnender Aussicht Richtung Norden führen von Westen her Schneisen in einem großen Bogen, von Osten her ein steiler Waldweg, bei dessen Einstieg am Fußpunkt ein unauffälliges „AUFI" in eine Buche geritzt ist.

Etwa 1 km nach der Wiese erreichen wir das links vom Weg erkennbare verbaute Gebiet der Jägerwaldsiedlung in der Knödelhüttenstraße und gehen stadteinwärts weiter. Nach dem Gebäude mit der Nummer 27, dem ehemaligen Ausflugslokal „Knödelhütte", zweigen wir rechts in eine Sackgasse ab. Am Drahtmaschenzaun des forstlichen Versuchsgartens der Universität für Bodenkultur entlang führt der rot markierte Weg („Hadersdorf") zu einer Kreuzung.

Wir biegen links in die Windschutzstraße ein, queren die Edenstraße und nehmen gleich danach die Genossenschaftsstraße nach links. Rund um uns sehen wir ein stark verhütteltes Siedlungsgebiet, wie es für den im Bezirk Penzing befindlichen Teil des Wienerwalds typisch ist. Später biegen wir schräg rechts in den Jupiterweg ein und kommen so zum Eingang der Dauerkleingartenanlage am Wolfersberg; vor dem Eingang halten wir uns links, gehen auf einem Fußweg der Robert-Fuchs-Gasse zwischen den Gärten leicht bergab und wandern am talseitigen Rand der Anlage entlang. Am Ende der Gasse biegen wir rechts in den Saturnweg ein; die unbefestigte Straße wird kurz zum Waldweg, setzt sich dann aber wieder auf Asphalt fort. Bei einer Kreuzung mündet der Saturnweg in die Wolfersberggasse, der wir bergab folgen, bis wir den Talgrund erreicht haben. Dort biegen wir scharf rechts in die Bujattigasse ein.

Zuerst gehen wir aber noch zur Hüttelbergstraße vor, um einen Blick auf zwei Jugendstilvillen des Architekten Otto Wagner zu werfen. Das größere Gebäude auf Nr. 26 war im Besitz des Künstlers Ernst Fuchs und wird samt Nebengebäuden als Privatmuseum betrieben, das man nach vorheriger Anmeldung besuchen kann.

Durch die Bujattigasse kommen wir (nach dem Ziegelbau der Baptistengemeinde Hütteldorf) zu einem Steg, auf dem wir den Halterbach überqueren. Wenige Meter danach sind wir an der Endstelle der Straßenbahnlinie 49 angelangt, die uns stadtwärts bringt (4 ½ Std.). Vorher können wir allerdings noch im gegenüber der Station liegenden Gasthaus Prilisauer einkehren.

Variante: Wollen wir bis zur Endstelle der U-Bahn U4 in Hütteldorf weitergehen, so wenden wir uns nach links und gehen durch die verkehrsreiche Linzer Straße – eine der längsten Straßen Wiens – an der neugotischen Hütteldorfer Pfarrkirche vorbei, bis zum lärmigen Kreuzungsplateau Hüttelbergstraße/Bergmillergasse. In Letztere biegen wir kurz ein, um gleich wieder links in der ruhigen Stockhammerngasse unseren Weg fortzusetzen. Nach dem Rechtsknick beim Tennisplatz sollten wir den Weinfeldweg nicht verpassen, der direkt auf die Keißlergasse zuläuft. Vor uns tauchen nun schon Busbahnhof und Stationsgebäude auf – und damit die Anbindung ans öffentliche Verkehrsnetz.

AM WEGE

Gleich zu Beginn unserer Wanderung kommen wir am Schloss Neuwaldegg vorbei, das heute von einer privaten internationalen Bildungsorganisation genützt wird. Das Gebäude wurde 1765 von Feldmarschall Franz Moritz Graf Lacy (1725–1801) – einem General der „Kaiserin" Maria Theresia – erworben, der die Umgebung des Schlosses – den heutigen Schwarzenbergpark – zu einem prächtigen „englischen Park" umgestalten ließ, der wegen seiner vielen Attraktionen (chinesische Brücken, Statuen, ein Spiegelteich usw.) bald zu den größten Sehenswürdigkeiten des Landes zählte. Obiger Wanderweg war damals noch um einiges kultivierter und führte durch eine künstliche Felsenschlucht vom Parapluieteich zum Dianatempel und weiter zum Hameau, dem „Holländerdörfl" des Grafen, wo er für sich und seine Gäste 17 Rohrhütten errichten hatte lassen, um „der Natur näher zu sein".

Lacy ließ sich sogar auf seinem geliebten Grundbesitz bestatten. Sein Grabtempel befindet sich etwas abseits der beschriebenen Route, ca. 300 m nördlich der Kreuzung Neuwaldegger Straße/Höhenstraße im Wald des Parkgeländes. Nach dem Tod des berühmten Strategen ging der Besitz an einen andern Feldherrn, nämlich Karl Philipp Fürst Schwarzenberg (1771–1820) über, der ihn allerdings vernachlässigte und zusehends verwildern ließ.

Aufstieg zum Hameau

Das steinerne Autogramm

Der Name KYSELAK, deutlich einge-
ritzt in einen der beiden Obelisken an
der Schwarzenbergallee, ist das letzte
erhaltene „Dokument" aus dem Leben
eines im Biedermeier allseits bekannten
Wiener Originals. Joseph Kyselak
(1795–1831) war ein kleiner Beamter,
der sich von der romantischen Stimmung seiner Zeit mitreißen ließ und
seine ganze Liebe der Natur schenkte.
Schon in jungen Jahren unternahm er
ausgedehnte Wanderungen durch die
damaligen Länder Österreichs.

„Ein Funke ist's, ein Trieb, der den
Menschen in regeres Leben verwebt,
sein Blut auf eine oder die andere Art
besonders anzieht, zu verschiedenen,
wenn auch insgesamt lohnenden
Tempeln hinleitet", schrieb Kyselak in
seinen Reisetagebüchern.

Und weiter: „Frauenliebe reißt den
Jüngling oft hin, für seine Auserwählte
sich zum Helden, zum Dichter zu bilden; Liebe zur schönen Natur, zur ewig
bewunderten, ein nicht minder hohes
Motiv, beseelte mich schon lange,
spornt zum Danke für sie, und heißt
mich manches Gute schildern,
dessen ich von ihr begünstigt mich
erfreute."

Doch der junge Beamte wollte der
Nachwelt mehr hinterlassen als nur
seine Reisetagebücher. Ein Topf mit
schwarzer Ölfarbe und ein Pinsel be-
gleiteten ihn auf jeder seiner Touren –
und er ließ keine Gelegenheit aus, sich
auf Felsplatten, Ruinen, Berggipfeln
und Brückenpfeilern zu verewigen.
Anfangs waren es elegische Vierzeiler,
bald beschränkte er sich jedoch auf ein
einziges Wort: KYSELAK.

Es dauerte nicht lange, bis sein
Name im ganzen Land bekannt war.
Angeblich hatte er mit Freunden
gewettet, dass er berühmt werden
konnte, ohne eine einzige Großtat voll-
bracht zu haben.

1948 erschien „Kyselak. Ein Roman des Wiener Biedermeiers", in dem
Karl Ziak sich an einer literarischen
Lebensbeschreibung des Sonderlings
versuchte. Er beschrieb darin eine
Episode aus Kyselaks Jugend, in der
der gestrenge Vater des damaligen
Studenten einen „Kommentar zum
römischen Zivilrecht" entdeckte, der
„von der ersten bis zur letzten Seite
verkratzelt" war:

„Plötzlich kam es über den Er-
zürnten wie eine Erleuchtung, was
diese Malerei bedeuten sollte. Aus
einer Zeile, in der es von Justinian
hieß: ‚Keiner sey dieses edlen Namens
unkundig!' sprang dem erbosten Vater klar das Wort Kyselak entgegen.
Und, nun er den Schlüssel gefunden,
rückten die verstreuten ausgetauschten
Buchstaben zusammen, und überall
grinste ihm sein Name entgegen."

Der „Autogrammist" Kyselak bot
schon zu Lebzeiten Stoff für zahlreiche
Anekdoten. Eine davon erzählt, wie er
zu einer Privataudienz bei Kaiser Franz
I. beordert wurde, der ihm wegen
seiner Manie heftige Vorhaltungen
machte. Als der Herrscher sich danach
wieder seinen Amtsgeschäften wid-
men wollte, musste er – wahrscheinlich schmunzelnd – feststellen, dass
der Name KYSELAK die oberste Akte
auf seinem Schreibtisch zierte.

4 Sakrale und profane Kontemplation

Von Klosterneuburg zum Scheiblingstein

Im Augustiner-Chorherrenstift von Klosterneuburg können Kulturinteressierte schon am Beginn dieser Wanderung einen der bedeutendsten Kunstschätze des Abendlandes besichtigen: den Verduner Altar. Der anschließende Marsch führt quer durch den Naturpark Eichenhain zur Windischhütte und weiter auf den nahe der Stadtgrenze gelegenen Scheiblingstein, wo ein weiteres Ausflugsgasthaus den Wanderer erwartet.

DER WANDERWEG

Vom Bahnhof **Klosterneuburg-Kierling** aus wenden wir uns stadtwärts und überqueren den vor uns liegenden Platz (Niedermarkt) in Richtung der Stiftstürme. Wir folgen dann der hier einmündenden Hundskehle, bis wir – gegenüber dem Krankenhaus – einige Stufen hinaufsteigen, die uns auf den Vorplatz des weltbekannten **Stifts Klosterneuburg** (siehe „Klosterneuburg – eine Stadt und ihr Stift", S. 63) bringen. Dort schlendern wir an der westlichen Fassade dieses Prachtbaus mit seiner reizvollen Mischung aus Gotik-, Renaissance- und Barockelementen entlang und erreichen am Südende den neuen Haupteingang des Stifts, wo man sich für alle Führungen anmelden kann. Wir bewegen uns aber über den großzügig angelegten Vorplatz auf das schmiedeeiserne Tor zu, neben dem das Stiftscafé mit Souvenirshop untergebracht ist.

Durch diesen Zugang erreichen wir den Rathausplatz, bleiben auf der rechten Seite und werfen noch einen Blick auf die Häuser mit den absteigenden Nummern 20 bis 6, deren Bausubstanz zum Teil aus dem Mittelalter stammt und im 17. bis 18. Jh. etliche Umbauten erfahren hat. Wir wenden uns nach links und sehen das schmucke Rathaus der Stadt, folgen dem Verlauf der Leopoldstraße und biegen nach der Nummer 18 in die Franz-Rumpler-Straße ein. Hier weist uns die erste Wandertafel den Weg Richtung „Haschhof/Windischhütte" etc.

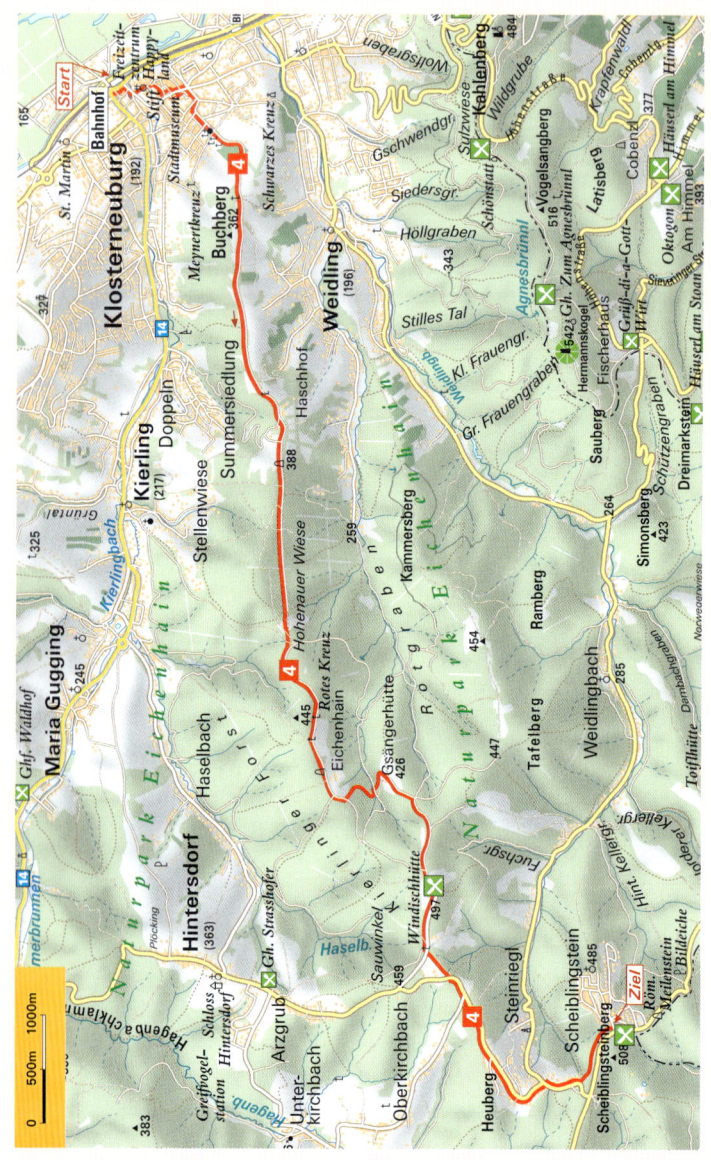

Blick vom Buchberg auf Klosterneuburg

WEGVERLAUF: Streckenwanderung. Klosterneuburg (Stadtbummel ohne Stiftsbesichtigung) – Buchberg (45 Min.) – Hohenauer Wiese (1 Std.) – Windischhütte (1 Std.) – Scheiblingstein (1 Std.)

DAUER: 3 ¾ Std.

LÄNGE: 14 km

SCHWIERIGKEITSGRAD: Leichte Höhenwanderung mit anfangs stark ausgeprägtem Anstieg

WEGMARKIERUNGEN: Abwechselnd grüne und blaue Balken

EINKEHRMÖGLICHKEITEN: Landgasthof Windischhütte (Mo und Di Ruhetag; Übernachtungsmöglichkeit), Landgasthaus Scheiblingstein (Mo bis Mi Ruhetag)

ANFAHRT: Vom Bahnhof Heiligenstadt (erreichbar unter anderem mit U4 und U6) mit der Franz-Josefs-Bahn oder dem Bus Richtung Tulln. Zielhaltestelle ist Klosterneuburg-Kierling.

RÜCKFAHRT: Mit einer Privatbuslinie gelangt man vom Scheiblingstein nach Neuwaldegg, von wo die Straßenbahnlinie 43 über den Gürtel bis zum Schottentor (Universität) fährt.

An der Polizeistation vorbei und über den Göppinger Platz setzen sich grüne Marken in der Buchberggasse fort. Kurz darauf biegen wir in die Raphael-Donner-Gasse ein, die immer stärker ansteigend am Oberen Stadtfriedhof vorbeiläuft. Am Ende des Gottesackers zeigt ein grünes Schild den Beginn des Naturparks Eichenhain an – es handelt sich dabei um den gesamten Höhenrücken zwischen Kierling und Weidlingbach, den wir im Zuge unserer Wanderung begehen werden.

Weingärten breiten sich aus, und Tafeln eines Weinerlebnispfads tauchen auf. Je höher wir kommen, desto erfreulicher ist der Rundblick, der sich von der Langen Gasse aus eröffnet: direkt unter uns Klosterneuburg, dahinter das blaue Band der Donau und an deren jenseitigem Ufer die Orte Langenzersdorf (eine Gemeinde am Fuße des als Wanderziel beliebten Bisambergs) und Korneuburg. Nördlich davon können wir bei gutem Wetter sogar die Burg Kreuzenstein, ein um die Jahrhundertwende auf den Grundmauern einer alten Feste errichtetes Museum mittelalterlicher Kultur, erkennen. Schließlich erreichen wir in 336 m Höhe auf dem spärlich bewachsenen Buchberg einen Rastplatz mit einem schlichten roten Wegkreuz (45 Min.).

Bis jetzt waren wir auf Asphalt unterwegs, ab hier geht es auf festem Sandboden entlang von Wiesenhängen weiter. Im Süden sehen wir – über dem Einschnitt des Rotgrabens und des Weidlingbachtals – das Kahlengebirge an der Stadtgrenze zu Wien, bestehend aus Leopoldsberg, Kahlenberg, Vogelsangberg und Hermannskogel.

Bei einer Unterstandshütte des T.V.N. Klosterneuburg stößt eine gelbe Markierung zu unserer grünen. Wir behalten die Gehrichtung bei und passieren das mächtige hölzerne Türkenkreuz, das zur Erinnerung an die argen Verwüstungen des Türkenkriegsjahres 1683 errichtet wurde. Kurz danach erreichen wir den Haschhof (ein Versuchsgut für Wein- und Obstbau) sowie die imposante Purgathofer-Sternwarte des Fernrohrbauers Ing. Rudolf Pressberger († 2001). Etwa am höchsten Punkt des Haschbergs (396 m) bleiben wir links auf Grün und wandern an eingezäunten Obstkulturen vorbei. Bei einem Gedenkstein für Leo Bieder (1921–1987), den Gründer des Naturparks Eichenhain, beginnt dann der „Erste österreichische Obstlehrpfad", der lebende Beispiele verschiedener heimischer Obstsorten präsentiert. Danach sind es nur noch wenige Meter bis zum Roblkreuz, einem steinernen Obelisken, der dem Andenken an den 1896 von Falschmünzern ermordeten Gendarmen **Adolf Robl** gewidmet ist.

Die „Mutter des Wienerwaldes"

Der Adolf-Robl-Weg teilt sich nun in zwei grün markierte Strecken – eine breite, befestigte Forststraße und einen parallel dazu verlaufenden Waldweg (im Winter eine gespurte Loipe) –, die wir beide wählen können. Etwa 1,5 km weit bewegen wir uns fast niveaugleich durch einen dichten Mischwald aus hohen Eichen und später auch Buchen, bis wir schließlich auf die **Hohenauer Wiese** treten. Wir streben dem Rastplatz zu, der an einer Wegkreuzung liegt (1 ¾ Std.).

Eine Tafel weist uns nach rechts auf Gelb zur Windischhütte, wo eine leicht ansteigende Forststraße an einer Unterstandshütte (G.-Steinböck-Hütte) vorbei wieder in den Wald führt und unweit der Kuppe des **Hohenau** (445 m) am Roten Kreuz und einer langgestreckten Wiese entlang zum Rastplatz „Eichenhain" verläuft. Wir kommen oberhalb eines linker Hand liegenden Gehöfts an einer ca. 350 Jahre alten Eiche vorbei, die mittlerweile (auch auf Informationstafeln zum Naturpark Eichenhain) als „Mutter des Wienerwaldes" bezeichnet wird. Kurz danach erreichen wir einen Kreuzungspunkt. Die blaue Markierung führt rechts nach Hintersdorf. Wir behalten die Richtung noch kurz bei, verlassen aber 100 m weiter die Straße über die blaue Abzweigung nach links.

Der Pfad senkt sich zunächst in einen Bachgraben und steigt danach über eine Wiese zur **Gsängerhütte,** einem ehemaligen Ausflugslokal, auf. Über die unbefestigte Zufahrtsstraße verlassen wir den Wiesenhang und erreichen im nächsten Waldstück einen Forstweg, dem wir rechts auf Grün bergan folgen. Bei einem Rastplatz verflacht der Anstieg. Der Blick zurück bietet eine schöne Aussicht auf den Teil des Naturparks Eichenhain, den wir bisher durchquert haben.

Wir bleiben auf dem breiten Waldweg (oder einem parallel führenden Autofahrer–Fitnesspfad) und gelangen nach fünf Minuten zur Windischalm–Hütte der Naturwacht am Rande eines Kinderspielplatzes. 200 m weiter haben wir Gelegenheit, im **Landgasthof Windischhütte** einzukehren (2 ¾ Std.).

Über den Parkplatz vor der Windischhütte verlassen wir auf der asphaltierten Zufahrtsstraße den höchsten Punkt des Naturparks. Wir halten uns 500 m auf der grün/blau markierten Route und biegen nur wenige Schritte nach einem weiteren hölzernen roten Kreuz links in einen schmalen Waldrandweg ein. Auf ihm erreichen wir die Autostraße zwischen Scheiblingstein und Hintersdorf und folgen dieser weiterhin entlang der grünen Markierung nach links, erst auf einem parallel verlaufenden Waldweg, dann am Straßenrand entlang durch den Ortsflecken **Steinriegl**. An der Kreuzung mit der Weidlingbachstraße halten wir uns dann rechts (Tafel „Scheiblingstein").

Abkürzung: An der hier befindlichen Haltestelle können müde Wanderer (nach beachtlichen 12,8 km) den Bus Richtung Neuwaldegg nehmen.

Bald nach der Busstation führt rechts ein Weg in den Wald, der fast parallel zur Straße verläuft und anfangs grün, gelb, rot und blau markiert ist; bei einer Abzweigung halten wir uns auf Blau Richtung „Scheiblingstein", ebenso an der folgenden Wegteilung. Neben der Tafel, die das Ortsende von Steinriegl anzeigt, überqueren wir die Autostraße und folgen weiterhin der blauen Markierung auf den **Scheiblingstein**. Der gemächlich ansteigende Weg endet an der Straße zwischen Neuwaldegg und Königstetten. Im **Landgasthaus Scheiblingstein** – das sich direkt neben dem aufgelassenen Hotel Scheiblingstein befindet – können wir uns noch einmal stärken oder gleich den Privatlinienbus nach Wien nehmen (Stationshäuschen gegenüber dem Lokal) und in den zum 17. Bezirk gehörenden Ortsteil **Neuwaldegg** fahren. Dort gehen wir die letzten Meter vom Bus-Wendeplatz stadteinwärts zur Endstelle der Straßenbahnlinie 43 (3 ¾ Std.).

Ostfassade des Stifts

Klosterneuburg – eine Stadt und ihr Stift

Wenn man vom Kahlenberg über die Höhenstraße nach Klosterneuburg fährt, bietet sich ein eindrucksvoller Anblick. Verträumt liegt die Altstadt zu Füßen des prachtvollen Augustiner-Chorherrenstiftes; von kleinen Hauerhäusern gesäumte, schmale Gässchen führen hinauf in die Weinberge, die zu beiden Seiten des Donaustroms das Panorama beherrschen.

Klosterneuburg liegt etwa 10 km nordwestlich von Wien, am Donaudurchbruch zwischen Leopoldsberg und Bisamberg. Vor der Flussregulierung war die Donau hier über zahlreiche kleine Inseln relativ leicht passierbar. Diese Tatsache war von strategischer Bedeutung, denn wer diesen Standort beherrschte, kontrollierte das Donautal.

Bei Ausgrabungen wurden Siedlungsreste entdeckt, die bis ins Neolithikum zurückreichen. Im 1. Jh. nach Christus errichteten die Römer ein Kastell, von dem noch Reste erhalten sind. Über den römischen Mauern entstand im 11. Jh. die „neue Burg", in die Leopold III. (1095–1136), Markgraf von Österreich, seine landesfürstliche Residenz verlegte. 1114 gründete er das Stift, das er zum religiösen Mittelpunkt seines Landes machte und 19 Jahre später den Augustiner-Chorherren übergab.

1485 wurde der Herrscher auf Betreiben der Habsburger heiliggesprochen und ist seither als

Sakrale und profane Kontemplation

hl. Leopold Landespatron Niederösterreichs. Ihm zu Ehren findet an seinem Namenstag (15. Nov.) alljährlich in Klosterneuburg das „Leopoldifest" statt, zu dem tausende Besucher anreisen, um sich beim traditionellen „Fasselrutschen" (einer Rutschpartie auf einem „Tausend-Eimer-Fass" aus dem Jahre 1704) zu vergnügen und bei Speis und Trank zu feiern. Manche nehmen diesen Tag allerdings auch zum Anlass, dem Grab „ihres" Heiligen in der Stiftskirche, die im 17. und 18. Jh. im Inneren barock umgestaltet wurde, einen Besuch abzustatten.

Dort befindet sich auch der berühmte Verduner Altar, ein 1181 von **Nikolaus von Verdun** geschaffener, mit 51 Email-Tafelmalereien geschmückter Flügelaltar, der als das besterhaltene Kunstwerk des Mittelalters gilt. Im Stiftsmuseum (9–18 Uhr, ab 16. Nov. 10–17 Uhr) kann man weitere mittelalterliche Kunstwerke und den 1616 von **Maximilian III.** gestifteten Erzherzogshut (die Landeskrone des Erzherzogtums Österreich) besichtigen.

1730 wurden im Auftrag Kaiser **Karls VI.** die Arbeiten am barocken Stiftsbau (dem „Kaiserbau") begonnen. Der Vater **Maria Theresias** beauftragte den Architekten **Donato Felice d'Allio**, eine Klosterresidenz nach dem Vorbild des spanischen Escorial zu errichten. Sie sollte durch ihre Gegenüberstellung von Kirche und Kuppelsaal die Polarität zwischen Gottes- und Kaiserreich widerspiegeln und das großartigste Barockbauwerk Österreichs werden. Doch im Jahre 1740, als erst zwei Flügel des riesigen Bauvorhabens fertiggestellt waren, starb der Kaiser. In Zeiten der Aufklärung hatte man für ein Projekt wie diese Reichskirche kein Verständnis mehr; also konnte der Entwurf erst im 19. Jh. wenigstens zu einem Viertel verwirklicht werden.

Ein wahrer Augenschmaus für Bücherfreunde ist die **Stiftsbibliothek** mit ihren mehr als 200.000 Bänden, darunter auch eine Reihe von illuminierten (= mit kunstvollen Malereien ausgestatteten) Handschriften aus romanischer Zeit. Eine Besichtigung der Bibliothek ist jedoch leider nicht im normalen Führungsprogramm enthalten. Wer sich dafür interessiert, muss telefonisch um Erlaubnis ansuchen (Stiftsmuseum/Tel. 02243/411-0).

Sollte die Bitte abgelehnt werden, kann man sich immer noch im Stiftskeller mit einem Glas Rebensaft oder Klostersekt aus den Beständen der mehrfach preisgekrönten „Domäne Chorherren Klosterneuburg" trösten. Gastlichkeit und das Gespür für einen guten Tropfen gehören nämlich zu den ältesten und liebsten Traditionen der Klosterbrüder.

5   Vom Wasser zum Wein

Durch den Naturpark Eichenhain nach Wien-Salmannsdorf

Von der über der Donau aufragenden Burg Greifenstein, die im
11. Jh. als Feste gegen die Horden aus dem Osten errichtet wurde,
führt der Weg zur Wallfahrtsstätte Lourdesgrotte in Maria Gugging.
Am Ende der Strecke erwarten den durstigen Wanderer gemütliche
Wiener Heurigenlokale.

DER WANDERWEG

Nach dem Verlassen des Bahnhofs **Greifenstein-Altenberg** (direkt unterhalb der Pfarrkirche Maria Sorg) wenden wir uns auf der Bundesstraße 500 m die Donau entlang nach links. Bei der Alten Schule gelangen wir zur Einmündung der Hadersfelder Straße, wo wir den roten
und grünen Marken nach rechts folgen. Etwa 200 m danach zweigt der
grün markierte und durch einen gelben Pfeil („Hadersfeld über Burg-
weg 50 min") angekündigte Weg nach links in die recht steil bergan
führende Kostersitzgasse ab und wird einige Meter danach zum nicht
asphaltierten Hohlweg. In einer Linkskurve dieser Auffahrt zur (angeblich bis 2023 für die Öffentlichkeit nicht zugänglichen) Burg zweigt der
grün markierte Wanderweg rechts ab und führt als schmaler Pfad zu
einem Platz am Waldrand hinauf, von wo aus Burg und Burghof gut
sichtbar sind.

Die **Burg Greifenstein** wurde ursprünglich im 11. Jh. vom Bis-
tum Passau errichtet, im Lauf ihrer Geschichte aber mehrmals zerstört.
Der jetzige Bau datiert aus dem Jahr 1670 und wurde 1807 von **Fürst
Liechtenstein** im romantischen Stil wiederhergestellt. Glaubt man einer der vielen Sagen rund um die Burg, so rührt ihr Name daher, dass
früher Knappen vor dem Ritterschlag die linke Hand und ein Knie in
Vertiefungen des sogenannten „Schwursteins" legen und den Satz „So
wahr ich greif' den Stein" sprechen mussten.

Wir setzen nun unsere Wanderung auf steinigem Untergrund
bergwärts fort. Nach dem ersten Steigungsstück wird der Anstieg auf
den **Eichenleitenberg** – die nördlichste Erhebung der gesamten Alpen

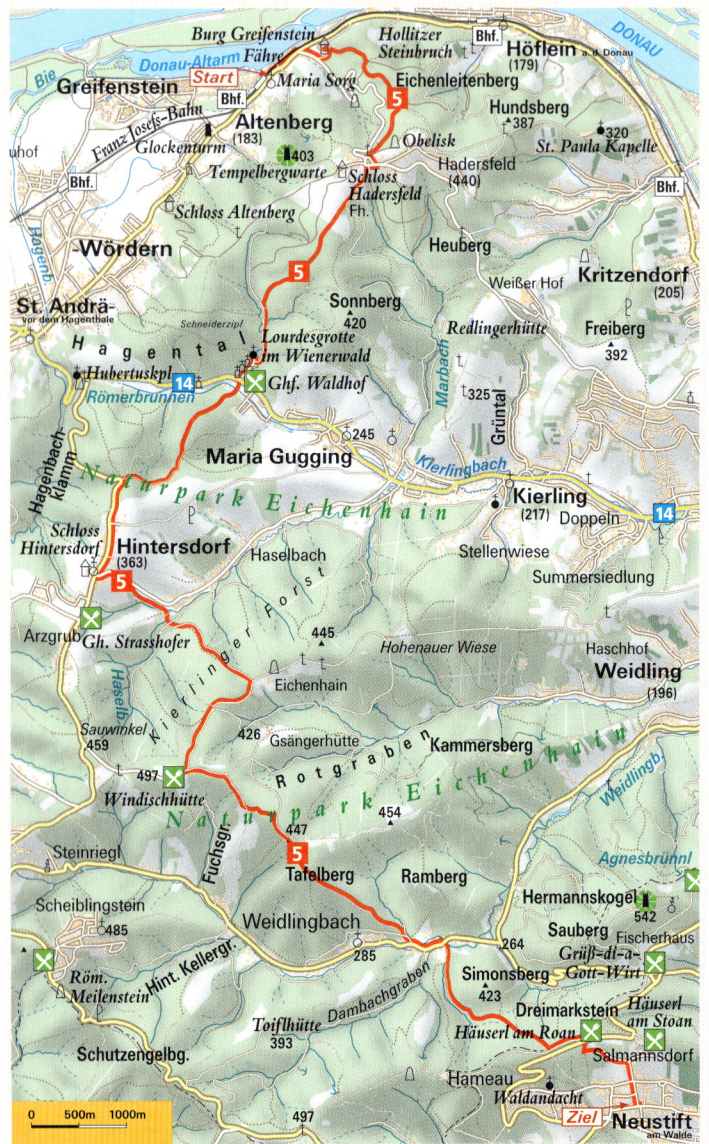

Burg Greifenstein

WEGVERLAUF: Streckenwanderung. Greifenstein – Hadersfeld (1 Std.) – Maria Gugging/Lourdesgrotte (45 Min.) – Hintersdorf (1 Std.) – Windischhütte (1 Std.) – Weidlingbach (45 Min.) – Salmannsdorf (1 Std.)

DAUER: 5 ½ Std.

LÄNGE: 20 km

SCHWIERIGKEITSGRAD: Mehrere Anstiege, wobei vor allem der erste und der letzte recht anstrengend sind

WEGMARKIERUNGEN: Rote/grüne Balken, Gelb/Grün, Gelb, unmarkiert, blaue, gelbe, grüne, rote, dann blaue Balken, abschließend Grün

EINKEHRMÖGLICHKEITEN: Gasthof Waldhof (Mo Ruhetag), Gasthaus Strasshofer (Do Ruhetag), Landgasthof Windischhütte (Mo und Di Ruhetag; Übernachtungsmöglichkeit), Häuserl am Roan (Do und Fr Ruhetag), zahlreiche Heurige in Salmannsdorf und Neustift

ANFAHRT: Mit der S- oder Regionalbahn vom Franz-Josefs-Bahnhof oder vom Verkehrsknotenpunkt Heiligenstadt Richtung Tulln. Ziel ist die Station Greifenstein-Altenberg.

RÜCKFAHRT: Mit der Buslinie 35A gelangt man von Salmannsdorf/Neustift zum Gürtel bei der U6-Station Nussdorfer Straße und zu den Stationen der Straßenbahnlinien 37 und 38, die zum Schottentor am Ring fahren.

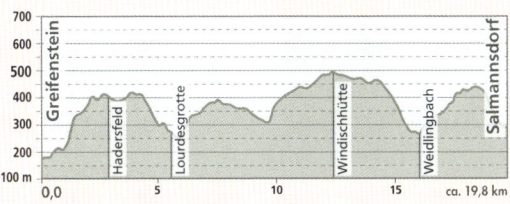

Vom Wasser zum Wein

– sanfter. Durch einen nach Fällungen aufgelichteten Wald erreichen wir auf dieser Strecke den Ortsbereich von <u>Hadersfeld</u>. Hier gehen wir nicht geradeaus weiter, sondern biegen nach einer rot-weiß-roten Schranke links in die Alois-Aigner-Gasse ab. Durch sie gehen wir an einer alten Orientierungstafel vorbei zur Hauptstraße, wenden uns dort nach rechts und sehen nach wenigen Metern eine durch gelbe Wandertafeln erkennbare Abzweigung – den „Waldweg" – nach links (1 Std.).

Auf dem markierten Weg kommen wir zu einer Forststraße und folgen deren Verlauf Richtung „Lourdesgrotte" auf Gelb und Grün. Wir marschieren an einem Forsthaus vorbei, 200 m danach zweigt die für uns maßgebliche gelbe Markierung rechts ab. So treten wir bald auf freies Gelände und streben neben einem Feld ins nächste dichte Waldstück, wo sich der Wanderweg zunehmend absenkt und wir eine Forststraße queren. Der Baumbewuchs lockert dann auf, die Markierungen werden spärlicher und der Weg verwachsener. In einem weiten Linksbogen gehen wir durch einen recht steilen, ausge-

Impression aus der Lourdesgrotte

schwemmten Hohlweg bergab. Der Weg mündet in eine Forststraße, der wir – weiter auf Gelb – in unserer Gehrichtung folgen. Nach wenigen hundert Metern gelangen wir zum großen Parkplatz vor der <u>Lourdesgrotte</u> (siehe S. 72, „Am Wege"), die zur Gemeinde Maria Gugging gehört. Zur Andachtsstätte selbst sind es von hier aus nur mehr wenige Schritte (1 ¾ Std.).

Vom Parkplatz aus kommt man bequem zum <u>Gasthof Waldhof,</u> wo eine Einkehr möglich ist. Über die Autozufahrt oder die Kreuzwegstationen erreicht man die Hauptstraße (B14) und damit auch eine Bushaltestelle.

Durch die Zierleitengasse nach Salmannsdorf

<u>Abkürzung</u>: An dieser Haltestelle kann man den Bus Richtung Heili-genstadt (S-Bahn, U-Bahn) nehmen.

Wir überqueren die Straße und erblicken neben dem Haltestellen-häuschen eine Wandertafel, die uns auf Gelb nach „Hintersdorf" weist. Ein schmaler Pfad entlang eines Bächleins führt in den Wald und steigt dort stark an. Auf zerfurchtem Boden gewinnen wir an Höhe, der Weg wird breiter und die Steigung nimmt schließlich ab. Nach gut 2 km erreichen wir die Kehre einer Straße und nehmen auf Asphalt nach links den Weg nach und durch <u>Hintersdorf</u> in Angriff. Nach ca. 1 km durch den Ort tauchen Pfarrkirche und eine Straßenkreuzung auf (2 ¾ Std.).

    Von hier aus können wir, wenn wir etwas essen und trinken wollen, einen kleinen Abstecher machen: Wenn wir die Hauptstraße ca. 500 m geradeaus weitergehen, erreichen wir das <u>Gasthaus Strass-hofer</u> (mit angeschlossener Trafik und einem Lebensmittelgeschäft), wo wir aus einer typisch ländlichen Speisekarte wählen können – zum

Beispiel das Gericht „Pfaffenbauch mit Salat". Vom Gasthaus aus gehen wir dann zurück zur vorher erwähnten Straßenkreuzung.

Wir biegen hier nach links – vom Gasthaus kommend natürlich rechts – in die Haselbacher Straße ein (Richtung „Klosterneuburg"). Kurz vor der Ortstafel von Haselbach führt rechts von der Straße ein schmaler, blau markierter Pfad steil hinunter in ein Waldstück. Dort folgen wir der Markierung nach links, den Haselbach entlang, überqueren den Bachlauf zweimal und erreichen schließlich eine Wiese, wo uns die blaue Markierung nach rechts bergan in ein Waldstück führt. Nach einem kurzen, steilen Aufstieg gelangen wir zum Forstweg Ziegelmaißstraße im **Naturpark Eichenhain**; wir queren die Straße zunächst nur und halten uns an die blauen Marken, bis wir wieder auf den Forstweg treffen. Dann können wir ihn entweder leicht bergan weitergehen oder dem stark belaubten und stellenweise lehmigen (nach Regenfällen eher zu meidenden) Wanderweg folgen – beide sind blau markiert. Nach gut 1 km gelangen wir auf diesen wieder zusammentreffenden Wegen zur Wegkreuzung am Eichenhain.

Von dort an halten wir uns an die gelbe Markierung, die uns auf der breiten, leicht ansteigenden und dank extensiver Holzfällerarbeiten kaum von Bäumen beschatteten Eichenhainstraße („Babenbergerstrecke" für Radfahrer) Richtung „Windischhütte" weist. Nach einer Schranke sehen wir einen Stützpunkt der Berg- und Naturwacht sowie eine Kinderspielwiese und erreichen kurz danach die **Windischhütte** (3 ¾ Std.).

Haben wir uns dort gelabt, so gehen wir ein Stück in die Richtung zurück, aus der wir gekommen sind, folgen nach der Schranke jedoch der blauen und roten Markierung Richtung „Weidlingbach". Nach einem Sendemast und einer schmäleren Waldpassage gehen wir durch den lichten Wald bergab und überqueren zwischen Buchen den **Tafelberg**. Auf einem „Shared Trail" für Mountainbiker und Wanderer kommen wir zu zwei Mountainbiker-Abfahrtsstrecken, dem „Trailpark Weidlingbach". Den ersten, rot markierten Wanderweg, der vor Beginn der Abfahrten rechts abzweigt, ignorieren wir und folgen stattdessen einem eindeutig als Wanderweg gekennzeichneten, blau markierten Pfad. Dieser führt uns zwischen den zwei Abfahrtsstrecken bergab Richtung „Weidlingbach" – und auch hier sind wir vor Radfahrern nicht sicher. Schließlich gelangen wir ins Ortsgebiet von **Weidlingbach**, einem früher sehr beliebten Ziel für Sonntagsausflüge, in dem heute jedoch alle Gasthäuser geschlossen sind (4 ½ Std.).

Wir biegen nun nach links in die Steinrieglstraße ein und folgen ihr bis zum Haus Nummer 44, wo gegenüber, über eine Holzbrücke, die Asphaltstraße wieder verlassen werden kann.

Abkürzung: Marschiert man nach der Holzbrücke die Steinrieglstraße 300 m weiter, so erreicht man die Station „Taverne", von wo aus ein Privatbus – täglich, aber selten – zum Bahnhof Weidling verkehrt.

Kapelle in der Dreimarksteingasse

Für jene, die die Wanderung fortsetzen, ist ab hier die grüne Markierung (Richtung „Dreimarkstein, Waldandacht, Neuwaldegg") maßgeblich. Auf einem von Sträuchern gesäumten Pfad wandern wir bis zum Waldrand, überqueren einen Steg und gewinnen dann am südwestlichen Hang des **Simonsbergs** wieder rasch an Höhe. Nach dem letzten Anstieg dieser Tour erreichen wir zwischen den Erhebungen **Dreimarkstein** und **Hameau** den **RWW 444.**

An diesem Kreuzungspunkt wenden wir uns (auf Rot) nach links und erreichen nach ca. 500 m das Ausflugslokal **Häuserl am Roan** (hier gibt es auch eine Busstation). Ein paar Schritte davor führt ein grün markierter Weg unter der **Höhenstraße** durch und am Rand einer Wiese talwärts. Wir biegen dann links ein und gehen unterhalb der Wiese durch die Zierleitengasse (bzw. auf dem links davon leicht erhöhten Wanderweg) hinunter.

Durch dieses schmale Gässchen mit seinen schönen Ausblicken auf Wien erreichen wir dann die Dreimarksteingasse, der wir zwischen traditionellen Wiener Gebäuden steil bergab folgen und nach der Kreuzung mit der Salmannsdorfer Straße auf dem Sulzweg, teilweise über Stufen, bis in die Hameaustraße bergab gehen.

Nun sind es nur noch wenige Meter nach links bis zur Endstation der Autobuslinie 35A in **Salmannsdorf,** die den Endpunkt dieser Route darstellt. Die zahlreichen Buschenschenken von **Neustift am Walde** und Salmannsdorf – beides vor allem durch den Weinbau bekannte ehemalige Wiener Vororte, die seit 1891 zum 19. Bezirk gehören – bieten erschöpften Wanderern eine nicht zu unterschätzende Gelegenheit, ihre kulinarischen Bedürfnisse zu stillen (5 ½ Std.).

AM WEGE

Bei der **Lourdesgrotte** von **Maria Gugging,** einem bekannten Wallfahrtsziel, handelt es sich um eine Nachbildung der berühmten Grotte im französischen Lourdes, wo angeblich die Jungfrau Maria einem Hirtenmädchen erschienen ist. Hochwürden Kaspar Hutter, von 1922 an Pfarrer der Gemeinde Gugging, hatte 1907 – als er noch Theologiestudent war – einen Fußmarsch zu diesem 1200 km entfernten Zentrum der Marienverehrung unternommen. Als er 1923 einen seiner Spaziergänge durch den Wienerwald machte, erblickte er auf dem Weg nach Hadersfeld einen hoch aufragenden Felsen am Berghang. Dieser Ort, ein aufgelassener Steinbruch, erschien ihm für die Errichtung einer Lourdesgrotte wie geschaffen. Die Wallfahrtsstätte wurde 1925 von Prälat Dr. Ignaz Seipel eingeweiht, der nach seiner ersten Amtsperiode als Bundeskanzler als Geistlicher tätig war. 1969 wurde hier eine Kapelle errichtet, um auch bei Schlechtwetter Gottesdienste abhalten zu können. Das Wasser aus der Quelle vor dem Altar hat angeblich eine heilsame Wirkung.

6 Raubvögel aus nächster Nähe

Durch die Hagenbachklamm zum Mauerbach

Der idyllisch gelegene Weg durch das enge Tal des Hagenbachs hat schon so manchen Wanderer zu romantischen Gefühlen angeregt. Nach Verlassen der Klamm bietet sich die einzigartige Gelegenheit, verschiedene Raubvogelarten aus nächster Nähe zu betrachten. Über den Höhenrücken des Scheiblingsteins führt die Route schließlich ins dichtbesiedelte Mauerbachtal.

DER WANDERWEG

Der Bus hält kurz vor einer Spitzkehre der Bundesstraße 14 zwischen Klosterneuburg und Tulln. Gleich beim Aussteigen sehen wir den mit der Barbarakapelle geschmückten Eingang zur tief in den Sandstein eingeschnittenen **Hagenbachklamm** vor uns. Der rot markierte Klammweg (ein Teil des **WWW 404**) ist zu Beginn oft ziemlich schmal und laubbedeckt, aber durchaus trittfest – außer nach Regenwetter. Rechts unterhalb des zum Teil durch Holzstege und Geländer abgesicherten Pfades befindet sich der Graben des Hagenbachs, in dem das Wasser über einige künstlich angelegte Stufen fließt. Wir passieren eine Gedenktafel, die an die Wiedereröffnung der Klamm im Jahre 1948 erinnert.

Nach etwa 1 km verbreitert sich das bisher eher schluchtartige Tal des Hagenbachs zusehends. Unmittelbar nach einem idyllischen Rastplatz gabelt sich der Weg. Die linke Route führt nach Hintersdorf hinauf; wir halten uns hier rechts entlang des Bachs Richtung „Unterkirchbach" (rot und grün markiert). Der Weg wechselt anschließend über einen Steg auf die andere Seite des Gewässers. Kurz darauf weist eine blaue Markierung nach links Richtung „Hintersdorf".

Rechts von der Abzweigung führen die roten und blauen Marken Richtung „Kirchbach" weiter; der blau markierte Weg zweigt bald danach ab – wir bleiben aber auf Rot. Schließlich treten wir aus dem Tal heraus und auf eine gut befestigte Forststraße. Langsam weicht der Wald zurück, das Gelände wird freier und wir kommen zur **Greifvogel-**

WEGVERLAUF: Streckenwanderung. St. Andrä/Hagenbachklamm – Greifvogel-Zuchtstation (45 Min.) – Kirchbach (15 Min.) – Scheiblingstein (1 Std.) – Hainbach (1 Std.)

DAUER: 3 Std.

LÄNGE: 10,5 km

SCHWIERIGKEITSGRAD: Mäßige Steigungen, problemlose Halbtagstour

WEGMARKIERUNGEN: Rote und grüne („404"), dann blaue, später grüne Balken

EINKEHRMÖGLICHKEITEN: Gasthaus Hauser (Mi und Do Ruhetag), Hotel-Restaurant Marienhof (Mo und Di Ruhetag), Pizzeria Mia Bella (Mo Ruhetag)

ANFAHRT: Mit dem Privatlinienbus vom Bahnhof Heiligenstadt (U4, S45) Richtung Tulln über Klosterneuburg und Maria Gugging. Zielhaltestelle: St. Andrä-Hagenbachklamm

RÜCKFAHRT: Postbuslinie nach Wien-Hütteldorf (zur Endstation der U4) ab der Station Steinbachstraße in Untermauerbach

HINWEIS: In der Klamm ist – vor allem bei feuchtem Boden – auf den Tritt zu achten.

<u>Zuchtstation</u> (45 Min.); davor und gegenüber finden sich auch Pony-Reitplätze (siehe S. 77, „Am Wege").

Nach einer eventuellen Besichtigung gehen wir die Zufahrtsstraße weiter und erreichen nach wenigen hundert Metern das verbaute Gebiet von <u>Kirchbach.</u> Neben einer Brücke mündet der Klammweg in die Unterkirchbacher Straße, in die wir rechts einbiegen, um zum <u>Gasthaus Hauser</u> zu gelangen, wo wir uns stärken können.

Die Route setzt sich auf der Unterkirchbacher Straße fort, die nach einer Straßenkreuzung leicht ansteigt. Der rot markierte Wanderweg, auf dem wir uns befinden, zweigt jedoch kurz darauf links in eine Sackgasse namens Kaltwasserstraße ab. 100 m oberhalb dieser Abzweigung steht übrigens das <u>Hotel-Restaurant Marienhof</u> als weitere Einkehrmöglichkeit zur Verfügung (1 Std.).

Nach etwa 200 m führt die rote Markierung rechts weg – wir studieren den Orientierungsbaum mit den gelben Pfeilen, folgen dem Weg mit den blauen Marken geradeaus (Richtung „Steinriegl") und verlassen so den verbauten Bereich des Ortes.

Ein Steg führt uns über das sogenannte Kalte Wasser; die Markierung ist deutlich sichtbar. Zwischen dünnstämmigen Buchen machen wir uns an den relativ markanten Anstieg auf einem schmalen, laubbedeckten Pfad. Nach einem engen Durchschlupf kommen wir auf eine freiere Fläche, wo geschlägerte Bäume zu sehen sind. Wir betreten danach ein dichtes Mischwaldstück und überschreiten den Rücken des Heubergs. Danach wird der Wanderweg breiter und verläuft niveaugleich bzw. bergab. Wir gehen den Schulerweg hinunter und erreichen die ersten Häuser der Wienerwaldsiedlung <u>Steinriegl</u> im oberen Weidlingbachtal.

Schließlich stoßen wir auf die asphaltierte Hauptstraße, in die wir rechts einbiegen. 200 m danach kommen wir zu Richtungsweisern mit den Aufschriften „Scheiblingstein, Tulln, Wien-Neuwaldegg". Wir wählen wieder die rechte Abzweigung und passieren die Haltestelle des Linienbusses.

<u>Abkürzung</u>: Von hier aus kann man mit dem Bus nach Neuwaldegg fahren, wo mit der Straßenbahnlinie 43 ein Anschluss Richtung Innenstadt besteht.

In der Hagenbachklamm

Nach einigen Metern auf der Straße, bald nach der Busstation, führt rechts ein Weg in den Wald, der fast parallel zur Straße verläuft und anfangs grün, gelb, rot und blau markiert ist; bei einer Abzweigung halten wir uns auf Blau Richtung Scheiblingstein. Im Wald teilt sich dann der Weg, wir gehen auf Grün weiter Richtung „Steinbach". So gelangen wir nach einigen weiteren Metern unter Bäumen wieder zur Autostraße, der wir nach rechts bis zur Kreuzung mit der Verbindungsstraße zwischen Neuwaldegg und Königstetten im Nahbereich des **Scheiblingsteins** folgen. Hier sind zahlreiche Richtungsweiser angebracht; wir entscheiden uns für die grün markierte Route, die neben einer Fahrverbotstafel auf einer geschotterten Zufahrtsstraße in den Buchenwald führt. Neben einer Betonmauer passieren wir eine rot-weiß-rote Schranke (2 Std.).

Auch bei der dahinter liegenden Wegkreuzung bleiben wir auf Grün und dringen wieder in dichten Laubwald ein. Wir halten uns auf der bald folgenden Lichtung links, wo ein grüner Pfeil nach „Steinbach" weist, und gehen zwischen Lärchen und Buchen weiter talwärts.

Der Wanderweg tritt dann aus dem Mischwald auf einen Wiesenhang, von dem sich ein wunderbarer Südblick auf Augustinerwald und

Buchberg eröffnet. Wir gehen auf dem Wiesenweg am Waldrand entlang weiter bergab und auf den Einschnitt des Steinbachs zu; im folgenden Waldstück marschieren wir auf einem recht zerfurchten Weg. Wenn wir in der Talsohle angekommen sind, biegen wir rechts (gelber Pfeil mit „1") in die forstwirtschaftliche Zubringerstraße (Pilzengrabenstraße) ein, die wieder zu einer Schranke führt. Danach wandern wir auf der unbefestigten Straße durch den Pilzengraben von **Steinbach,** einem Ortsteil von Mauerbach. Noch im Pilzengraben beginnt der asphaltierte Teil der Straße, die später in die etwas breitere Steinbachstraße mündet.

Etwa 200 m weiter überqueren wir den Bach und folgen Grün und „1" Richtung „Untermauerbach 30 min" zwischen Häusern durch den Wiesenweg. Nach der Siedlung setzt sich die Route über Futterwiesen an Wald und Bach entlang fort. So gelangen wir parallel zur Steinbachstraße nach **Untermauerbach**. Gegenüber der **Pizzeria Mia Bella** erreichen wir schließlich die Mauerbachstraße, die wir überqueren, um zur Haltestelle Steinbachstraße zu gelangen, wo der Bus Richtung Bahnhof Hütteldorf hält (3 Std.).

AM WEGE

Die **Greifvogel-Zuchtstation** – am Weg von der Hagenbachklamm nach Unterkirchbach – besteht seit 1976 und wird aus privaten Mitteln finanziert. Die Betreiber begannen damals, Greifvögel zu kaufen und gezielt zu züchten, um die gefährdeten Arten vor dem Aussterben zu bewahren. In Österreich sind von ursprünglich 32 Greifvogelarten bereits zehn verschwunden, 17 weitere sind von der Ausrottung bedroht. Noch heute betrachten viele diese Vögel als gefährliche Raubtiere. Die Zuchtstation, in der man die Greifvögel aus nächster Nähe beobachten und vieles über ihre Lebensgewohnheiten erfahren kann, hat sich die Aufgabe gestellt, solche Vorurteile abzubauen. Besucher haben die Möglichkeit, mehr als 30 in- und ausländische Greifvogelarten – von Mönchsgeiern über Steinadler bis zum Kondor – zu besichtigen.

Die Zuchtstation ist von Mitte April bis Mitte November an Sa, So und Fei von 9.30 bis 12 und von 13 bis 17 Uhr geöffnet, wobei fortwährend Führungen stattfinden. Mo bis Fr sind Führungen für größere Gruppen möglich, allerdings nur gegen Voranmeldung (Tel. 0676/488 03 34, Erwin Größinger).

7 Blick ins Tullner Feld

Über den Tulbinger Kogel nach Mauerbach

So schweißtreibend der Aufstieg vom Heurigenort Königstetten auf den 494 m hohen Tulbinger Kogel am Nordrand des Wienerwalds auch ist – er lohnt sich. Die übrige Wegstrecke führt durch schattige Wälder nach Mauerbach, einer Gemeinde an der westlichen Stadtgrenze Wiens. An diesem geschichtsträchtigen Ort befindet sich das älteste Kartäuserkloster Niederösterreichs.

DER WANDERWEG

Wir verlassen den Bus am Hauptplatz von **Königstetten** und stehen vor der gotischen Pfarrkirche aus dem Jahre 1415, die später barockisiert wurde. Vor der Kirche erinnern ein Barockbrunnen und die „zum Dank für die Verschonung durch die Pest" errichtete Dreifaltigkeitssäule aus dem frühen 18. Jh. an die wechselhafte Vergangenheit des Ortes. Der Vorplatz ist auch Ausgangspunkt des „Planetenwegs Tullnerfeld Wienerwald", der gleich doppelt angelegt ist und einen nördlichen und einen südlichen Ast besitzt. Im Brunnen ist das Zentralgestirn des Sonnensystems platziert. Im Zuge dieser Tour wird der komplette bergseitige Teil des Planetenwegs begangen.

Wir lenken unseren Schritt rechts an der Kirche und an Merkur/Venus/Erde/Mars vorbei durch die Kogelgasse, an deren Ende wir vor dem Leshof nach rechts einbiegen und dann gleich nach links einen Hohlweg auf Blau beständig bergwärts schreiten. Dabei folgen wir dem Pfeil, der Richtung „Tulbinger Kogel" weist, und gehen später zwischen Wiesen und einem Weingarten bis zu einer freieren Stelle, wo Modell und Tafel des Planeten Jupiter aufgestellt sind. Wenn sich schließlich der Ausblick ins hinter uns liegende Tullner Feld wieder etwas öffnet, knickt die Markierung zu einer Baum- und Strauchreihe nach rechts ab.

Nach kurzer Zeit queren wir einen geschotterten Fahrweg. Unter einer knorrigen Eiche am Eingang des folgenden Waldstücks steht ein Gedenkstein mit der Aufschrift „Ö.A.V. – Königstetten", daneben

Die Kogelgasse in Königstetten

die Planetenwegstation Saturn. Auf dem laubbedeckten Weg, an dessen Rand sich vereinzelte Brombeersträucher finden, gehen wir an der Flanke des Martinsbergs entlang. Zwischen den Buchen tauchen später hohe Fichten auf – der Laubwald wandelt sich zum Mischwald, in dem wir Rotwild und Eichhörnchen begegnen können.

Wenn wir weiterhin der blauen Markierung folgen, sehen wir oberhalb unserer Route einen modernen, turmartigen Betonbau: die Leopold-Figl-Warte. Nach einer Wandertafel („Königstetten/Leopold Figl Warte") verzweigt sich der blau markierte Weg; wir folgen zuerst der linken Route und gehen dann nach der Abzweigung Richtung „Hainbuch" rechts zur Warte hinauf. Der 1967 auf dem Gipfel des Tulbinger Kogels in 494 m Höhe errichtete Aussichtspunkt kann über eine Wendeltreppe erstiegen werden. Durch hohe Baumkronen ist der Rundblick von der kleinen, mit Antennen und Messgeräten ausgestatteten Plattform jedoch stark eingeschränkt. Am Fuß der Warte können wir uns noch über den Planeten Uranus informieren (45 Min.).

Ab hier folgt unser Weg fast nur noch roten Markierungen. Von der Warte aus geht es (Richtung „Berghotel/Passauerhof") bergab. Nach

wenigen Minuten erreichen wir das exklusive **Berghotel Tulbinger-kogel,** dessen Restaurant mit seiner schönen Terrasse vom „Guide Gault Millau" mit einer Haube ausgezeichnet wurde. Rechts vom Hotel sind am Straßenrand zu entsprechender Jahreszeit die im Saft stehenden Rebstöcke des „Ersten internationalen Sommelier-Weingartens" zu bewundern.

   Unsere Route (nun Teil des **WWW 404**) quert die am Hotel vorbeiführende Straße, führt auf einer schwach ausgetretenen Abkürzung quer über eine Wiese, stößt dann wieder auf die Straße und folgt

WEGVERLAUF: Streckenwanderung. Königstetten – Tulbinger Kogel (45 Min.) – Passauerhof (30 Min.) – Hirschengarten (45 Min.) – Kartause Mauerbach (1 Std.)

DAUER: 3 Std.

LÄNGE: 12 km

SCHWIERIGKEITSGRAD: Anfangs konsequenter Anstieg, danach mäßige Höhenunterschiede

WEGMARKIERUNGEN: Blaue und rote („04") Balken, unmarkierter Abschnitt (genau auf Beschreibung achten), rot-weiß-rote Balken mit „45" und Reiterwegmarkierung „3"

EINKEHRMÖGLICHKEITEN: Berghotel Tulbingerkogel (kein Ruhetag), Kartausen-Café (Mo und Di Ruhetag), Klosterwirt (Mo–Mi Ruhetag), Restaurant Schlosspark Mauerbach (kein Ruhetag), Gasthaus Ungler (Mo und Di Ruhetag)

ANFAHRT: Vom Bahnhof Wien-Hütteldorf: Postbuslinie (450) nach Mauerbach, dort umsteigen in Privatbuslinie (449) Richtung Tulln; von der Endstelle der Straßenbahnlinie 43 in Neuwaldegg: Privatbuslinie (445) Richtung

Leopold-Figl-Warte

Tulln, täglich nur am frühen Vormittag; vom Bahnhof Heiligenstadt: Privatbuslinie (341) Richtung Tulln, täglich nur am frühen Vormittag. Zielstation ist jeweils Königstetten-Kirche.

RÜCKFAHRT: Vom Mauerbach-Busbahnhof mit der Postbuslinie (450) nach Wien-Hütteldorf (U4-Anschluss bei Endstelle bzw. Straßenbahnlinie 49 bei vorletzter Station)

dieser dann – mit zwei kleinen Ausnahmen, nämlich jeweils ein paar hundert Metern auf einem fast parallel zur Straße führenden Weg durch einen Buchenwald. So folgen wir der kaum befahrenen Autostraße fast 2 km weit. Wenn wir das zweite Mal aus dem Wald auf die Asphaltstraße treten, erblicken wir wenige Meter die Straße zurück ein Bildstock mit Gedenktafel, die an die Geschichte des Jammertals (siehe S. 84, „Am Wege") erinnert; in Sachen Planetenweg befinden wir uns hier auch am Standort des Planeten Neptun. Nun kommen wir zum „Passauerhof", einer mittlerweile leider nur mehr auf Anfrage geöffneten Gaststätte auf einem Sattel zwischen Tulbinger Kogel und Rauchbuchberg (1 ¼ Std.). Vor dem rechts gelegenen ehemaligen Parkplatz des Lokals ist dann am Straßenrand die abschließende Station „Pluto" zu sehen – der Himmelskörper, dem bei der Errichtung des Planetenwegs noch nicht der Status eines vollwertigen Planeten aberkannt worden war.

Auf der dem Lokal gegenüberliegenden Straßenseite halten wir uns weiter auf dem WWW 404 (Richtung „Riederberg-Troppberg") und betreten einen üppigen Mischwald. Nach gut 1 km führt der etwa fahrzeugbreite Forstweg („Hirschengarten-Strecke" für Biker) zwischen hohen Buchen zu einer Weggabelung mit einem auffälligen Grenzstein, auf dem „85", „C" und „T" zu lesen sind. Hier wenden wir uns von Rot ab nach links und wählen einen bergab führenden, unmarkierten Forstweg, der nicht mehr gepflegt wird, durch den Passauer Zipf. Wir orientieren uns am Hauptverlauf, sollten jedoch nicht in den Tobel links davon gelangen und erreichen so nach ca. 700 m eine große Lichtung.

Nach links gewendet erreichen wir über eine breite Forststraße eine teilweise fein geschotterte Zufahrtsstraße (ohne Markierung), auf der es ziemlich eben dahingeht. Nach 1 km und einer von rechts dazustoßenden roten Markierung bemerken wir ein Gebäude am Hang. Es handelt sich um das „Hirschengartl". Das ehemalige Ausflugslokal war einst eine zum Kartäuserkloster Mauerbach gehörende Waldkapelle, die hier auf dem Hügel der „Hohlen Eiche" errichtet wurde. Im umliegenden Wald finden sich noch heute Grenzsteine mit dem eingemeißelten Kartäusersiegel. Nach einer Schranke befinden wir uns auf der Zufahrtsstraße. Diese mündet nach etwa 100 m in die Autostraße zwischen Mauerbach und Katzelsdorf. Linker Hand sehen wir ein weiteres ehemaliges Lokal, das Restaurant „Hirschengarten" mit dem ebenfalls bereits wieder geschlossenen Hotel „Flic-Flac". Auf der gegenüberliegenden Straßenseite, neben der Haltestelle der Privatbuslinie nach Tulln, beginnt der durch eine rote Markierung gekennzeichnete „Mauerbacher Höhenweg", den wir einschlagen (2 Std.).

Abkürzung: Man kann die Wanderung an dieser Stelle abbrechen und den Bus Richtung Mauerbach und dann Hütteldorf benützen.

Klosterkirche, Kartause Mauerbach

Der folgende Wegabschnitt windet sich zunächst über eine Südhangwiese in zwei Kehren und dann geradewegs den Hügel hinauf. Nach einigen hundert Metern passieren wir eine Baumreihe, gehen durch Jungwald weiter der roten Markierung folgend bergauf und stoßen so auf eine Forststraße, die wir nach rechts auf Rot weitermarschieren. So gelangen wir zu einer Lichtung, von der aus die rot-weißen Marken auf einem schmalen Weglein nach rechts fortsetzen.

Ab hier gehen wir in einem schattigen Laubwald weiter und durchqueren einige Minuten später ein lichtes Waldstück aus jungen Nadelbäumen, den Sonnenwald. Danach lichtet sich das Gehölz und wir erreichen das Reitsportzentrum Mauerbach. An der Einfriedung des Gestüts entlang führt der rot markierte Weg weiter und biegt an der Einfahrt vorbei nach rechts, hinter einer Holzschranke dann nach links zu einem Südhang ab. Auf einem von Sträuchern, später von Bäumen gesäumten Wanderpfad gehen wir talwärts – linker Hand können wir bereits den Kartausenkomplex erkennen. So erreichen wir schließlich die Bäckergasse, die wir auf Blau bis zur Hauptstraße hinuntergehen, wo wir zwischen Schlosspark Mauerbach und **Kartausen**-Café einbiegen (3 Std.).

Mauerbach ist eine Ortschaft, die schon zur Römerzeit besiedelt war. Vor uns sehen wir die **Kartause,** das älteste Kartäuserkloster Niederösterreichs, das im Jahre 1313 von Friedrich dem Schönen gestiftet, 1616 bis 1631 barock ausgebaut und 1782 schließlich aufgehoben wurde. Der rechteckige Klosterhof war früher ein Mönchsfriedhof, in den umliegenden Trakten befanden sich die Bibliothek, zwei Kapellen und die Zellen der zurückgezogen lebenden Ordensbrüder. Die Renovierungsarbeiten der vergangenen Jahre seitens des Bundesdenkmalamts, dessen Restaurierwerkstätten hier untergebracht sind, waren vorbildlich und erlauben Besuchsmöglichkeiten (Juni bis September: Sa, So und Fei ganztägig) sowie kulturelle Veranstaltungen.

Haben wir die Kartause besichtigt und sind eventuell beim **Klosterwirt** eingekehrt, so verlassen wir den Gebäudekomplex durch den Haupteingang, betrachten linker Hand – in der kurzen Dolleschelgasse – noch den Hungerturm und gehen von diesem aus zurück zur Hauptstraße, in die wir links einbiegen. Auf der rechten Straßenseite können wir noch den Schlosspark besuchen und im **Restaurant Schlosspark Mauerbach** speisen. 200 m weiter erreichen wir in wenigen Minuten das **Gasthaus Ungler** und den Busbahnhof Mauerbach, von dem aus die Busse Richtung Hütteldorf verkehren.

AM WEGE

An der Straße vom Tulbinger Kogel zum Passauerhof steht rechter Hand ein Gedenkstein, der an eine düstere Periode der Mauerbacher Geschichte erinnert: „In ein Tal des zur Pfarre gehörigen Waldes", heißt es darauf, „flüchteten sich zur Zeit des ersten Türkenkrieges im Jahre 1529 die Bewohner der naheliegenden Dörfer. Sie wurden von den Türken entdeckt und niedergemetzelt. Daher noch heutzutage dieses Tal und der ganze Wald das **Jammertal** genannt wird."

8   An der „fürnembsten Land-strassen durch den Wienerwaldt"

Von Gablitz auf Troppberg und Riederberg

Mit einer Höhe von 542 m stellt der Troppberg – gemeinsam mit dem Hermannskogel an der Wiener Stadtgrenze – die höchste Erhebung nördlich des Wientals dar. Durch schattige Buchenforste führt der Weg von der Marktgemeinde Gablitz auf den beliebten Aussichtsberg, von dessen Warte wir einen beeindruckenden Rundblick genießen.

DER WANDERWEG

Wir überqueren bei der Busstation die Straße und gehen direkt durch die Ferdinand-Ebner-Gasse, an deren Beginn wir bereits die erste blaue Markierung und eine gelbe Tafel mit „Troppberg 1 ¼ Std." sehen. Weiter durch die Kirchengasse halten wir auf die Pfarrkirche der idyllischen Wienerwaldgemeinde Gablitz zu. Die Kirche wurde im 17. Jh. von den Mauerbacher Kartäusern zu Ehren des heiligen Laurentius errichtet. Auf dem Weg durch die Kirchengasse überqueren wir eine Steinbrücke über den Gablitzbach. Der folgende asphaltierte Spazierweg ist nur für Fußgänger und Radfahrer zugelassen. Wir gehen etwa 600 m an einem Lattenzaun entlang, erreichen schließlich eine Autostraße und queren diese vor dem Marienheim, bei einem Wegkreuz und dem Rastplatz Drei-Föhren-Park.

Die blauen Marken setzen sich hier entlang einer breiten Forst-straße (Dreiföhrenstraße der ÖBF) in Richtung „Troppberg" fort. Wir folgen diesem Weg fast schnurgerade bergan, behalten die Richtung auch bei, wenn die unbefestigte Straße rechts abknickt, und dringen ca. 800 m nach dem Rastplatz auf der schmaler werdenden Straße in dich-teren Laubwald ein. Bei einem weiteren Rastplatz, wo mehrere Wege zusammenlaufen, weist die blaue Markierung bergab in den Talschluss. Auf dem gegenüberliegenden Hang beginnt auch schon der steile Auf-stieg auf den Troppberg. Der schmale Pfad führt uns zunächst zwischen

WEGVERLAUF: Rundwanderung. Gablitz/Gemeindeamt – Troppberg (1 ¼ Std.) – Rabenstein (15 Min.) – Riederberg (45 Min.) – Allhang (1 ¼ Std.) – Gablitz (1 Std.)

DAUER: 4 ½ Std., mit Abstecher 5 Std.

LÄNGE: 17 km, mit Abstecher 18,5 km

SCHWIERIGKEITSGRAD: Einfach, da die Anstiege relativ kurz sind

WEGMARKIERUNGEN: Blaue Balken, rote Balken mit „404", grüne Balken, dann „1"

EINKEHRMÖGLICHKEIT: Restaurant Thalassa (kein Ruhetag)

ANFAHRT: Mit dem Postbus vom Bahnhof Hütteldorf Richtung Tulln und Sieghartskirchen bis zur Station Gablitz-Gemeindeamt. Mit dem Auto über die Wiener West- ausfahrt Richtung Purkersdorf und von dort über die B1 ca. 2 km Richtung Riederberg-Tulln. Parkmöglichkeiten bestehen in der 30-km-Zone (Achtung. Kurzparkzone!), wenn wir uns Richtung Zentrum halten, oder in der Ferdinand- Ebner-Gasse.

Nadelhölzern bergan, verläuft jedoch nach einigen hundert Metern in einem Mischwaldstück weiter. Am Gipfel des Troppbergs angekommen, sehen wir uns der <u>Gustav-Jäger-Warte</u> und der <u>Troppbergwarte</u> gegenüber. Der alte Steinbau der Gustav-Jäger-Warte aus dem Jahre 1870 und deren Anbau aus Beton wurden 1991 durch eine 50,5 m hohe Stahlkonstruktion (die Plattform befindet sich in 24 m Höhe) ergänzt, da man von den bisherigen Aussichtspunkten nicht mehr über die Bäume hinwegblicken konnte. Jetzt ist wieder eine beeindruckende Panoramasicht möglich (1 ¼ Std.).

Neben dem Stufenaufgang zur Warte weisen uns gelbe Pfeiltafeln (Richtung „Laabach" und „Hochram") ziemlich steil talwärts. 100 m weiter halten wir uns rechts und kommen bald zu einer markanteren Wegkreuzung. Wir wählen die rote/blaue Markierung des <u>WWW 404,</u> der uns – der Aufschrift auf einer gelben Tafel zufolge – in einer Stunde den Riederberg erreichen lässt. Durch aufgelockerten Laubwald wandern wir sanft bergab, um nach einer Viertelstunde an den Waldrand zu treten, wo wir unseren Blick Richtung Norden – über die letzten sanften Hügel auf das Tullnerfeld und jenseits der Donau zum Wagram – schweifen lassen können. Über einen Acker führt der Weg am Waldrand entlang, bis er nach links zu einer Wiese und einem kreuzenden Feldweg abbiegt (1 ½ Std.).

Wir gehen den roten Markierungen folgend halb links über die Wiese auf das Waldstück vor uns zu. An der nächsten Weggabelung halten wir uns auf dem WWW 404 wieder auf Rot Richtung „Jakobsweg". Kurz darauf wird in einem Graben der Laabach überquert. 300 m weiter kommen wir auf einer Lichtung zur unbefestigten Verbindungsstraße zwischen Riederberg und Irenental. Wir können nun dieser breiten, sich gemächlich dahinschlängelnden Straße nach rechts zum Riederberg folgen oder aber den Waldweg beschreiten, der sich gegenüber auf der Mitte der Lichtung fortsetzt, orientieren uns aber weiterhin am WWW 404. Nach ca. 800 m kommen wir auf eine winzige Lichtung, wo sich der Weg nach rechts krümmt und nach weiteren 300 m wieder mit der Verbindungsstraße zusammentrifft.

<u>Abstecher</u>: Kurz vor der Verbindungsstraße erreichen wir eine Wegkreuzung, wo uns ein Wegweiser Richtung „Klosterruine/Jakobsweg"

nach links weist. Wir folgen dieser Route und gelangen über eine stark ausgewaschene Waldstraße, die gelegentlich blau markiert ist, nach etwa 15 Minuten zur **Klosterruine Riederberg** (die auch als „Sancta Maria in Paradyso" oder „Sankt Laurentius im Paradies" bezeichnet wird). Kurz davor kommen wir noch an einer kleinen Quelle mit Andachtsstätte vorbei, die laut einem Holztäfelchen „Quelle im Paradies" heißt. Die dahinter befindlichen Mauerreste, auf Erklärungstäfelchen „Klosterruine Paradeis" genannt („Paradeis" stand im Mittelalter für „Paradies"), markieren den Ort eines früheren Franziskaner-Observanten-Klosters, das um 1455 an der Stelle einer älteren – wahrscheinlich aus dem 14. Jh. stammenden – Laurentius-Kapelle errichtet wurde. Es diente als Ausbildungsstätte der österreichischen Ordensprovinz, die durch den Prediger **Johannes von Capistran** ins Leben gerufen wurde. 1529 zerstörten die Türken das Kloster; die geistliche Stätte geriet bald darauf in Vergessenheit und die Ruine wurde von der Bevölkerung der Gegend als Steinbruch genutzt. Erst im 19. Jh. wurde die Ruine von einem Pfarrer aus Sieghartskirchen „wiederentdeckt" und erforscht.

Nach Besichtigung des Areals kehren wir zum Ausgangspunkt des Abstechers zurück; der kleine Umweg nimmt etwa 30 bis 40 Min. in Anspruch.

Wir überqueren die Verbindungsstraße und gehen in die Sackgasse weiter. Neben den Häusern der zu Ollern gehörenden Siedlung Weideck bewegen wir uns nun auf dem Troppbergweg und später durch ein schönes Mischwaldgebiet geradeaus auf den **Riederberg** zu, wo wir rechts nach einem Spenglereibetrieb einen ehemaligen Gasthof sehen. Der Riederberg ist eine wichtige Station des uralten Handelswegs, der von Wien über Purkersdorf und Gablitz nach Westen führte und als „Reichs-, Commerz- und Poststraße" im 16. und 17. Jh. die „fürnembste Landstrassen durch den Wienerwald" genannt wurde (2 $\frac{1}{4}$ Std.).

Abkürzung: Direkt vor dem Gebäude des einstigen Lokals befindet sich eine Haltestelle, an der man den Bus zurück nach Gablitz bzw. Wien-Hütteldorf nehmen kann.

Auf der anderen Straßenseite setzt sich die rote Markierung an der Einfahrt zum Ortsteil Ollern-Waldheim fort. Durch Waldheim- und Passauerhofstraße gelangen wir in den Wald hinter der Siedlung, wo unsere Route auf einer geschotterten Forststraße eben dahinführt. Auf dieser gehen wir weiter, achten auf die rote Markierung und biegen später nach links in einen Waldweg ein, der anfangs parallel zur Forststraße verläuft. So gelangen wir dann zu einer Abzweigung, an der eine grüne Markierung kreuzt.

Hier verlassen wir den WWW 404 und folgen dem Pfeil Richtung „Allhang" nach

Gustav-Jäger-Warte auf dem Troppberg

rechts (grün/rot und mit „45" markiert). Nach ca. 600 m in den Wäldern des Rauchbuchbergs zweigt links ein rot markierter Weg in Richtung „Hirschengarten" ab. Wir bleiben jedoch weiterhin auf Grün und gehen schräg rechts bergauf über einen freieren Hang. Danach senkt sich der Wanderweg über den Taglesberg durch den Tulbinger Forst nach Allhang. Wir erreichen schließlich durch einen dichteren Laubwald die Mauerbachstraße in Allhang. Wenn wir vom Waldausgang die Straße entlang nach rechts hinuntergehen, befindet sich an der Kreuzung mit der Linzer Straße das griechische Restaurant Thalassa (3 ½ Std.).

Abkürzung: An der Station schräg gegenüber dem Lokal kann man den Bus Richtung Gablitz/Purkersdorf/Hütteldorf besteigen. Wir empfehlen diese Abkürzung nach stärkeren Niederschlägen.

Die Wanderung wird nach links auf der Mauerbachstraße fortgesetzt. Gegenüber dem Ortsendeschild von Gablitz führt der mit „1" auf gel-

Gablitzbach

bem Grund markierte Weg nach rechts, wo es nach einem Linksbogen bergauf geht. Der Pfad steigt zunächst sanft an und senkt sich, parallel zur Straße verlaufend, wieder. Der folgende steilere Aufstieg bringt uns in freieres, mit dornigen Sträuchern bewachsenes Gelände. Vor einem Jungwald wenden wir uns rechts, steigen auf einem schmalen Pfad steil bergauf und bewegen uns dann durch einen dichten, dunklen Wald. Wir folgen dann im nächsten Waldstück weiterhin der grünen Markierung bzw. der roten „1" auf gelbem Grund erreichen nach einer kurzen Senke in einem Buchenwald die Anhöhe des <u>Königswinkelbergs</u> im Purkersdorfer Forst. Kurz danach queren wir eine Forststraße.

Hier setzen wir auf Grün in Richtung „Hadersdorf-Weidlingau" fort. Nach 300 m in einem Mischwaldstück zweigt ein unmarkierter Pfad schräg rechts ab (am Hauptweg ist direkt bei der Abzweigung die Zahl „1" auf gelbem Grund auf einem Baum rechts zu sehen, während links ein weißer Grenzstein steht). Wir nehmen diesen Pfad, wenden uns ca. 150 Meter weiter bei einer Wegteilung schärfer nach rechts und wandern markant bergab. Bei der nächsten Wegteilung halten wir uns rechts und gehen am Rand eines Trogtals entlang. Wenn die ersten Häuser von Gablitz sichtbar werden, wandern wir in einem Rechtsbogen ganz in den Einschnitt hinunter und betreten schließlich den Ortsbereich am Scheitelpunkt eines Südhangs. Die Gasse mit dem Namen Graben führt uns bergab direkt zur Linzer Straße. Nach links gewendet kommen wir nach wenigen Minuten zur Bushaltestelle vor dem Haus Nr. 99, dem Gemeindeamt (4 ½ Std.).

9 „Panorama Troppikana"

Vom Irenental über den Troppberg nach Wien-Hadersdorf

Diese Route zeichnet sich durch großteils sanfte Abstiege in berauschend schönen, urwüchsigen Buchenwäldern aus. Nach einem Besuch der Troppbergwarte bietet sich auf der Hochramalm eine idyllische Einkehrmöglichkeit. Die letzten Kilometer führen durch ein ehemaliges Villenviertel der Wienerwaldstadt Purkersdorf.

DER WANDERWEG

Wir starten unsere Wanderung im hinteren <u>Irenental</u>, indem wir in die Straße Am Forst einbiegen und nach Nr. 21 in den Wald gelangen, wo wir auf eine gelbe Pfeiltafel („Große Riegerrunde") treffen, auf Grün kurz durch dichtes Gehölz bergan schreiten und auf einer Straße nach rechts fortsetzen. So erreichen wir den **Strohzogl,** wo der **Wienerwaldhof** (ehem. Gasthof Rieger) gelegen ist. Das moderne Hotelgebäude in 480 m Höhe ist ein idealer Standort für Wien-Besucher, die nicht in der Großstadt wohnen wollen; im Lokal befindet sich außerdem eine Kontrollstelle des **WWW 404** (Wienerwald-Weitwanderweg).

Wir durchqueren das Hotelgelände und setzen auf Rot und Blau Richtung „Troppberg" fort. Nach einem kurzen Stück am Waldrand, wo oft Pferde grasen und sich ein herrlicher Ausblick bietet, betreten wir ein Mischwaldstück und gelangen so auf einen Weg, der sich zwischen Beerensträuchern und Jungnadelhölzern durch eine breite Waldschneise und später wieder unter Buchen und Fichten dahinschlängelt.

1,5 km nach dem Strohzogl queren wir die unbefestigte Verbindungsstraße zwischen Irenental und Riederberg. Wir folgen weiter der blau-roten Markierung und schreiten bergauf durch hohen Buchenwald; danach bewegen wir uns durch dichteren Bewuchs zum Wanderweg-Knotenpunkt unterhalb des Troppberggipfels. Von hier aus haben wir einen recht steilen Aufstieg von etwa 250 m auf den **Troppberg** (542 m) zu bewältigen, von dessen neuer **Troppbergwarte** wir auf der Plattform in 24 m Höhe einen lohnenswerten Rundblick genießen (1 ¼ Std.).

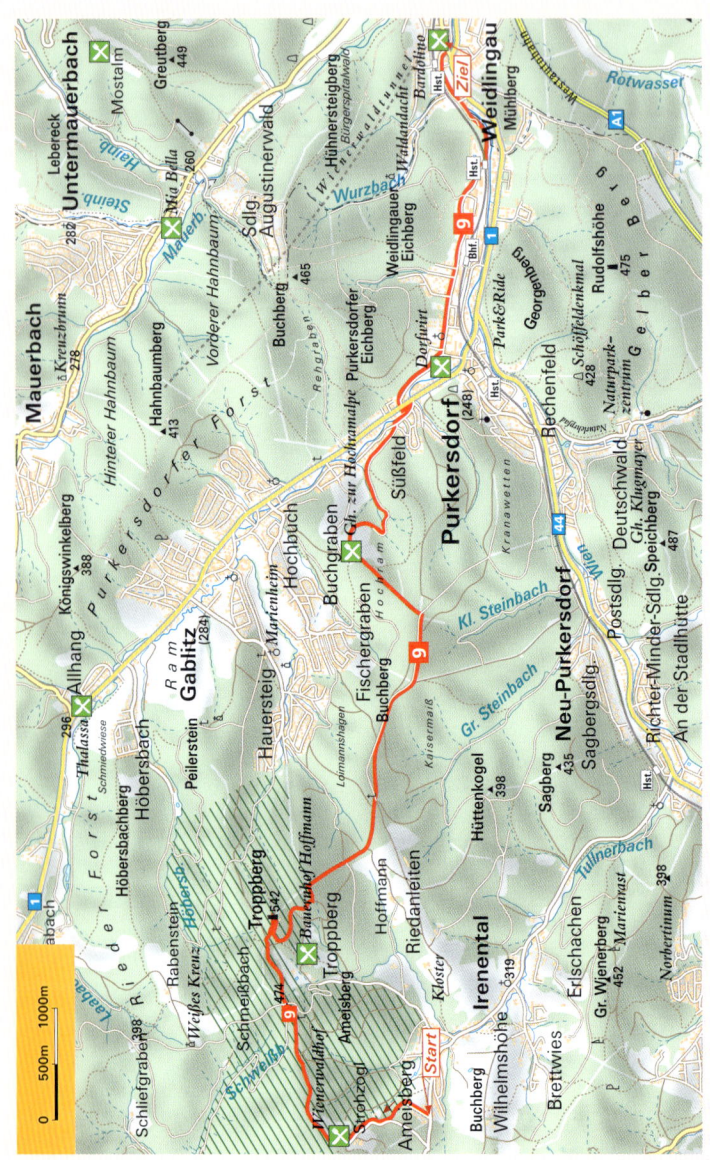

Am Wienfluss im Christkindlwald

WEGVERLAUF: Streckenwanderung. Hinteres Irenental – Strohzogl (15 Min.) – Troppberg (1 Std.) – Hochramalm (1 ¼ Std.) – Purkersdorf/ Gablitzbachbrücke (30 Min.) – Hadersdorf-Weidlingau (45 Min.)

DAUER: 3 ¾ Std.

LÄNGE: 14 km

SCHWIERIGKEITSGRAD: Höhenwanderung mit vorwiegend Abstiegen

WEGMARKIERUNGEN: Grüne, rote („404") und blaue Balken, grüne, dann rote Balken sowie gelbe Wandertafeln zwischen Troppberg und Hochramalm, bis zur Straße rote Balken, dann keine Markierungen mehr

EINKEHRMÖGLICHKEITEN: Wienerwaldhof (Mo und Di Ruhetag; Hotelbetrieb), Most- und Jausenstation „Bauernhof Hoffmann" (Sa, So und Fei geöffnet), Gasthaus Hochramalpe (1. Okt. bis 30. April: Mi und Do Ruhetag, 1. Mai bis 30. Sept.: Mi Ruhetag), Pizzeria zum Dorfwirt (kein Ruhetag), Pizzeria Bardolino (kein Ruhetag)

ANFAHRT: Mit S-Bahn oder Regionalzug (an Wochenenden) vom Westbahnhof oder Bahnhof Hütteldorf bis Purkersdorf Zentrum, dann Fußweg durch die Unterführung in die Fürstenberggasse und über eine gedeckte Holzbrücke zum Autoparkplatz an der B44, wo der Postbus (452) ins Irenental Station macht, der bis zur Wendestelle Am Forst verkehrt

RÜCKFAHRT: Von der Bahnstation Wien Weidlingau mit S-Bahn oder Regionalzug über Hütteldorf zum Westbahnhof. Gegenüber der Pizzeria in der Hauptstraße von Hadersdorf-Weidlingau befindet sich auch eine Bushaltestelle, von der aus der Bahnhof Hütteldorf angefahren wird.

Danach gehen wir bergab zum Kreuzungspunkt zurück und verlassen auf dem grün markierten Wanderweg Richtung „Purkersdorf" (gelbe Wandertafeln weisen Richtung „Hochram") die Anhöhe, um uns durch dichten Mischwald leicht talwärts zu bewegen. Nach etwa zehn Minuten lichtet sich der Wald, es geht zwischen jungen Bäumen kurz bergauf. An der Kreuzung zweier Wege wandern wir nach rechts durch Jungwald und eine steinige Waldschneise etwas steiler bergab, bis der Abstieg zwischen Büschen verflacht. Hier weist uns ein Schild zur fünf Minuten entfernten Most- und Jausenstation **Bauernhof Hoffmann** (mit angeschlossenem Streichelzoo), wo eine weitere Einkehrmöglichkeit besteht. Unser Blick schweift nach Nordosten, Richtung Purkersdorfer Forst und Gablitz. Wir behalten die Richtung bei und wandern – weiterhin auf Grün – über den breiten Rücken zwischen Troppberg und Buchberg, großteils auf einer breit aufgeschütteten Forststraße. So erreichen wir schließlich das Rote Kreuz – ein schlichtes Holzkruzifix, wie man es im Wienerwald öfter vorfindet. Diese Kreuze dienten u. a. als Gemarkungsgrenzen und wurden mit Ochsenblut übergossen, woraus sich Färbung und Name erklären.

500 m danach erreichen wir die wenig ausgeprägte Anhöhe des 428 m hohen **Buchbergs,** der tatsächlich einen beeindruckenden Buchenbestand aufweist. Links zweigt eine rote Markierung nach Gablitz ab; wir bleiben jedoch auf dem breiten, leicht ansteigenden Weg mit den grünen Marken und erreichen entlang einer Waldschneise einen markanten Kreuzungspunkt, von dem aus wir einer roten Markierung nach links zur Hochramalm folgen. Wir verlassen die baumarme Anhöhe über einen von Sträuchern gesäumten Pfad und steuern nach einem kurzen, dichten Waldabschnitt direkt auf das **Gasthaus zur Hochramalpe** zu, in dessen Gastgarten wir uns stärken können. Vor dem Haus befindet sich der liebliche Almteich, der Ende des 19. Jh.s vom Gründer der Gastwirtschaft angelegt wurde und auf dem man Bootsfahrten unternehmen kann (2 ½ Std.).

Nach der Rast gehen wir vom Lokalparkplatz (Schild: Rundwanderweg Süßfeld) hangabwärts über eine Wiese in einem weiten Rechtsbogen auf das Tal des Gablitzbaches zu. Vor dem nächsten Waldstück verjüngt sich der Weg, später führt er zwischen Buchen (rot markiert) weiter bergab und verbreitert sich bald zu einer Forststraße, der sogenannten Ranzengrabenstraße, die nach fast 1 km bei einer Schranke endet. Gleich darauf erreichen wir in der Robert-Hamerling-Gasse den asphaltierten Bereich von <u>Purkersdorf.</u> Wir gehen die Robert-Hamerling-Gasse bergab und biegen nach wenigen Metern in die Süßfeldstraße ein, der wir nach rechts folgen. Die roten Markierungen sind hier an Laternenmasten angebracht. Bei der Gablitzbachbrücke mündet die Süßfeldstraße in die Linzer Straße, die Hauptverkehrsader von Purkersdorf (3 Std.).

<u>Abkürzung</u>: Rechts von der Brücke befindet sich eine Haltestelle, von der aus man mit dem Bus direkt nach Wien-Hütteldorf (U-Bahn) fahren kann.

Wir biegen links in die Linzer Straße ein und wechseln bei der nächsten Ampel (in Höhe eines Supermarkts) über den Schutzweg die Straßenseite, um in der Hardt-Stremayr-Gasse unsere Wanderung verkehrsberuhigt fortzusetzen. Bei der <u>Pizzeria zum Dorfwirt</u> (siehe S. 98, „Am Wege") schwenken wir links in die Wintergasse ein, die fast schnurgerade neben einst schmucken Villengrundstücken weiterführt, an der sich heute aber fast nur mehr weniger schöne Neubauten finden. Wir bewegen uns hier parallel zur Gleisanlage der Westbahn, deren Bahnhof Unterpurkersdorf wir passieren. Vor der Station Purkersdorf-Sanatorium verjüngt sich dann die Wintergasse (nach der Hausnummer 123) und wir unterqueren die Bahntrasse.

<u>Abkürzung</u>: Am Bahnhof Purkersdorf-Sanatorium kann man einen der häufig verkehrenden Züge nach Wien-Hütteldorf oder Wien-Westbahnhof besteigen.

Auf dem kleinen Parkplatz vor dem Aufgang zum Bahnsteig 1 halten wir auf eine holzgedeckte Brücke zu, biegen jedoch vor dieser links in einen Promenadenweg ein, der neben dem Wienfluss durch den lieblichen Christkindlwald führt. Nach etwa 1 km erreichen wir im Zuge der Herzmanskystraße <u>Hadersdorf-Weidlingau</u> und sehen vor uns bereits die Bahnstation Wien-Weidlingau, wo wir einen Zug Richtung Hütteldorf bzw. Westbahnhof nehmen können (3 ¾ Std.).

Auf dem Buchberg, vor der Abzweigung zur Hochramalm

„Panorama Troppikana"

Wollen wir vor der Heimfahrt noch eine Pause einlegen, so gehen wir die Herzmanskystraße 150 m bis zur Hauptstraße weiter (gegenüber befindet sich die Bushaltestelle in Richtung Hütteldorf) und belohnen uns in der **Pizzeria Bardolino** mit italienischen oder heimischen Spezialitäten für unsere Ausdauer.

AM WEGE

Geht man vom **Dorfwirt** durch die Herrengasse und die Rathauspassage ins Zentrum von Purkersdorf weiter, so findet man auf dem Hauptplatz neben der Kirche die alte Poststation. Purkersdorf war die erste Station auf der 1552 errichteten Reichsstraße von Wien nach Linz, die einer alten Römerstraße folgte. Ab 1749 wurden **Poststationen** vom Staat an vermögende Privatpersonen verkauft; der Erbpostmeister **Karl Joseph Weber von Fürnberg** ließ „seine" Station in den Jahren 1796/97 im frühklassizistischen Stil errichten. Die aufwendig gestaltete Fassade ist mit sechs Reliefs ausgestattet, die Postsymbole (u. a. den Götterboten Merkur) darstellen. Das Portal ist wie ein Tempeleingang von Säulen umgeben, darüber ist ein durch den Wald reitender Postillion zu sehen.

10 Beim „Fink in der Au"

Von Rekawinkel nach Elsbach

Die wenig frequentierte Route hat ihren Ausgangspunkt in Rekawinkel an der Westbahnstrecke und führt durch herrliche Buchenwälder der Au am Kracking. In Rappoltenkirchen kann man einen Blick auf das vom Ringstraßen-Architekten Theophil Hansen erneuerte Schloss werfen, bevor man das letzte Stück zum Randbereich des Tullner Feldes zurücklegt.

DER WANDERWEG

Vom Vorplatz des Bahnhofs **Rekawinkel** gehen wir über die rechte Rampe zur Neulengbacher Straße (B44) hinauf, die wir zur Forsthausstraße hin überqueren. In dieser bleiben wir auf Gelb, verlassen in der ersten markanten Linkskurve den Asphalt und dringen Richtung „Troppberg" in den Wald ein. Der Anstieg zwischen hohen Buchen ist für kurze Zeit etwas stärker, verflacht aber dann wieder. Unter Hochspannungsleitungen hindurch gelangen wir nach dem Passieren eines Tümpels ins nächste Mischwaldstück, wo wir auf einer Forststraße weiterwandern. Hier begleiten uns rote (**WWW 404**) und gelbe Markierungen.

Auf der nächsten freieren Fläche sehen wir zwei Privathäuser, die zur Hagensiedlung gehören. Die gelbe Markierung zweigt rechts nach Pressbaum ab, wir bleiben auf Rot zwischen Waldrand und einer Hecke. Im nächsten dichteren Waldstück biegen wir auf Rot links Richtung „In der Au, Gasthof Fink" ab.

Wir marschieren auf diesem durch klare rote Markierungen gekennzeichneten Weg weiter und verlassen somit den WWW 404. Wir behalten unsere Richtung bei und folgen dem Hohlweg stetig leicht bergab, bis wir auf eine breite Forststraße stoßen, der wir nach rechts folgen.

Die Schmölzgrabenstraße ist teilweise bekiest und weist zwischen Baum- und Strauchgruppen einen eindeutigen Verlauf mit mäßigem Gefälle auf. Wir ignorieren dann rote Marken, die nach links weisen, und wandern geradeaus weiter; bei einer Forststraßen-T-Kreuzung halten wir uns links, wo es ohne Markierung weitergeht.

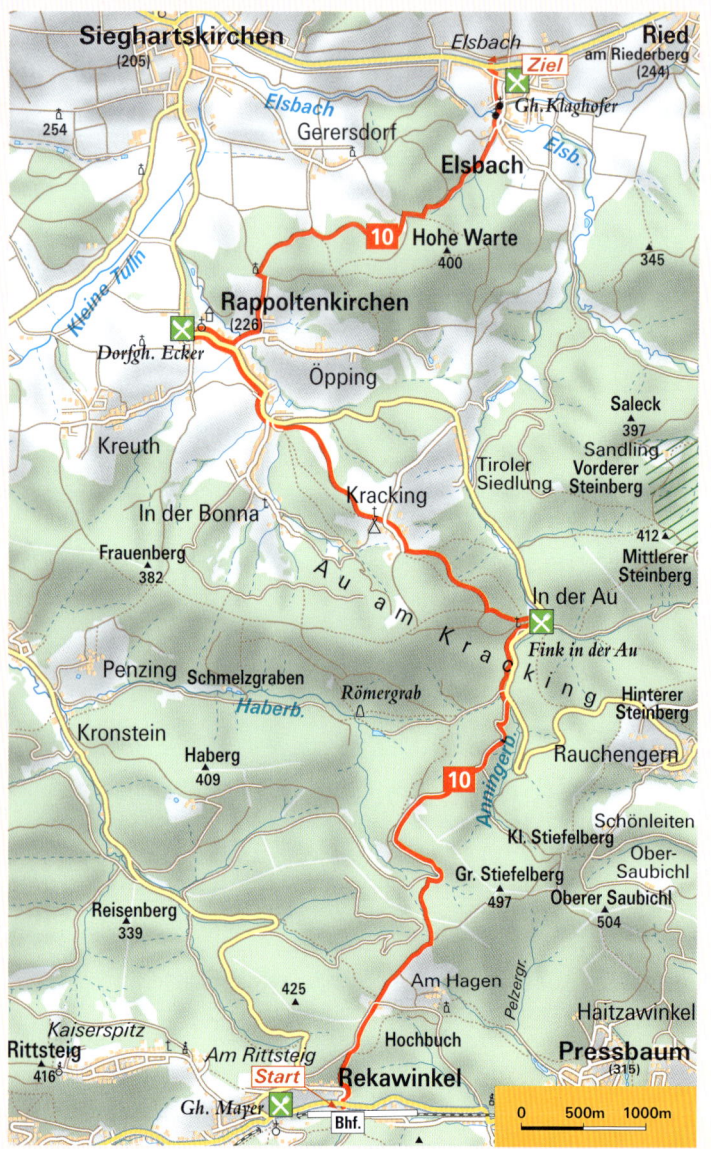

Blick auf Gerersdorf

WEGVERLAUF: Streckenwanderung. Rekawinkel – Fink in der Au (1 ¼ Std.) – Rappoltenkirchen (1 ¼ Std.) – Elsbach (1 ¼ Std.)

DAUER: 3 ¾ Std.

LÄNGE: 13,5 km

SCHWIERIGKEITSGRAD: Aufgrund der mäßigen Höhenunterschiede leicht zu bewältigen

WEGMARKIERUNGEN: Gelb, Blau, Rot („404"), Grün, markierungslos, Blau, abschließend Rot

EINKEHRMÖGLICHKEITEN: Gasthof Fink in der Au (derzeit geschlossen), Dorfgasthaus Ecker (Di und Mi Ruhetag), Gasthaus Klaghofer (Mi Ruhetag, So und Fei bis 15 Uhr geöffnet)

ANFAHRT: Mit den regelmäßig verkehrenden Schnellbahnen oder Regionalzügen, z. B. ab Wien-Hütteldorf, erreicht man auf der Westbahnstrecke bequem den Bahnhof Rekawinkel. Ab Wien-Hütteldorf verkehrt auch eine Buslinie, allerdings mit unregelmäßigen Fahrzeiten.

RÜCKFAHRT: Von der Haltestelle Elsbach/Wiener Straße mit dem Postbus zur Endstation am Bahnhof Wien-Hütteldorf

Nach einigen Minuten erreichen wir schließlich die asphaltierte Verbindungsstraße zwischen Tullnerbach-Pressbaum und Sieghartskirchen, in die wir links einbiegen. Einige Kehren weiter bergab – und wieder auf Gelb – kommen wir zur Häusergruppe <u>In der Au,</u> die zum Gemeindegebiet von Pressbaum gehört. Hier liegt auch der <u>Gasthof Fink in der Au,</u> der aber seit einiger Zeit geschlossen ist (1 ¼ Std.).

Danach gehen wir ein paar Meter die Straße zurück bis zur Bushaltestelle, hinter der ein grün markierter Waldweg beginnt. Wir folgen dem Pfad aufwärts, kreuzen einen Hohlweg und folgen den deutlich sichtbaren grünen Marken bergan. Unter hohen Bäumen steuern wir nach weiteren 400 m auf eine Gabelung in Blau und Grün zu. Eine auffällige Holztafel in Pfeilform weist hier rechts auf Grün nach Kracking. Durch den für die <u>Au am Kracking</u> typischen Mischwaldbestand aus hohen Buchen und vereinzelten Fichten bewegen wir uns niveaugleich, dann abfallend auf <u>Kracking</u> zu, wo wir schließlich nach ca. 1 km eintreffen.

Wir verlassen den Wald und wandern auf Asphalt durch den Ortsbereich, an einem Reitstall vorbei, gehen aber – wenn die Straße rechts abknickt – bei der nächsten Orientierungstafel nach links auf Grün Richtung „Rappoltenkirchen" weiter. An Feldern entlang, in einem Wäldchen und auf grobem Schotter erreichen wir nach fast 1,5 km (ohne weitere Wegmarken) den Hutweideweg, wo wir über eine Brücke die Hauptstraße weiterschreiten und nach ca. 1 km ins Zentrum von <u>Rappoltenkirchen</u> gelangen.

Der Name der Ortschaft, die Teil der Gemeinde <u>Sieghartskirchen</u> ist, geht auf einen Markgrafen <u>Rapoto</u> zurück, der im 9. Jh. hier als Präfekt wirkte. Im Ortskern stehen wir vor der barocken Dreifaltigkeitssäule aus dem 18. Jh. und der Pfarrkirche zum heiligen Georg. Hinter der Kirche erkennen wir das Schloss von <u>Georg Simon Freiherr von Sina,</u> das einst als mittelalterliche Burg errichtet und Mitte des 19. Jh.s von <u>Theophil Hansen</u> im neoklassizistischen Stil umgestaltet wurde. Als Einkehrmöglichkeit dient hier das <u>Dorfgasthaus Ecker</u> (2 ½ Std.).

<u>Abkürzung:</u> Neben der Dreifaltigkeitssäule befindet sich eine Busstation, von der aus eine Verbindung nach Wien-Hütteldorf besteht.

Wir wandern von der Pfarrkirche auf dem Gehsteig der Hauptstraße ca. 300 m zurück und zweigen dann nach links in die Öppinger Straße ab, die wir auf Blau nach weiteren 300 m verlassen, um in die Weinbergstraße einzubiegen. Diese führt stärker ansteigend zwischen Häusern, Feldern und Beerensträuchern ins nächste Waldstück. Von hier aus können wir einen Blick zurück auf Rappoltenkirchen und den langgezogenen Rücken des Bonnabergs werfen. Wenige Meter innerhalb des Waldes gabelt sich der Weg. Nach rechts geht es zur Hohen Warte (Hohenwart), wir wählen aber die linke Fortsetzung.

Gleich darauf stoßen wir auf die Andachtsstätte „14 Nothelfer". An dieser Stelle macht unsere Route einen scharfen Rechtsknick und führt auf Blau leicht ansteigend durch dichten Eichen- und Buchenwald. Nach einer Kuppe senkt sich der Weg – wir behalten die Richtung bei. Wenn wir wieder an den Waldrand treten und unter uns die Häuser von Gerersdorf erkennen können, bleiben wir auf der Anhöhe und wenden uns nach rechts ins nächste Waldstück.

Etwa auf gleichem Niveau durchschreiten wir auf einem zerfurchten, markierungslosen Weg einen dichten Mischwald. Nach ca. 700 m erreichen wir eine weitere T-Kreuzung, wo wir eine blaue Markierung sehen, und setzen rechts fort. 100 m weiter erreichen wir jenen Punkt, auf den von rechts die rote/blaue Markierung von der Hohen Warte zuläuft. Wir gehen auf dem ausgeprägten Forstweg geradeaus und leicht bergab weiter, sollten aber nach ca. 50 m keinesfalls jene Stelle übersehen, an der ein roter Pfeil auf einem Buchenstamm nach rechts ins Unterholz weist.

Nach ca. 400 m eines schmalpfadigen Abstiegs lichtet sich der Wald und wir erkennen erste Häuser der ebenfalls zum Gemeindegebiet von Sieghartskirchen gehörenden Siedlung Elsbach. Der Wanderweg setzt sich bei Erreichen der ersten Häuser in der asphaltierten Peslinggasse fort. In der folgenden Hauptstraße spazieren wir direkt vor dem Feuerwehrhaus in eine Parkanlage mit einer kleinen Kapelle. Nach einem Steg schlendern wir geradeaus durch die Rechte Bachgasse und die Alte Poststraße hinauf zur Wiener Straße (B1), wo sich gleich rechts die Bushaltestelle befindet. Wollen wir uns noch erfrischen, gehen wir 150 m vor, um im Gasthaus Klaghofer einzukehren (3 ¾ Std.).

11 Auf den Buchberg

Von Neulengbach nach Rekawinkel

Die Stadtgemeinde Neulengbach mit ihren Baulichkeiten aus der Renaissance, deren strahlender Mittelpunkt die renovierte Schloss- und Burganlage ist, dient als Ausgangspunkt dieser Tour. Dem Besuch am Höhenrücken des Buchbergs folgt eine Wanderung durch gesunde Waldabschnitte, die immer wieder reizvolle Panoramen freigeben.

DER WANDERWEG

Wir verlassen den Bahnsteig durch die Unterführung und folgen grünen Pfeiltafeln, die ins Zentrum von **Neulengbach** – u. a. zum Rathausplatz – weisen. Dort halten wir auf das frei stehende Rathaus mit seinem achteckigen Renaissanceturm aus dem Jahr 1620 zu. Wir durchqueren das gesamte Ortszentrum und kommen über den Hauptplatz zum ebenfalls im Renaissancestil erbauten Gerichtsgebäude, in dem sich das Museum der Region Neulengbach befindet. Außerdem ist hier jene Gefängniszelle zu besichtigen, in der der damals hier lebende **Egon Schiele** im April 1912 ca. zwei Wochen eingesperrt war. Danach treten wir auf den Kirchenplatz mit der 1623–27 erbauten barocken Pfarrkirche „Zur Allerheiligsten Dreifaltigkeit", in der sich drei Altarbilder des Malers **Martin Johann Schmidt** (auch Kremser Schmidt genannt) befinden. Wir bleiben neben der Kirchenmauer und verlassen so die Anhöhe des Zentrums in einem linken Bogen um einen Parkplatz. Die öffentlich nicht zugängliche mittelalterliche Burganlage, die im 16. und 17. Jh. zu einem Renaissanceschloss umgebaut wurde, bleibt während unseres Spaziergangs durch den Ort hinter Häusern und Bäumen verborgen.

An der folgenden Straßenkreuzung biegen wir in die Almersbergstraße ein (Tafel „Buchbergwarte") und achten auf die gelbe Markierung. Nach einem ausgedehnten Feld links folgen wir Straße und Markierung und gelangen in überwiegend freiem, leicht ansteigendem Gelände nach Almersberg. Wir kommen an einem winzigen jüdischen Friedhof vorbei, der an die israelitische Gemeinde des einstigen Marktes erinnert. Mit zunehmender Höhe wird die Aussicht auf die sattgrünen Hügel des Anzbachtals und der Blick zurück nach Neulengbach mit der waldumkränzten Burganlage immer ergiebiger.

Die Buchbergwarte

Etwa 2 km nach dem Beginn unserer Wanderung erreichen wir die lieblich auf einem Südhang gelegene Siedlung **Almersberg,** wo uns bald eine Wandertafel nach links auf Gelb zum Buchberg weist. Nach den letzten Häusern des Dörfchens dehnen sich Wiesen und Felder zum Waldrand hin aus. Die gelbe Markierung setzt sich auf dem zunächst niveaugleichen Waldrandweg fort. Wir betreten jedoch den Wald, um nach wenigen Metern auf eine Wegkreuzung zu treffen. Ein Pfad führt nach rechts über einen Vorgipfel des Buchbergs, der jedoch keine Aussicht bietet; wir wählen den blau markierten Weg halb rechts, der uns wieder leicht bergab zum Ortsflecken **Haag** und damit zum ältesten Sakralbau der Umgebung – der Kapelle St. Laurenzi – führt. Nach gut 15 Minuten in dichtem Wald stehen wir unmittelbar vor dem romanischen Rundbau der Kapelle aus dem 13. Jh., die von einem kleinen Bergfriedhof umgeben ist (1 Std.).

Wir setzen unsere Wanderung auf Blau fort und machen uns an den zunächst steilen, zerfurchten Anstieg über die Nordwestflanke des Buchbergs. Durch hochstämmigen Wald gelangen wir schließlich an den Kreuzungspunkt, wo die blaue Markierung wieder mit dem unmarkierten Weg über den zuvor erwähnten Vorgipfel und der gelben Route zusammenläuft. Wir wenden uns nach links und marschieren auf dem sanfter ansteigenden Pfad mit den gelben Marken durch

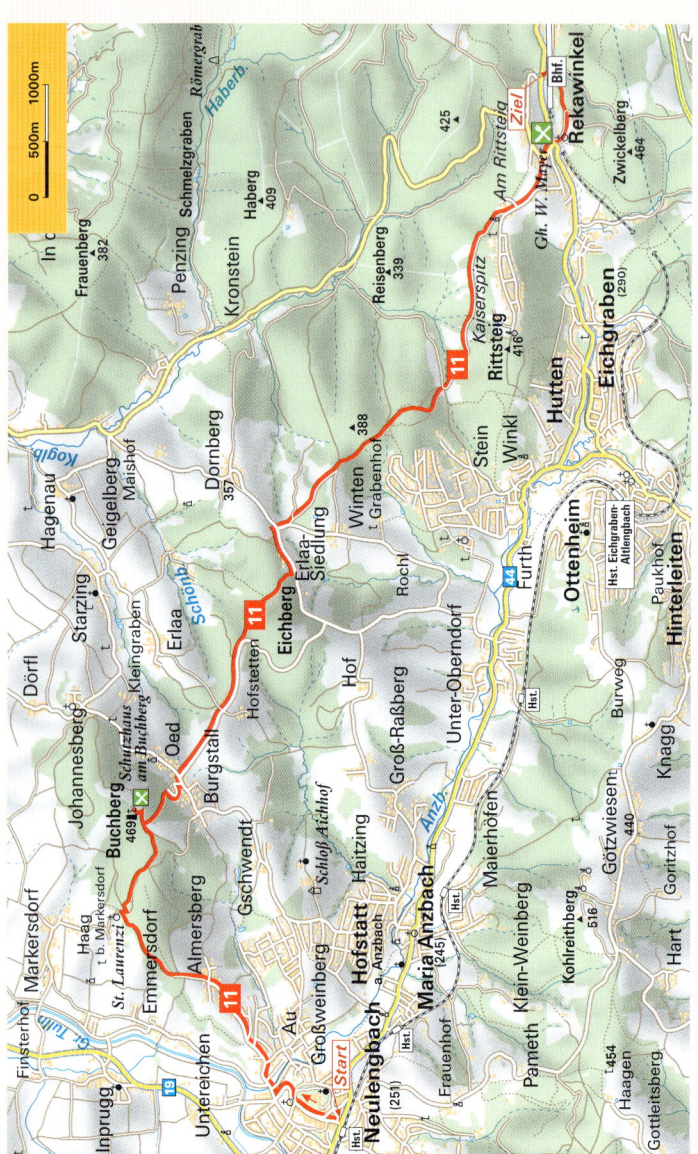

Bergfriedhof und Kapelle St. Laurenzi, Haag

WEGVERLAUF: Streckenwanderung. Neulengbach – Haag/St. Laurenzi (1 Std.) – Buchberg (30 Min.) – Erlaa-Siedlung (1 Std.) – Rekawinkel (1 ½ Std.)

DAUER: 4 Std.

LÄNGE: 14 km

SCHWIERIGKEITSGRAD: Lediglich am Buchberg ausgeprägter An- und Abstieg, sonst familienfreundliche Höhenwanderung

WEGMARKIERUNGEN: Gelbe Balken, blaue Balken, unmarkiert, blaue Balken, Rot („404")

EINKEHRMÖGLICHKEITEN: Schutzhaus am Buchberg (Di und Mi Ruhetag), Gasthaus Mayer (Di und Mi Ruhetag)

ANFAHRT: Auf der Westbahnstrecke verkehrt die Schnellbahn zwischen dem Wiener Westbahnhof (über Hütteldorf) und Neulengbach einmal pro Stunde. Zielstation ist die Haltestelle Neulengbach-Stadt (nicht die Endstation!).

RÜCKFAHRT: Ebenfalls mit der Schnellbahn vom Bahnhof Rekawinkel zurück zum Ausgangspunkt, auch einmal pro Stunde.

dichten Laubwald auf den Buchberg zu. Wenn wir aus dem Wald treten, stoßen wir auf die blau-gelb markierte Gipfelzufahrt, in die wir links einbiegen, um 300 m weiter das Schutzhaus auf dem Gipfel des <u>Buchbergs</u> in 469 m Höhe zu erreichen. Daneben ragt mächtig die 2004 errichtete, 22,5 m hohe Buchbergwarte auf (1 ½ Std.).

Von der Aussichtsplattform eröffnet sich ein herrlicher Ausblick auf die umgebende Hügellandschaft. Wir verlassen Warte und Schutzhaus über die Zufahrt und gehen auf der Straße, die wir gekommen sind, zurück (Tafel „Waldwege Burgstall – Rekawinkel"). Noch bevor wir die Stelle erreichen, wo wir beim Aufstieg in die Straße eingebogen sind, verlassen wir den Asphalt nach links und dringen auf Blau in das nächste Waldstück ein. Nach einem deutlichen Gefälle erreichen wir Häuser der Ortschaft <u>Burgstall</u>. Es ist die Hartwichgasse, der wir bis zur Einmündung in die Johannesbergstraße folgen und uns links wenden. Unmittelbar danach passieren wir das Ortsschild von <u>Oed</u> und zweigen rechts ab. Hier endet auch schon wieder der Ort, wir setzen auf der als „Güterweg Eichberg" bezeichneten Straße fort („Laurenzi-Strecke" für Radfahrer). Ab hier sind fast bis zum Ende der Wanderung blaue Markierungen maßgeblich. Die folgenden 1,5 km wandern wir in überwiegend freiem Gelände auf Asphalt. In einer deutlichen Rechtskurve der Straße setzt sich unser Weg geradeaus in dichtem Wald fort.

In diesem Mischwaldstück sollte die blaue Markierung keinesfalls übersehen werden, da es zahlreiche Seitenwege gibt. Die Wanderstrecke führt stark überwachsen und furchig weiter. Nach gut 700 m erkennen wir Häuser durchs Gehölz und erreichen einen Drahtzaun. Die letzten Meter bis zur Straße gehen wir dicht am Zaun entlang und betreten neben dem Haus Nr. 18 die Dornberger Straße in der Ortschaft <u>Erlaa-Siedlung,</u> die nur aus wenigen Häusern besteht (2 ½ Std.).

Nach links bzw. Osten gewendet schreiten wir danach die Straße ca. 400 m weiter und biegen an der folgenden Kreuzung rechts ab. Nur 100 m weiter nehmen wir die nächste Abzweigung nach links und wandern auf dem rechten der beiden asphaltierten Wege am Waldrand sanft bergan. Die Markierung auf diesem Höhenwanderweg/Römerweg („Laurenzi-Strecke" für Biker) ist deutlich angebracht. Schöne Mischwaldabschnitte wechseln sich mit freien Wiesenflächen ab, über die beeindruckende Weitblicke möglich sind. Nach etwa 2 km erreichen wir die Wegkreuzung Römerstern (eine in der Römerzeit wichtige Verkehrsverbindung ins westliche Niederösterreich) und damit die Rittsteigstraße, die hier eine Schleife macht, auf die eine gelbe Markierung zuführt (für Biker auch „Kaiserspitz-Strecke"). Kurz vor dem Kreuzungspunkt erspähen wir noch im Wald eine Hinweistafel auf römerzeitliche Hügelgräber, ohne dass Angaben zu exakten Stellen gemacht werden. Die hier gefundenen Artefakte und die Rekonstruktion eines Römergrabs sind im Wienerwaldmuseum **Eichgraben** zu besichtigen.

Nach einer Rastbank marschieren wir auf der geschotterten, breiten Forststraße nördlich des 416 m hohen **Rittsteigs** leicht bergan auf **Rekawinkel** zu, das wir nach weiteren 2 km durch abwechslungsreiche Landschaft im Zuge der Bergsiedlung Am Rittsteig erreichen. Die nun asphaltierte Rittsteigstraße führt nach einer letzten Steigung sanft bergab und mündet in die Forsthausstraße, auf der wir bergab gehend die Hauptstraße erreichen. Wir wenden uns nach links und stehen nach wenigen Metern vor dem **Gasthaus Mayer,** das zu einer abschließenden Rast einlädt (3 ¾ Std.).

Für den letzten Abschnitt der Wanderung wechseln wir die Straßenseite und gehen in der gegenüberliegenden Buchbergstraße auf Rot (**WWW 404**) weiter. Wir wandern links an der Pfarrkirche Rekawinkel vorbei und biegen in einer Rechtskehre der Straße erneut in ein schönes Waldstück ab. Zwischen Eichen und Buchen, später vermehrt zwischen Fichten, Föhren und Lärchen, senkt sich der Waldweg zusehends. Treten wir dann unter den Bäumen hervor, so führen uns ein paar Schritte nach links in den Bahnhof Rekawinkel, wo wir den Zug Richtung Wien erreichen (4 Std.).

12 Die Mauer für „arme Schlucker"

Rund um den Lainzer Tiergarten

Die Mauer um den berühmten Naturpark ist das bestimmende Element dieser Tour, die über weite Etappen „an der Wand lang" verläuft. Über die Mauer hinweg bieten sich interessante Blicke auf die üppige Vegetation des Naturschutzgebiets. Die längste Tour dieses Führers ist für Wanderer geeignet, die gern kilometerweit märchenhafte Waldgebiete durchstreifen.

DER WANDERWEG

Variante 1: Wer sich den mühsameren Teil dieser Wanderung ersparen und stattdessen durch den Lainzer Tiergarten spazieren will, betritt den „Biosphärenpark" gleich durch das Nikolaitor und durchquert ihn dann – in umgekehrter Reihenfolge gegenüber der Variante 2 – über die Stationen Rohrhaus – Hubertuswarte – Hirschgstemm – Dianator bis zum Laaber Tor; danach setzt man die Route außerhalb der Tiergartenmauer fort.

Vor dem Nikolaitor des **Lainzer Tiergartens** wenden wir uns durch die verlängerte Himmelhofgasse Richtung stadtauswärts. Der erste Abschnitt der Wanderung verläuft neben der leider äußerst lärmigen Wiener Westeinfahrt, ist aber von herrlichen Kastanien gesäumt. Wir passieren im Zuge der Hofjagdstraße das Umspannwerk Wien-West in **Auhof**. Die Tiergartenmauer tritt in diesem Bereich hinter die Anlage und eine Kleingartensiedlung zurück, wird aber nach dem Forsthaus Auhof beim **Pulverstampftor** wieder erreicht. Wir gehen hinter einer verlassenen Tankstelle, dem Hotel „Lenas West" und dem anliegenden Parkplatz vorbei und unterqueren gut 500 m danach die Westautobahn, womit wir den Nahbereich der Mauer für etwa 2 km verlassen.

Nach einem Wildschutzzaun und einem Gittertor biegen wir im Bezirksteil **Weidlingau** autobahnseitig links ab. Wir durchschreiten ein lichtes Waldstück; beim nächsten Kreuzungspunkt halten wir uns geradeaus, überqueren eine Schneise unter Hochspannungsleitungen und bewegen uns im nächsten Waldstück leicht bergauf. Hier sind rechts hinter Sträuchern Mauerreste zu erkennen, die daran erinnern, dass dieses Gelände vor dem Autobahnbau Teil des Lainzer Tiergartens war. Bei der Adresse Leischinggasse 4 treten wir schließlich aus dem Wald. Wir halten uns links auf dem leicht ansteigenden Fahrweg der verlängerten Gasse und passieren dann freies Gelände grob im Verlauf der Stromleitungen, bis wir zu einem Wildschutztor vor der Betriebsumkehr der Straßenmeisterei gelangen, wo wir auf einer Brücke die Westautobahn überqueren (1 Std.).

Der Pfad (Nr. 44) zweigt nun nach links (Richtung „Dreihufeisenberg/Laab") ab. Wir gehen durch ein schmales Zauntor und dann die nächsten Kilometer nahe an der Tiergartenmauer entlang, die gleichzeitig die Wiener Stadtgrenze darstellt. Über die lang gestreckte Glasgrabenwiese dringen wir in urwüchsigen Laubwald ein und nehmen den recht anspruchsvollen Aufstieg zum höchsten Punkt des Lainzer Tiergartens in Angriff. Nach einer beträchtlichen Steigung kommen wir im Zuge des Sternwanderwegs 44 zu einem ersten Scheitelpunkt, können uns kurz erholen und machen uns an den letzten Anstieg zum nicht benannten höchsten Mauerpunkt in 518 m Höhe.

600 m weiter erreichen wir fast den Gipfel des Dreihufeisenbergs. Hier knickt die Mauer scharf nach links ab. Der folgende gemütliche Abschnitt, zunächst neben der Mauer, bietet etwas Erholung von der vorangegangenen Strapaze: Wir marschieren unter freiem Himmel auf einer breiten Forststraße (Sulzwiesenstraße) in Serpentinen sanft bergab und verlassen dabei wieder den Nahbereich der Mauer. Bei der nächsten Abzweigung biegen wir rechts ab und gehen talwärts bis zu einer T-förmigen Kreuzung, wo wir uns links halten. Etwa 500 m weiter kommen wir zum Laaber Tor oder Dianator, das 1966 errichtet wurde, als – zum Ausgleich für die Flächenverluste durch den Autobahnbau – ein Teil des Gemeindegebiets von Laab im Walde dem Tiergarten eingegliedert wurde (2 ¼ Std.).

Abkürzung: Vom Laaber Tor geht man über die Tiergartenstraße ins Zentrum von Laab und gelangt in der Hauptstraße zu einer Busstation, von der aus eine Verbindung zum Bahnhof Liesing besteht.

Purkersdorf
(248)
Bhf.
Hst.
Park&Ride
Weidlingau
WIEN-AUHOF
Mühlberg
Westautobahn
Georgenberg
Gh. Prilisauer
Pulverstampftor
Nikolaitor
Auhof
Bhf.
Start/Ziel
Hacking
Schöffeldenkmal
Unterstand
Rudolfshöhe
475
Bischofstadl
A1
Rotwasser
Grünauer B.
Schallautzergr.
Deutsch-
ordenswald
Gelber Berg
Johannserkogel
377
Hagenberg
406
Adolfstor
Glasgrabenwiese
12
Laurenzerwald
Hüttgrabenstadl
Wiener Blick
Zur Wildsau
Brandberg
Lainzer Tiergarten
Gh. Lindwurm
Rohrhaus
St. Veiter Tor
Glasgraben
Schottenwald
Eibengraben
518
515
Katzengr.
Hornauskogel
Kaltbründlberg
Hermesvilla
Dreihufeisen-
berg
Seilergr.
Hirschgstemm
Hubertuswarte
508
Vösendorfer Gr.
Lainzer Tor
Dachsgeschleif
Röm. Villa
Fh. Teichhaus
Kaltbründlwiese
Laaber Tor
Bärenberg
Mittlerer Eichberg
Deutsch-
ordenswald
Diebsgraben
Laab
im Walde
Maurer Wald
Kaiserzipf
Kl. Eichberg
Gütenbachtor
Faßlberg
Gh. zur Schießstätte
Laaber B.
Vorderer
Kaufberg
Kaufberg
422
Kloster
Hinterer
Kaufberg
Eichwiese
Gütenbach
Krischke
0
500m
1000m

700
600
500
400
300
200
100 m
Hütteldorf (U-Bahn)
Laaber Tor
Gh. zur Schießstätte
Hütteldorf (U-Bahn)
0,0
5
10
15
20
ca. 24,5 km

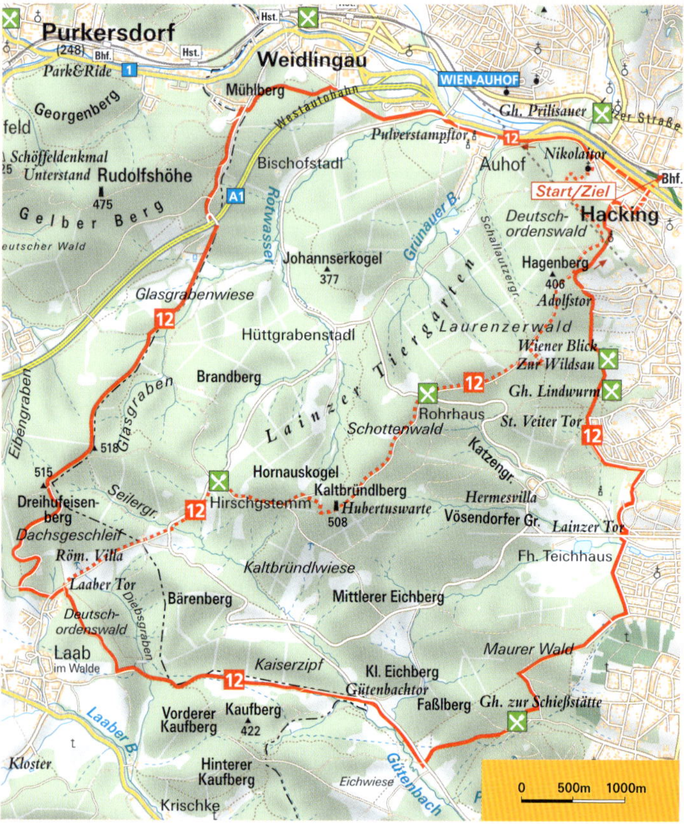

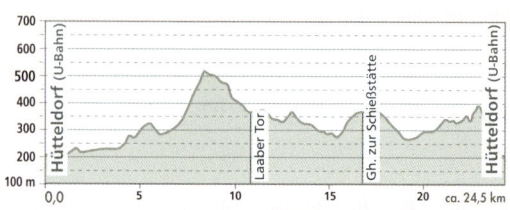

WEGVERLAUF: Rundwanderung. Hütteldorf (U-Bahn) – Betriebsumkehr der Autobahnmeisterei (1 Std.) – Laaber Tor (1 ¼ Std.) – Schießstätte (1 Std.) – Zur Wildsau (1 Std.) – Hütteldorf (45 Min.)

VARIANTE 1: Hütteldorf (U-Bahn) – Rohrhaus (1 ¼ Std.) – Hirschgstemm (30 Min.) – Laaber Tor (30 Min.)

VARIANTE 2: Laaber Tor – Hirschgstemm (30 Min.) – Hubertuswarte (15 Min.) – Rohrhaus (15 Min.) – Nikolaitor/Hütteldorf (1 Std.)

Die Varianten sind nur während der Öffnungszeiten des Tiergartens begehbar (Anfang Februar bis Anfang November).

DAUER: Bei einem Gehtempo von 5 km/h etwa 5 Std., Varianten 4 bis 5 Std.

LÄNGE: Start U-Bahn: 24,5 km, Variante 1: 23 km, Variante 2: 20,5 km; Start Nikolaitor: 23,5 km, Variante 1: 22 km, Variante 2: 19 km

SCHWIERIGKEITSGRAD: Aufgrund der Länge und der nur spärlich vorhandenen Einkehrmöglichkeiten – das erste Lokal wird erst nach 16 km erreicht – ist diese Tour nur für geübte Wanderer ein Genuss.

WEGMARKIERUNGEN: Rot-Weiß-Rot mit „44", braune Tafeln „Rund um den Lainzer Tiergarten"; auf den Varianten hölzerne Pfeiltafeln

EINKEHRMÖGLICHKEITEN: Gasthaus zur Schießstätte (Mi und Do Ruhetag, im Winter nur am Wochenende geöffnet), Gasthaus Lindwurm (Fr Ruhetag), Heurigenschenke „Zur Wildsau" (im Sommer kein Ruhetag); auf den Varianten: Hirschgstemm (Mo und Di Ruhetag) und Rohrhaus (kein Ruhetag)

ANFAHRT: Mit der U-Bahn-Linie 4 bis zur Endstelle Hütteldorf; über den Ausgang Hadikgasse und den Hackinger Steg den Wienfluss zum 13. Bezirk hin überqueren; dann nach rechts die Promenade neben der Westeinfahrt bis zur Stampfergasse (ca. 500 m), durch diese in die Auhofstraße; dort nach rechts bis zur Nikolausgasse, die zum Nikolaitor führt.

Mit dem Auto über die Wiener Westausfahrt Richtung A1; kurz nach Unterquerung von U-Bahn-Brücke und Hackinger Steg nach links über die Hütteldorfer Brücke in den 13. Bezirk abbiegen (letzte Abbiegemöglichkeit vor der Autobahn!). Die kurze Rußpekgasse mündet in die Auhofstraße, in die rechts einzubiegen ist, um nach 400 m die Nikolausgasse zu erreichen, die direkt zum Nikolaitor und in die Himmelhofgasse führt, wo ausreichend Parkplätze zur Verfügung stehen.

HINWEIS: Die naturbelassenen Wegpassagen (ca. die Hälfte der Distanz) sind nach Niederschlägen oft recht rutschig und morastig, so dass sich die Wanderung eher während längerer Trockenperioden empfiehlt.

Variante 2: Durch das Laaber Tor betreten wir den Lainzer Tiergarten (Öffnungszeiten beachten! – siehe „Ein letztes Stück ‚Urwald'", S. 118). Auf der Asphaltstraße passieren wir das Alte Dianator – das bis 1966 als Eingang diente – mit dem dortigen Jagdhaus und erreichen bald die Gaststätte Hirschgstemm, bekannt für ihre Wildspezialitäten.

Von hier aus wählen wir den Weg Richtung „Rohrhaus" und verlassen die Straße, um den 508 m hohen Kaltbründlberg zu ersteigen. Von der Hubertuswarte auf dem Gipfel können wir einen schönen Rundblick genießen. Der Abstieg bringt uns dann zum Rohrhaus, einer weiteren beliebten Einkehrmöglichkeit. In den Gastgarten können sich gelegentlich auch Wildschweine verirren.

Wir bleiben auf den Naturwegen und schlagen die Richtung zum „Wienerblick" ein. Nach ca. 1 km weist eine Tafel nach rechts zu eben diesem Aussichtspunkt auf der Baderwiese, der einen herrlichen Panoramablick auf Wien eröffnet. 2002 stattete das japanische Kaiserpaar dem Lainzer Tiergarten einen Besuch ab; der Tenno–Kogo–Stein auf der Baderwiese erinnert bis heute an dieses Ereignis. Links und rechts des Denkmals wurden japanische Lärchen gepflanzt.

Anschließend setzen wir unsere Wanderung auf dem nun wieder bergab führenden Hauptweg fort, gehen aber nicht zum (geschlossenen) Adolfstor, sondern halten auf das Nikolaitor zu. Nach einer letzten kurzen Steigung auf dem Hagenberg senkt sich der geschotterte Weg zum Wiental hin. An der Sankt–Nikolai–Kapelle aus dem 13. Jh. vorbei gelangen wir schließlich zum Nikolaitor und damit zum Ausgangspunkt unserer Wanderung.

(Fortsetzung nach Variante 1:) Der Abschnitt nach dem Laaber Tor (Mauerwaldstraße der Österreichischen Bundesforste) verläuft durch einen Mischwald aus Buchen, Eichen und einzelnen Föhren und ist eindeutig markiert. Bei einem Sendemast knickt der Weg nach links zum Gütenbachtor ab („Pappelteichstrecke" für Biker). Wir erreichen bald eine Senke, in der wir die durch weiße Markierungssteine gekennzeichnete Trasse der Zweiten Wiener Hochquellenwasserleitung queren. Bald darauf schwenkt der Weg wieder zur Mauer hin (Station Neptun des Planetenwegs), die nach zwei Holzstegen einen deutlichen Linksknick macht. Dieser Abschnitt auf feuchtem Waldboden ist in

Hermesvilla im Lainzer Tiergarten

Teilen neu angelegt und aufgeschüttet, doch ansonsten fast immer von Mountainbikes zerfurcht, schlammig und nur unter Schwierigkeiten begehbar. Nun geht es ein Stück leicht bergauf; wenn die Mauer etwas zurücktritt, verflacht der Anstieg und wir treten aus dem Dorotheerwald auf eine langgestreckte Wiesenfläche, die wir überqueren.

Beim nächsten Unterstand mit Kontrollstelle gelangen wir wieder zur Mauer, neben der wir die nächsten zehn Minuten entlanggehen, bis wir auf den Parkplatz vor dem Gütenbachtor gelangen. Wir wandern auf der asphaltierten Gütenbachstraße weiter. Nach dem Haus Nr. 624 an der linken Straßenseite dehnt sich eine südhängende Wiese aus, über die wir zum Wald hin aufsteigen. Am Waldrand finden wir einen steinigen Weg, der wieder von weißen Markierungssteinen begleitet wird und in einer Schneise an einem Wasserbehälter der Hochquellenwasserleitung vorbeiläuft. Bald danach dringen wir in einen dichten Eichenhain ein, durch den wir leicht bergan das erste Lokal an der Strecke erreichen: das <u>Gasthaus zur Schießstätte,</u> in dessen Garten wir eine Rast einlegen können, um uns zu erfrischen (3 ¼ Std.).

An einem Gedenkstein vorbei, der an **Dr. Josef Bayer** (1882–1931) – einst Direktor des Naturhistorischen Museums in Wien – erinnert, setzen wir die Wanderung auf einem zunächst markierungslosen Pfad fort. Wenn wir einen breiteren Weg erreichen, gehen wir auf diesem nach links und gelangen wieder zur Mauer, der wir nach rechts folgen. Nach fast 1 km erreichen wir den Ausgangspunkt des Maurer Planetenwegs (Sonne) und passieren einen Parkplatz am Ende der Wittgensteinstraße und das Wasserreservoir der Zweiten Wiener Hochquellenleitung. Wir wenden uns nach links in die erste Quergasse (Modl-Toman-Gasse) und spazieren auf deren Verlängerung über die stark abfallende Treumanngasse in die Lainzerbachstraße und zum Lainzer Tor.

Abkürzung: Vor dem Lainzer Tor befindet sich die Endstelle der Buslinie 56B, die über Speising (Tramlinien 60 und 62) nach Hietzing fährt, wo ein Anschluss zur U4 besteht.

Vom Tor abgewendet kommen wir in die Hermesstraße, die wir aber gleich nach dem Haus Nr. 68 über eine schmale Treppe linker Hand zum Kleinen Ring hin verlassen. Diesem folgen wir nach links und gelangen so zwischen den Häusern der Siedlung Friedensstadt zur Jenbachgasse, in die wir links einbiegen. Nach dem letzten Haus der Gasse durchqueren wir hinter einer Abschrankung einen kleinen Teil des Hörndlwalds und stoßen am gegenüberliegenden Zugang auf das obere Ende der Josef-Lister-Gasse, die wir gleich wieder nach links verlassen. Anschließend marschieren wir auf einem überwiegend asphaltierten Weg zwischen der Tiergartenmauer und einer Kleingartensiedlung dahin, bis wir das Sankt-Veiter-Tor erreichen.

Abkürzung: Wer die Wanderung hier beenden will, geht vom Sankt-Veiter-Tor 100 m zur Wendestelle der Buslinie 54A. Der Bus fährt zur U4-Station Ober-Sankt-Veit.

200 m weiter senkt sich der Weg stark zu einer Maueröffnung und einem davor liegenden Steg. Danach führt ein unscheinbarer Pfad nach rechts, wo wir nach 50 m das Gasthaus Lindwurm erreichen und dort erneut rasten können. Nach diesem Abstecher kehren wir zur Mauer

zurück, an der sich unsere Route fortsetzt. Nach weiteren 400 m bietet sich mit der **Heurigenschenke „Zur Wildsau"** eine weitere Einkehrmöglichkeit, von deren Garten ein wunderbarer Blick auf Wien möglich ist (4 $^1/_4$ Std.).

Unmittelbar nach dem Lokalparkplatz kommen wir an einigen Neubauten vorbei. Nachdem wir einem Linksknick der Mauer gefolgt sind und einen weiteren Steg überquert haben, können wir uns entscheiden, ob wir an der Mauer bleiben oder weiter rechts eine Wiese entlanggehen wollen, um uns einen Rundblick auf die westlichen Bezirksteile Wiens zu gönnen. Danach verläuft der Weg wieder direkt neben der Mauer und am oberen Rand von Kleingartensiedlungen entlang, bis wir zum (geschlossenen) Adolfstor kommen.

Nach dem Tor folgt ein letzter – steiler, aber kurzer – Anstieg auf engen Serpentinen zum innerhalb der Mauer gelegenen **Hagenberg** (406 m) hin. Nach dem höchsten Punkt gelangen wir bald an den Rand der Himmelhofwiese. Kurz darauf erreichen wir den Mast der Sendeanlage Himmelhof. Von hier aus können wir wieder das herrliche Panorama der Wienerstadt auf uns wirken lassen, ehe wir uns an den Abstieg über die 428 Stufen der Markwardstiege am Ende des Carolawegs wagen. Wir landen in der Himmelhofgasse, bleiben an der Mauer und stehen nach ca. 400 m wieder vor dem **Nikolaitor** (5 Std.).

Wer direkt zur U-Bahn will, geht nach der Markwardstiege rechts die Erzbischofgasse weiter und benützt den Abgang bzw. weitere Stufen der Lilienberggasse. Nach Querung der Auhofstraße erreichen wir den Hackinger Steg, der zur U-Bahn-Station Hütteldorf führt.

ÖFFNUNGSZEITEN DES LAINZER TIERGARTENS: Das gesamte Areal ist von Anfang Februar bis ca. Allerheiligen täglich ab 8 Uhr bis zum Einbruch der Dunkelheit (spätestens 21 Uhr von Mai bis August) zugänglich. Die genauen Zeiten sind an den Toreingängen angegeben. Der Zutritt ist über Lainzer Tor, Sankt-Veiter-Tor, Nikolaitor, Pulverstampftor, Laaber Tor und Gütenbachtor möglich. Der Bereich um die Tiergehege bis zur Hermesvilla – der sogenannte Hermesvilla-Park – ist nur vom Lainzer Tor aus auch während der übrigen Zeit zugänglich. Die Mitnahme von Hunden und Fahrrädern ist im gesamten Tiergartenbereich untersagt. Genauere Informationen unter www.lainzer-tiergarten.at

Ein letztes Stück „Urwald"

Ein „Auhof" – so der frühere Name des heutigen Lainzer Tiergartens – wurde 1270 erstmals urkundlich erwähnt. Schon damals wurden seine Waldungen als Jagdgebiet genützt; auch über die Einrichtung von Schwarz- und Rotwildgehegen wurde berichtet. Seit 1457 ist die Existenz eines „Tier- und Saugartens" zu Laab im Walde erwiesen. Mitte des 16. Jh.s wurde der Auhof zum kaiserlichen Hofjagdgebiet ernannt und später mit einem Holzzaun eingegrenzt.

Unter Kaiser Joseph II. sollte eine Mauer den Zaun ersetzen – unter anderem, um die umliegenden Bauernhöfe vor umherstreifenden Wildtieren zu schützen. Der Bauauftrag wurde öffentlich ausgeschrieben. Das Offert des Maurers Philipp Schlucker (1747–1820) für die extrem lange Mauer (Johann Nestroy nannte sie scherzhaft „das Junge der chinesischen Mauer") war mit einem Sechstel des von den Stadtbaumeistern veranschlagten Preises so verblüffend günstig, dass man allgemein annahm, der Mann habe sich verkalkuliert. Schlucker wurde vom Kaiser mit der Aufgabe betraut und errichtete von 1782 bis 1787 mit Freunden eine 24 km lange Ziegelmauer. Das Volk glaubte, dass sich der „arme Schlucker" durch diesen Auftrag an den Bettelstab bringen würde, woraus sich die heute noch übliche Bezeichnung für einen wenig begüterten Menschen ableitet. Trotz aller Unkenrufe führte Schlucker die Arbeit zur Zufriedenheit des Herrschers aus, der dem Maurer dafür sogar ein Stück

Wahrzeichen des Lainzer Tiergartens

Land schenkte und ihn auf Dauer in seine Dienste nahm.

In den Jahren 1882 bis 1886 erfolgte im Tiergartenareal der Bau der Hermesvilla, eines Schlösschens für Kaiserin Elisabeth, das von Carl Hasenauer entworfen wurde. Heute befindet sich in dem nach 1945 stilgerecht restaurierten Gebäude ein Café-Restaurant (Mo Ruhetag); außerdem werden hier vom Historischen Museum der Stadt Wien (das seit einigen Jahren den bindestrichlosen Namen „Wien Museum" trägt) regelmäßig Sonderausstellungen veranstaltet.

Nach dem Ersten Weltkrieg kam der Naturpark in den Besitz der öffentlichen Hand und wurde 1919 allgemein zugänglich gemacht. 1937 erwarb die Gemeinde Wien den Lainzer Tiergarten und erklärte ihn 1941 zum nun einzigen Naturschutzgebiet der Bundeshauptstadt. Seit 1974 ist der Eintritt in das etwa 25 Quadratkilometer umfassende Areal kostenlos.

Den Besuchern des Geländes stehen 80 km Wanderwege, zahlreiche Kinderspielplätze und Lagerwiesen zur Verfügung. Eine besondere Attraktion für Jung und Alt sind die vielen Tiere, denen der Naturpark seinen Namen verdankt. Einige von ihnen werden in Gehegen gehalten – in der Nähe des Lainzer Tors kann man Damhirsche, Mufflons, Wildpferde und Auerochsen bestaunen –, andere tummeln sich auf freier Wildbahn. Aufmerksame und ruhige Spaziergänger treffen immer wieder auf Hirsche, Rehe und Wildschweine. Letztere sind zwar bei Landwirten als Schädlinge gefürchtet, lockern im Lainzer Tiergarten jedoch durch ihre „Wühlarbeit" den Boden auf und verbreiten die Samen von Waldpflanzen.

Leider ist der 2500 Hektar große „Biosphärenpark" Lainzer Tiergarten aber kein Paradies für Tiere. Die Wilddichte ist dank aktiver Anfütterung viel zu hoch, und der Spaziergänger ahnt beim Anblick der vielen Wildgatter und Hochsitze schon, was hier los ist: 1400 der Tiere werden hier jährlich einzeln oder im Rahmen von Treibjagden geschossen. Dass der Park wegen „Winterruhe" für Pflanzen und Tiere monatelang geschlossen bleibt, ist nicht mehr als ein Vorwand – in dieser Zeit richtet die Wiener Magistratsabteilung 49 ihre jährlichen Großjagden aus, bei der viele Wildtiere zum Teil qualvoll ums Leben kommen.

Die urwüchsige Vegetation des Naturschutzgebiets zeichnet sich durch prächtige, weitgehend naturbelassene Buchen- und Eichenbestände aus. Im Bereich des Johannser Kogels läuft zudem seit den Siebzigerjahren ein Forschungsprojekt, das vorsieht, ein bestimmtes (eingezäuntes) Areal völlig der Natur zu überlassen. In diesem Stück „Urwald" können die Wissenschaftler Flora und Fauna – abgesehen von allgemeinen Umwelteinflüssen vom Menschen ungestört – beobachten.

13 Im Naturpark Purkersdorf

Rundwanderung im Sandstein-Wienerwald

Im Naturpark vor der Haustür Purkersdorfs finden Besucher aller Generationen Spielplätze, einen Streichelzoo sowie Gehege für Rotwild, Wildschweine und andere Tiere. Auf ansprechend gestalteten Naturlehrpfaden kann man sich zusätzlich über geologische Formationen, Flora und Fauna der Region informieren.

DER WANDERWEG

Vom Bahnsteig der Haltestelle **Purkersdorf** Zentrum gelangen wir durch die erste Unterführung in die Fürstenberggasse und erkennen eine gedeckte Holzbrücke, auf der wir den Wienfluss überqueren, um den Parkplatz an der B44 zu erreichen; hier beginnt die Wanderung für jene, die mit Auto oder Bus angereist sind.

Nach dem Studium der Infotafeln schreiten wir über eine Rampe zum Steg über die Neulengbacher Straße hinauf, der uns auf die Kellerwiese bringt. Ein schmucker Wegweiser stellt die vielen Wandermöglichkeiten im **Naturpark Purkersdorf** vor, der am 26. April 1975 (dem „Tag des Waldes") als Naturpark **Sandstein-Wienerwald** eröffnet wurde und mittlerweile seinen Namen geändert hat. Links führt ein Weg zu den Gehegen eines Streichelzoos, in dem man nähere Bekanntschaft mit Ziegen und Schafen schließen kann. Der Eintritt ist frei.

Unser Weg verläuft allerdings nach rechts, an einem Kinderspielplatz vorbei und über das Gässchen Kellerwiese und einen schmalen Steg zum **Sängerbrunnen**, der 1875 „zu Ehren des Wiener Männer-Gesangsvereines" neben einem längst abgerissenen Musikpavillon errichtet wurde.

Rechts vom Brunnen beginnt ein rot markierter Pfad (**RWW 444** bzw. „4" und gelber Pfeil „Blätterdach"), der zuerst schmal über einen baumbefreiten Hang, dann breiter durch einen hohen Buchenwald zum Schöffeldenkmal führt. Nach einem – mitunter recht steilen – Aufstieg von gut 30 Min. Dauer steuern wir schließlich in einem lichteren Waldabschnitt auf den wenig Aussicht bietenden **Schöffelstein**

WEGVERLAUF: Rundwanderung. Purkersdorf – Unterstand „Blätterdach" (45 Min.) – Baunzen/Autobahn (1 Std.) – Siedlung Heimbautal (45 Min.) – Purkersdorf (1 ¼ Std.)

DAUER: 3 ¾ Std., Variante 4 ½ Std.

LÄNGE: 14 km, Variante 16 km

SCHWIERIGKEITSGRAD: Durch Wechsel von Steigung und Gefälle in der ersten Hälfte etwas anspruchsvoller, in der Folge gemütliche Wanderung

WEGMARKIERUNGEN: Gelbe Pfeiltafeln, Rot-Weiß-Rot mit „444" bzw. „4", später mit „1"

EINKEHRMÖGLICHKEITEN: Wienerwaldgasthaus JohannesBär (Mo bis Mi Ruhetag), diverse Lokale im Zentrum von Purkersdorf

ANFAHRT: Mit der Bahn auf der Westbahnstrecke ab dem Wiener Westbahnhof über Hütteldorf. Schnellbahngarnituren verkehren auf dieser Strecke im Stundentakt. Zielbahnhof ist die Haltestelle Purkersdorf Zentrum. Mit dem Bus vom Bahnhof Hütteldorf in Richtung Wolfsgraben bzw. Gablitz/Sieghartskirchen. Aussteigestelle ist Purkersdorf Zentrum/Bahn. Mit dem Auto über die Wiener Westausfahrt (B1) nach Purkersdorf, dort auf der Wiener Straße bis zur Abzweigung der B44 nach links (Richtung A1) zum Parkplatz Zentrum, der nach 300 m erreicht wird.

und den Gedenkstein für <u>Josef Schöffel</u> (siehe „Der Retter des Wienerwaldes", S. 126) zu, wo ein gemütlicher Rastplatz zu einer kleinen Pause einlädt. Auf der angrenzenden Wiese kann man sich auf einer Plattform über Bienen im Naturpark informieren.

Wir verlassen die Anhöhe auf der anderen Seite und nähern uns nach einem kurzen Gefälle dem Kreuzungspunkt „Blätterdach", wo sich ein Unterstand befindet. Nicht nur an dieser Stelle weisen uns gelbe Wegweiser auf Fantasieziele wie „Aus-Blick" und „Denk-Mal" hin. Mit Ersterem ist die Rudolfshöhe gemeint, mit Zweiterem der Schöffelstein; manchmal sind die „richtigen" Ziele auch daneben oder darunter in kleinerer Schrift angegeben (45 Min.).

<u>Variante</u>: An dieser Stelle führt linker Hand ein Weg auf die <u>Rudolfshöhe</u> (472 m), die zentrale Erhebung des Gebiets. Der ehemalige „Gelbe Berg" erhielt seinen heutigen Namen nach dem durch Suizid aus dem Leben geschiedenen <u>Kronprinzen Rudolf,</u> der häufig in der Gegend von Purkersdorf zu jagen pflegte. Nach etwa 1 km sind wir auf dem Gipfel angelangt und können dort den beachtlichen Rundblick von der 28,5 m hohen Aussichtswarte genießen. Anschließend treten wir den Rückweg zur Wegkreuzung an.

Unser Schritt wendet sich vom „Blätterdach" Richtung „Naturparkzentrum" und somit talwärts über den Spechtweg. Nach gut 400 m weist uns eine gelbe Pfeiltafel nach rechts zum Naturparkhaus. An der Drahtumzäunung des Wildschweingeheges entlang gehen wir rechts weiter und können die Infotafeln studieren bzw. das Schwarzwild beobachten. Waldseitig werden einzelne Sandsteinformationen und Bäume vorgestellt. Eine schön ausgeführte Steintafel präsentiert verschiedene Käferarten. Der Spechtweg endet beim Wienerwaldhaus, der Informationsstelle des Naturparks, wo sich ein Museum zum Thema Bauernalltag in früheren Zeiten befindet und Informationsmaterial aufliegt. Hier haben wir auch Gelegenheit, Rotwild im Hirschgehege zu beobachten. Im Holzlabor kann man sich über Baumarten und die Geschichte des Naturparks kundig machen.

Wir verlassen das Gelände auf der Talseite und gehen durch die Rudolf-Hanke-Gasse und Hyrtlgasse zur Deutschwaldstraße hinunter.

Käfertafeln am Naturlehrpfad

Rechter Hand steht uns eine Einkehrmöglichkeit offen, das **Wiener-waldgasthaus JohannesBär.**

Abkürzung: Beim Gasthaus gelangt man rechts auf dem Naturlehrpfad mit Wasser- und Kinder-Erlebnisstationen mit der Ziffer „2" entlang der Straße in etwa einer halben Stunde zum Ausgangspunkt der Wanderung zurück.

Unsere Route setzt sich nach links auf dem RWW 444 in südlicher Richtung neben der Straße fort; Holztafeln mit der Aufschrift „Rund um den Lainzer Tiergarten" weisen ebenfalls den Weg. Wir passieren die St.-Hubertus-Kapelle und bleiben auf dem Pfad, obwohl die markierte Route über eine Brücke zur Straße zurückführt. (Im Sommer ist allerdings wegen des dicht überwachsenen Waldwegs doch die Straße zu empfehlen.) Neben dem Deutschwaldbach marschieren wir durch aufgelockerten Wald, bis wir rechts einen Weg zum Bach entdecken, den wir queren und so zur Deutschwaldstraße gelangen. Dieser folgen wir nach links und erreichen einen Kreisverkehr, wo wir wieder die roten

Marken sehen. Wir gehen ein paar Meter rechts in der Pernerstorfer-
straße weiter und biegen kurz darauf nach links in eine Forststraße
ein, die 100 m weiter die Westautobahn unterquert – wobei wir uns
am Holzpfeil „Rund um den Lainzer Tiergarten" orientieren (1 ¾ Std.).

Hinter dem Tunnel zweigt der Laabersteig rechts von der Straße
ab – wir halten uns auch hier an die rote Markierung und „444" – und
führt durch ein Waldstück stetig bergan. 700 m nach der Autobahn betreten wir wieder die Forststraße, lassen die roten Markierungen links
liegen und wandern nach rechts auf der Laabersteigstraße weiter. Diese Forststraße zieht sich am Nordhang des <u>Laabersteigbergs</u> etwa 2 km
fast niveaugleich gegen Westen. Wenige Meter nach einem Sendemast
am linken Wegrand zweigt rechts ein unscheinbarer Weg zu einigen
Häusern ab. Über ihn betreten wir die Wienerwaldsiedlung <u>Heimbau-
tal,</u> die <u>Wolfsgraben</u> eingemeindet ist, und gehen auf Waldweg, Promenadeweg und Gartenstraße talwärts (2 ½ Std.).

Wenn das Gefälle endet, überqueren wir die Heimbautalstraße,
setzen unsere Wanderung auf der geschotterten Dambachstraße fort
und unterqueren kurz darauf abermals die Autobahn. Wir ignorieren
sämtliche Wegeinmündungen von links und gehen bergab zu einer

Alter Hof im Dambachtal

mit Tafeln markierten Weg-kreuzung im Dambachtal. Hier wenden wir uns nach links und bewegen uns auf der rot mar-kierten und mit der Ziffer „1" gekennzeichneten Forststraße durch einen schönen, dichten Buchenwald Richtung Norden. Nach 1 km läuft ein anderer Forstweg von links zu; 150 m danach lichtet sich der Wald bei einem Holzlagerplatz. Rechts sehen wir eine Wiese und dann eine Hecke; hier dringen wir bei einem kaum sichtbaren Durchgang in den Wald ein, wo wir dann die Hinweistafel „Zigeunersteig" sehen. Schon nach 100 m biegen wir links ab und folgen dem berg-wärts führen-

Sängerbrunnen

den Pfad auf die Nordflanke des <u>Speichbergs</u>.

Nach einem Anstieg von etwa 300 m führt der Zigeunersteig gut 1 km etwa niveaugleich weiter – die oft blassen rot-weiß-roten Markierungen (meist mit „1") sollte man unbedingt im Auge behalten – und senkt sich schließlich gemächlich abfallend ins Wiental. Nach einer Schranke kommen wir zur asphaltierten Speichbergstraße in Neupurkersdorf, in der wir uns rechts halten, bis wir – wieder einmal – die Deutschwaldstraße vor uns haben. Wir wechseln die Straßen-seite und gehen nach links, einen weiteren Naturlehrpfad entlang, der gegenüber dem Purkersdorfer Freibad endet. Einige Schritte danach erreichen wir den Sängerbrunnen, der Ausgangspunkt unseres Auf-stiegs zum Schöffelstein war. Über die Kellerwiese und den Fußgän-gersteg kehren wir nun zum Parkplatz bzw. zur Bahnstation zurück (3 ¾ Std.).

Der Retter des Wienerwaldes

1866 verlor das Kaiserreich in der Schlacht bei Königgrätz den Krieg gegen Preußen. Durch den „Ausgleich mit Ungarn" wurde Österreich 1867 in eine Doppelmonarchie umgewandelt.

Um dem Status als zweitgrößter europäischer Staat gerecht zu werden, war den Mächtigen jedes Mittel zur Geldbeschaffung recht. Man veräußerte Bergwerke, Fabriken und Forstgebiete. Auch der Wienerwald sollte abgeholzt und in Bauland umgewidmet werden. Im April 1870 wurde ein Gesetz über den Verkauf des Wienerwalds beschlossen. Niemand rechnete mit einem Einwand, als plötzlich Josef Schöffel an die Öffentlichkeit trat.

Der am 29. Juli 1832 im böhmischen Příbram geborene Publizist und Hausbesitzer in Mödling hatte sich zeitlebens für die „gerechte Sache" eingesetzt. Als nun die Vernichtung seines geliebten Wienerwalds beschlossen wurde, setzte Schöffel alles daran, dies zu verhindern.

Das „Staatsgüter-Verschleißbureau", eine offizielle Kommission zur Geldbeschaffung durch dubiose Verkäufe, entpuppte sich als besonders hartnäckiger Gegner, da hier die korruptesten Beamten zu sitzen schienen. In einer Artikelserie im *Neuen Wiener Tagblatt* deckte Josef Schöffel Bestechungsfälle und Machenschaften der Spekulanten auf. Mehrmals wurde er wegen seiner Anschuldigungen vor Gericht gezerrt, konnte jedoch immer wieder unwiderlegbare Beweise präsentieren.

Schöffel gab den Kampf nicht auf, obwohl man ihm Schweigegeld anbot und damit drohte, ihn nötigenfalls zu beseitigen. Mit der Zeit schlossen sich seiner „Ein-Mann-Bürgerinitiative" immer mehr Befürworter an. Die bestechlichen Beamten wurden versetzt oder zwangspensioniert, der Beginn der Landveräußerung vorerst aufgeschoben.

Am 14. April 1872 gelang es Schöffel schließlich – mithilfe prominenter Freunde aus Politik, Wissenschaft, Wirtschaft und Kultur –, ein Verbot der Schlägerungen zu erwirken. 1873 wurde er in den Reichsrat und noch im selben Jahr zum Bürgermeister von Mödling gewählt, das unter seiner Führung einen ungeheuren Aufschwung erlebte. Der „Retter des Wienerwaldes" starb am 7. Februar 1910.

Mehr als hundert Wienerwaldgemeinden ernannten Schöffel zum Ehrenbürger – und einige setzten ihm Denkmäler, deren wohl bekanntestes, ein schlichter Sandsteinobelisk, auf dem Schöffelstein (im ehemaligen Purkersdorfer Gemeindewald) steht.

Das Andenken des großen Umweltschützers führt uns gerade heute wieder vor Augen, wie wichtig der Wienerwald als „grüne Lunge der Großstadt" ist. Fünf Jahre vor seinem Tod setzte Josef Schöffel seine ganze Hoffnung in künftige Generationen: „Ich wünsche mir nur", sagte er damals, „dass, wenn der Wienerwald, was nicht unmöglich ist, wieder einmal von Spekulanten bedroht werden sollte, sich zur rechten Zeit ein Mann finde, der denselben mit Erfolg verteidigt!"

14 Ein Besuch beim Kaiserbrünndl

Über die Pfalzberge zum Jochgrabenberg

Die Quelle des Wienflusses, der als Hauptgewässer des Wienerwalds gilt, ist eine der Sehenswürdigkeiten dieser Wanderung: Das Kaiserbrünndl wird nach einem gemächlichen Anstieg von Pressbaum aus erwandert. Anschließend bietet der Blick vom Jochgrabenberg eine wunderschöne Aussicht, bevor der Weg nördlich des Wientals über den Oberen Saubichl zum Ausgangspunkt zurückführt.

DER WANDERWEG

In der Haltestelle **Pressbaum** wechseln wir durch eine Unterführung (am Zugende) auf den gegenüberliegenden Bahnsteig und gehen diesen die ganze Länge entlang. So kommen wir in die Linke Bahngasse und gleich danach in die in den Ortskern führende Taborskystraße, die in die Hauptstraße von Pressbaum mündet. Wir überqueren die Straße zum **Gasthaus Lindenhof** hin und halten uns rechts. 50 m weiter biegen wir nach links in die Josef-Nemecek-Straße ein, wo eine rote Markierung angebracht ist. Über die asphaltierte Straße schreiten wir am Rand einer Siedlung bergan Richtung Autobahnbrücke.

Wir passieren einen **Josef Schöffel** gewidmeten Gedenkstein, der an die Pressbaumer Ehrenbürgerschaft des berühmten Mannes erinnert. Wenn wir die obersten Häuser hinter uns gelassen haben, unterqueren wir nach einem Gittertor den Talübergang der Autobahn, nach dem sich ein Weg bergwärts zieht. Nach einem Rechtsknick biegen wir links (Tafel „Kaiser-Bründl") ab und gelangen wenige Schritte später zu einer Mariendarstellung auf einer Föhre.

Nach 100 m dringen wir auf diesem anfangs recht schmalen Weg in dichteren Wald ein. Die Steigung ist sanft, aber stetig. Wir halten uns streng an die rote Markierung, queren dann eine Forststraße und gelangen ins nächste Waldstück, in dem hohe Buchen und einzelne Föhren vorherrschen. Hier bewegen wir uns an der Südflanke des 441 m hohen **Kleinen Pfalzbergs** entlang.

WEGVERLAUF: Rundwanderung. Pressbaum – Pfalzberg (1 Std.) – Westautobahn (45 Min.) – Rekawinkel (30 Min.) – Oberer Saubichl (1 Std.) – Pressbaum (45 Min.)

DAUER: 4 Std., inkl. Abstecher 5 Std.

LÄNGE: 15 km, inkl. Abstecher 18 km

SCHWIERIGKEITSGRAD: Höhenwanderung auf breiten Forststraßen und Waldwegen, wenig Asphalt, mäßige Steigungen. Die Orientierung ist am Wendepunkt Jochgrabenberg (Variante) und am Großen Stiefelberg etwas schwierig.

WEGMARKIERUNGEN: Rote Balken, später mit „404", rote und gelbe Balken ohne Zahlenangabe, unmarkiert, rote, schließlich gelbe u. grüne Balken

EINKEHRMÖGLICHKEITEN: Gasthaus Lindenhof (Mi Ruhetag, Do ab 15 Uhr geschl.), Gasthaus Mayer (Di und Mi Ruhetag), Asia-Restaurant Neue Happy (kein Ruhetag, Mo nur bis 15 Uhr)

ANFAHRT: Mit der Bahn vom Westbhf. oder Bhf. Hütteldorf im Stundentakt über die Westbahnstrecke bis Pressbaum (Achtung: nicht Tullnerbach-Pressbaum! – benutzen Sie nur Regionalverbindungen oder S-Bahn.)
Mit dem Auto über die A1 (Westautobahn) bis Pressbaum; oder auf der B44 über die Wiener Westausfahrt und Purkersdorf bis ins Ortszentrum von Pressbaum. Parkmöglichkeiten entlang der Hauptstr. oder vor der Pfarrkirche

Schließlich verlassen wir den Wald und betreten eine Wiesenfläche. Unsere Route führt nun neben einem Holzhäuschen am Waldrand (Am Pfalzberg 13) auf eine deutlich sichtbare Sitzbank unter einem Baum zu. Wir kommen so auf ein Plateau östlich des <u>Großen Pfalzbergs</u>, wo einige Gehöfte und Häuser zu erkennen sind. Auf der hier verlaufenden Zufahrtsstraße wandern wir nach links unter einer Hochspannungsleitung hindurch und genießen den Ausblick auf die Niederungen der <u>Pfalzau,</u> einer Siedlung an den südlichen Ausläufern der Pfalzberge.

Gleich nach dem ersten Hof biegen wir schräg rechts in den Wald ab und wählen kurz danach bei einer Wegteilung die rechte Route, wo wir auf einer breiten, gut befestigten und leicht ansteigenden Straße (bzw. einem parallel verlaufenden, rot markierten Pfad etwas links davon) gut vorankommen. Nach ca. 500 m gabelt sich die Straße nochmals; rechts gelangen wir schließlich über eine breite Waldstraße zu einer Häusergruppe auf dem Pfalzberg-Plateau (1 Std.).

Wir marschieren links an den Häusern vorbei über eine Wiese bergan. Bei einem einfachen Wegkreuz lassen wir unseren Blick über die grünen Hügel Richtung Süden schweifen und biegen rechts in die asphaltierte Straße ein. 50 m weiter, beim nächsten Privathaus, zweigen wir bei einer Tafel mit der Aufschrift „Kaiserbrünndl – Jochgrabenberg – Schöpfl" nach rechts auf einen schmalen Steig ab. Nach einem Wiesenhang gelangen wir wieder in dichten Mischwald und bewegen uns entlang der roten Markierung auf weichem Waldboden. Bei einer Weggabelung halten wir uns rechts auf Gelb, um ca. 200 m weiter das <u>Kaiserbrünndl,</u> die in Stein gefasste Quelle des Wienflusses, zu erreichen (siehe S. 133, „Am Wege").

Entlang der Nordflanke des dicht bewaldeten <u>Kaiserbrunnbergs</u> (576 m) setzen wir unsere Wanderung fort. Gelbe Markierungen leiten uns durch ein lichtarmes Waldstück, bevor wir auf die asphaltierte Straße von Pressbaum nach Hochstraß treten.

Abstecher: Auf dem rot markierten Waldweg wandern wir erst noch ein paar Meter nach links bergan. Wenn wir dann auf die Straße hinaustreten, weist uns eine Markierungstafel auf der gegenüberliegenden Straßenseite darauf hin, dass sich dort der <u>WWW 404/Voralpenweg 04</u>

den Hang hinaufzieht. Wir bleiben aber zunächst auf der Straße, marschieren auf dem begehbaren Bankett weiter und sehen nach ca. 800 m in einer Linkskurve mehrere Wege nach rechts in den Wald führen. Wir wählen einen fahrzeugbreiten, nach oben führenden Forstweg und gewinnen darauf rasch an Höhe. Der Weg steuert zwischen jungen Lärchen und Beerensträuchern an einem Buchenhain vorbei und bringt uns auf den Gipfel des Jochgrabenbergs (645 m), auf dem die Sendestation Hochstraß der ORS steht.

In der Verlängerung der Zufahrt wandern wir geradeaus am Sendeturm vorbei durch einen etwas freieren Buchenwald. So verlassen wir den Gipfel und gelangen nach etwa 300 m an eine Stelle, wo sich über den Jungwald hinweg ein gewaltiger Ausblick auf einen Talübergang der Westautobahn sowie auf Eichgraben bietet. Bei günstigem Wetter können wir links von uns auch den Schneeberg erspähen.

Bei einem mit blassrotem Pfeil markierten Baumstamm haben wir den westlichsten Punkt der Wanderung erreicht und kehren um. Gleich links führt ein Traktorweg zwischen abgesplitterten Bäumen zurück. Der unmarkierte, laubbedeckte Weg senkt sich auf die Nordseite des Jochgrabenbergs. Nach etwa 150 m halten wir uns im folgenden Sattel rechts und bleiben hangseitig, wobei wir im leichten Bergaufschreiten über uns wieder die Sendestation erkennen. Nun geht es etwa niveaugleich auf dem zerfurchten Pfad weiter. Schließlich treten wir aus dem Buchenwald, durchqueren kurz freieres Gelände und gelangen so wieder an die Stelle, wo wir vorhin die Straße in der Linkskurve verlassen haben. Auf einem rot markierten Weg links neben der Straße kehren wir nach einem dichten Laubwaldstück wieder zur Straße zurück und gehen bis zu dem Punkt, wo wir vor dem Abstecher den Wald verlassen haben.

Wir bleiben im Wald und folgen der roten Markierung auf einem schmalen Pfad abwärts, bis wir wieder zur Straße kommen und diese zu einer breiten Forststraße hin überqueren. Bei einer Schranke ist die Route als „Rampenstraße" der Österreichischen Bundesforste ausgewiesen. Wir halten auf die Autobahn zu (die immer deutlicher hörbar wird), überqueren diese dann auf einer hohen Brücke und folgen dem WWW 404 auf Rot (1 ¾ Std.).

400 m nach der Brücke gabelt sich die Strecke. Wir wählen die linke Route (Forstweg „Buchbergstraße") und gehen durch einen dichten Waldabschnitt auf der Forststraße weiter, die sich schließlich senkt und in die asphaltierte Buchbergstraße übergeht. Auf ihr kommen wir in den Ortsbereich von Rekawinkel. Nachdem wir die Pfarrkirche passiert haben, erreichen wir die Hauptstraße und damit das Gasthaus Mayer, wo wir einkehren können (2 ¼ Std.).

Marterl am Pfalzberg

Abkürzung: Wer die Wanderung bereits hier abbrechen möchte, geht durch die Buchbergstraße zurück und biegt dann (in einer Rechtskurve der Straße) in die Waldpromenade ein, die zum Bahnhof Rekawinkel hinunterführt. Von dort verkehren Züge nach Wien.

Rechts vom Lokal zieht sich neben einem Einfamilienhaus (Nr. 20) ein schmaler Weg zwischen eingezäunten Grundstücken hinauf zur Forsthausstraße, in der wir rechts weitergehen. Am Ortsende – gleich bei der Andachtsstätte für Dr. Johann Prix, Bürgermeister von Wien, der am 25. Februar 1894 hier verstorben ist – verlassen wir die Straße nach rechts und gehen den WWW 404 auf dem Prixweg der ÖBF weiter (gelbes Schild „Panoramaweg Troppberg").

Der erste Abschnitt führt auf festem Boden leicht bergan, verflacht aber bald. Nach einer von Sträuchern gesäumten Schneise stoßen wir am nächsten Waldrand auf einen lieblichen Tümpel. Wir gehen rechts an dem kleinen Gewässer vorbei und dringen in das nächste Waldstück ein, das bald freier wird. Danach gehen wir zwischen einem weißen Haus am Rand einer Wiese und einem Holzhaus hindurch. Die Wege teilen sich. Der rot markierte Weg steigt nun wieder leicht an und zieht sich zwischen Waldrand und einer Hecke bergauf; neben einer Wiese gelangen wir schließlich ins nächste Waldstück. Wir ignorieren hier die links abgehende rote Markierung (Richtung „In der Au – Gasthaus Fink) und behalten unsere Marschrichtung bei.

In diesem Laubwaldabschnitt zieht sich der WWW 404 als breite Forststraße auf den wenig ausgeprägten Gipfel des **Großen Stiefelbergs** (497 m). Wir bleiben so lange auf der Straße, bis sie von einer gelben Markierung gekreuzt wird. Hier halten wir uns rechts und verlassen den breiten Hauptweg (gelb-weiße Pfeilmarkierung und blasse Schrift „Sacré Coeur" am Baumstamm). Der Pfad steigt von hier aus leicht zum **Oberen Saubichl** an, der nahe dem höchsten Punkt in 504 m überquert wird (3 ¼ Std.).

Schließlich senkt sich der gelb markierte Weg auf laubbedecktem Grund immer deutlicher. Wir erreichen etwa 700 m nach dem höchsten Punkt eine breite Forststraße. Gelb setzt sich hier bei einer Rastbank geradeaus fort, wir wandern jedoch nach links weiter. Nach 300 m läuft von links eine weitere Forststraße zu – wir halten uns rechts. Die breite, unmarkierte Saubachstraße schlängelt sich in großzügigen Kehren talwärts. Gelegentlich sind Fitness-Stationen („Tut gut!"-Schritteweg), Rastbänke und Informationstafeln über den Lebensraum Wald anzutreffen. Auch einige Bäume sind bezeichnet. Rechts können wir ein eingezäuntes Teichareal erkennen. Von links läuft eine grüne Markierung von Weidlingbach her zu; wir bleiben auf der Forststraße, die schließlich an einer Schranke endet.

Bei der Adresse Klostergasse 7 betreten wir den asphaltierten Bereich von Pressbaum und gelangen wenige Meter danach zu einem Tunnel der Westbahnstrecke. Wollen wir nicht im Ort einkehren, sondern gleich die Bahn benützen, gehen wir vor dem Tunnel den Zugang zu den Bahnsteigen hinauf. Wer noch in Pressbaum verweilen will, geht die Klostergasse weiter zur Hauptstraße und biegt rechts in diese ein (im **Asia-Restaurant Neue Happy** besteht eine weitere Einkehrmöglichkeit), bis der jeweilige Ausgangspunkt der Wanderung erreicht ist (4 Std.).

Kaiserbrünndl

AM WEGE

Am Kaiserbrünndl führen zwei breite Treppen zu einer steinernen Schale, in die sich das Wasser der Quelle ergießt. Eine Tafel erinnert daran, dass Kaiserin Elisabeth am 23. April 1882 diesen Ort besuchte. Der hier entspringende Wienfluss ist das Hauptgewässer des Wienerwalds. Vom Kaiserbrünndl bis in die Tallagen nördlich der Pfalzberge wird das Bächlein als Dürre Wien bezeichnet. Die Wien fließt anschließend auf einer Länge von 34 km durch das nach ihr benannte Wiental und mündet im Herzen Wiens in den Donaukanal. Aufgrund der Zuwässer aus den zahlreichen Seitentälern des Wientals kann es nach Niederschlägen zu einem sprunghaften Ansteigen der Wassermenge kommen. Da es im 19. Jh. dadurch oft zu verheerenden Hochwässern kam, wurde die Wien in den Jahren 1894–99 reguliert und ab Auhof in einem Steinbecken durch die Bundeshauptstadt geführt.

15 Am Stadtrand von Wien

Von Liesing nach Laab

Rodaun, einer der südlichsten Bezirksteile Wiens, ist der Ausgangspunkt für diese Wanderung, die sowohl durch verbautes Gebiet als
auch in ruhige Wälder und Hügellandschaften führt, wo von der
Nähe zur hektischen Großstadt nichts mehr zu bemerken ist.

DER WANDERWEG

In Rodaun, einem Teil des Bezirks Liesing, biegt die Straßenbahn beim
Haus Ketzergasse 356 in die Schillerpromenade ein, wo wir sie verlassen. In der Ketzergasse (übrigens die längste Gasse Wiens) gehen wir
weiter stadtauswärts und sehen vor uns auf einer Anhöhe die Bergkirche von Rodaun, auf die wir zuhalten. Nach der Kreuzung mit der
Hochstraße biegen wir in die zweite Gasse links – die Willergasse – ab
und wandern hier kurz bergauf (Holzpfeil „Stadtwanderweg 6"). Nach
wenigen Schritten stehen wir vor dem Aufgang zum Kirchenplatz, der
von barocken Steinfiguren der Heiligen Florian und Josef flankiert
wird. Hier biegen wir rechts ein und erreichen sehr bald die Johannes
dem Täufer geweihte Barockkirche, die in den Jahren 1738 bis 1746 –
vermutlich von einem Schüler Fischer von Erlachs oder von Donato
Felice d'Allio (1677–1761) – erbaut wurde.

 Vom Kirchenportal aus verlassen wir das Plateau, wie ein Holzpfeil angibt, geradeaus in Richtung „Wiener Hütte". Nun gehen wir an
der Nordflanke des Zugbergs auf einem breiten Weg unter Föhren und
Buchen ziemlich eben dahin. Zur Rechten können wir zwischen den
Bäumen einen Sportplatz erkennen. Ab hier orientieren wir uns an
einer parallel zum Weg laufenden Steinmauer, die den Komplex des
Jesuitenkollegiums Kalksburg, einer bedeutenden Privatschule, um-
gibt. Neben den Holzpfeilen „Stadtwanderweg 6" taucht nun auch eine
blaue Markierung auf, die uns bis zur Wiener Hütte begleitet.

 Die Mauer des Kollegiums begleitet eine Zeitlang unseren Weg,
knickt aber dann nach rechts weg. Ab dieser Stelle wandern wir ca.
2 km lang leicht bergauf, entlang der Stadtgrenze zu Niederösterreich.

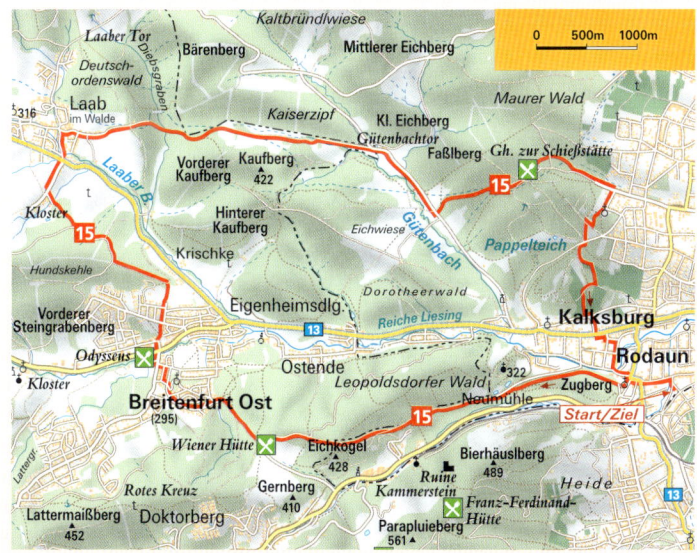

WEGVERLAUF: Rundwanderung.
Rodaun – Wiener Hütte (1 Std.) –
Breitenfurt (30 Min.) – Laab im Walde
(45 Min.) – Schießstätte (1 ¼ Std.) –
Rodaun (1 ¼ Std.)

DAUER: 4 ¾ Std.

LÄNGE: 18,5 km

SCHWIERIGKEITSGRAD: Nur geringe
Höhenunterschiede, daher trotz der
Länge bequem zu begehen

WEGMARKIERUNGEN: Braune
Tafeln mit „Stadtwanderweg 6",
blaue Balken, Rot-Weiß-Rot mit „444",
Rot mit „44", braune Tafeln mit
„Rund um den Lainzer Tiergarten",
unmarkiert

EINKEHRMÖGLICHKEITEN: Wiener
Hütte (Mo Ruhetag), Odysseus im Grünen Baum (kein Ruhetag), Gasthaus
zur Schießstätte (Mi und Do Ruhetag;
Dez. bis Feb. nur an Wochenenden
geöffnet), Buschenschenken in
Kalksburg und Rodaun

ANFAHRT: Mit der Straßenbahnlinie 60
von der U4-Station Hietzing-Kenne-
dybrücke bis zur Endstelle in Rodaun/
Ketzergasse.
Mit dem Auto über Liesing oder Mauer
in die Breitenfurter Straße, von dieser
in unmittelbarer Nähe der überführen-
den Straßenbahntrasse in die Kaiser-
Franz-Josef-Straße abbiegen. Den
Straßenbahnschienen folgen und in
der Ketzergasse oder den Seitengas-
sen parken

Wenn wir an den Waldrand treten, erkennen wir schon die Zufahrtsstraße und einen großen Parkplatz bei der neu renovierten **Wiener Hütte,** die wir schließlich erreichen. Jenseits des Taleinschnitts von Kaltenleutgeben erheben sich die Hügel des Höllensteinzugs, dessen teilweise schroffe Nordhänge an einigen Stellen als Kletterwände genützt werden (1 Std.).

Von der Wiener Hütte aus folgen wir einem Weg, der mit „04", „444" und dem Richtungsschild „Breitenfurt" ausgewiesen ist. Die roten Marken bringen uns auf einem talwärts führenden Waldweg zu einem Wasserbehälter, nach dem der „Stadtwanderweg 6" rechts abzweigt. Wir bleiben jedoch auf Rot, halten uns bei Abzweigungen links und verlassen bald bei einer rot-weißen Schranke den Wald, um in die Birkengasse der Siedlung Pölleritzerwiese, die zur Gemeinde **Breitenfurt** gehört, zu gelangen.

Auf der asphaltierten Birkengasse durchwandern wir das Siedlungsgebiet etwa niveaugleich. Nach der Volksschule von Breitenfurt biegen wir in die Wilhelm-Tell-Gasse ein, die wir gleich wieder nach rechts durch die Kellerwaldgasse verlassen. An deren Ende biegen wir links in die Liesingtalstraße ein, die nach 50 m in die Hirschentanzstraße mündet. Hier halten wir uns rechts, gehen am Eingang einer Sportanlage vorbei und erreichen nach wenigen Schritten den ehemaligen Gasthof „Grüner Baum", eine alte Gaststätte der Herrschaft Rodaun, deren Geschichte sich bis in die Zeit vor 1676 zurückverfolgen lässt. Heute befindet sich darin das griechische Restaurant **Odysseus im Grünen Baum,** das täglich ab 11.30 Uhr geöffnet hat (1 ½ Std.).

Abkürzung: An der Hauptstraße nahe dem Lokal befindet sich eine Bushaltestelle, von der aus eine Verbindung zum Bahnhof Liesing besteht.

Nach einem eventuellen Lokalbesuch überqueren wir die Reiche Liesing und – auf einem Zebrastreifen – die Hauptstraße. Danach setzen wir unsere Wanderung neben einer Spenglerei und unter Beibehaltung der Richtung fort. Der asphaltierte Bereich endet bei einer Schranke; wir marschieren auf Rot (RWW 444) über eine Wiesenfläche weiter, die an ihrem höchsten Punkt einen schönen Rundblick bietet. Dann queren wir die Königsbühelstraße der Siedlung Eigenheim und folgen dem RWW 444 durch den Römerweg – auch nach einem kurzen Links-rechts-Knick bei der Hundskehle.

Die Bergkirche von Rodaun

Nach dem Haus Römerweg 13 (Bildungswerkstätte) betreten wir neben einem Bio-Bauernhof mit Hofladen wiederum ein Waldstück und gehen zuerst ein Stück steil neben einem Drahtzaun bergauf. Danach biegen wir in diesem Laubwaldabschnitt links ab und wandern neben dem stark zerfurchten Hauptweg den roten Marken und dem Wegweiser „04" folgend ca. 400 m bergan – bis zu einer breiten Forststraße, die nach rechts weiterzugehen ist. In einer Linkskurve verlassen wir die eben dahinführende Forststraße und damit den sanften Hügel des Hundskehlbergs auf einem schmalen, rot markierten Pfad nach rechts. Wir gehen hier stetig bergab, überqueren ein Bächlein und treten nur wenige Minuten später aus dem Buchenwald an den Wiesenrain in der Nähe des Klosters St. Josef. Dort gönnen uns einen Rundblick auf das Laaber Tal, dessen Hauptort Laab im Walde uns zu Füßen liegt. Auf der breiten, asphaltierten Klostergasse spazieren wir talwärts auf den Ortskern zu. Nach einem Friedhof überqueren wir bei zwei Birken die Hoffeldstraße (2 ¼ Std.).

Abkürzung: An dieser Stelle kann man bei der Station „Friedhof" einen Autobus besteigen, der zum Bahnhof Liesing fährt.

Wir gehen durch die Hauptstraße weiter, um nach 300 m in die Mauerwaldgasse einzubiegen, in der wir nach dem verbauten Abschnitt auf die Forststraße Mauerwald treffen, der wir folgen und so einen Teil der Route rund um den **Lainzer Tiergarten (Sternwanderweg 44)** auf Rot beschreiten. Sobald wir die Mauer das erste Mal erblicken, halten wir uns rechts, weiterhin der roten Markierung folgend. Der in Teilen neu angelegte und aufgeschüttete Weg führt durch den Dorotheerwald eine Weile direkt an der Tiergartenmauer entlang (Einstiegspunkt mit Station Neptun des Maurer Planetenwegs), dann über ein kurzes, leider weiterhin von Mountainbikern verwüstetes Steigungsstück durch Laubwald und anschließend – wenn die Mauer etwas zurücktritt – niveaugleich über eine Wiese. Nach einem Steg gelangen wir wieder unmittelbar an die Mauer, gehen rechts weiter und kommen nach 400 m ohne schützende Bäume zum Gütenbachtor – dem südlichsten Eingang in das Naturschutzgebiet.

Über den davor gelegenen Parkplatz betreten wir wieder Wiener Boden und wandern die asphaltierte Gütenbachstraße entlang. Nach dem Haus Nr. 36 zweigen wir links auf einen grasbewachsenen Südhang ab, den wir schräg bergan gehen. Der Wiesenweg bringt uns in den Gemeindewald, durch den die mit weißen Steinen gekennzeichnete Schneise der **Zweiten Wiener Hochquellenwasserleitung** zu einem Wasserreservoir führt. 100 m danach dringen wir wieder in dichteren Wald ein und halten uns weiterhin an die rote Markierung sowie zuerst an die Tafeln „Rund um den Lainzer Tiergarten" und dann bei einer Abzweigung Richtung **Gasthaus zur Schießstätte.** Wenige Minuten später erreichen wir dieses zwischen den Bäumen des **Wilden Bergs** (363 m) versteckte Lokal auch schon und können eine weitere Rast einlegen (siehe S. 141, „Am Wege"; 3 ½ Std.).

Auf der asphaltierten, für Privatfahrzeuge gesperrten Zufahrtsstraße verlassen wir die Gaststätte durch lichten Mischwald und kommen zum Parkplatz am Ende der Maurer Lange Gasse im Weinhauerort **Mauer** – einem weiteren Teil von Liesing, dem jüngsten Bezirk Wiens. Wir gehen jedoch nicht ins Ortszentrum hinunter, sondern biegen in die erste Seitengasse rechts ein. Am Ende der steilen Georgsgasse sehen wir ein auffälliges Gebäude emporragen: die Kirche zur Heiligsten Dreifaltigkeit auf dem **Sankt-Georgen-Berg** (321 m), die 1974–76 nach einem Entwurf des österreichischen Bildhauers **Fritz Wotruba** erbaut wurde. Die Fassade setzt sich aus 152 asymmetrischen Beton-

Kirche zur Heiligsten Dreifaltigkeit (Wotruba-Kirche)

quadern zusammen, die ein Gesamtgewicht von mehr als 4000 Tonnen ergeben.

Auf dem über einen schmalen Weg erreichbaren Plateau, das in unserer Gehrichtung hinter dem Sakralbau liegt, erwartet uns eine weitere Besonderheit: der Sternengarten, das Freiluftplanetarium des Österreichischen Astronomischen Vereins – eine außerirdisch anmutende Anlage, die unter Einbindung diverser Orientierungssäulen und -skalen seit 1997 der Vermittlung astronomischer Phänomenologie dient. Wir gehen am rechten Ende einer niedrigen Steinmauer vorbei und dann auf der anderen Seite dieser Mauer stadteinwärts bis zu einer Schranke an der Kalksburger Straße, in deren Verlängerung wir rechts einbiegen. Nach etwa 200 m in einer beschaulichen Allee biegen wir gegenüber einem Spielplatz schräg links in den Wald ab und halten uns dann weiter links. So kommen wir bald an den Waldrand, wo wir einen Südhang mit ausgedehnten Weingärten vor uns haben. Hier wandern wir etwa 100 m links weiter, bis wir den markanten Burgturm von **Perchtoldsdorf** deutlich erkennen können; an dieser Stelle verlassen wir auf einem sich senkenden Weg zwischen den Rebstöcken hindurch die Anhöhe. So gelangen wir bald auf eine gepflasterte Trasse zwischen den Weinkulturen, der wir nach rechts folgen. Wenn der feste Untergrund endet, erreichen wir ein langgestrecktes Plateau – die Himmelswiese, von deren höchstem Punkt aus sich wieder ein herrlicher Rundblick auf die südlichsten Bezirksteile Wiens bietet. Hier wenden wir uns nach links, weg vom ausgetretenen Pfad ab und zur Buschreihe hin, und suchen die Stelle, an der die Rückseite einer rostigen Verbotstafel den Beginn eines schmalen Pfades durch Gesträuch markiert. Auf ihm und dann am Rand des links angrenzenden Weingartens verlassen wir die Anhöhe und steuern die Zemlinskygasse von Kalksburg an.

Wir wandern die Zemlinskygasse nach links weiter. Gleich nach dem Haus Nr. 61 biegen wir rechts in die schmale, aus vielen Stufen bestehende Eisenberggasse ab, um hier in die Breitenfurter Straße abzusteigen, die wir gegenüber dem Haus mit der Nr. 507 erreichen. Wir gehen hier links, wechseln die Straßenseite und biegen in die Feldgasse ein, nur um sie gleich über die kurze Wiesmühlgasse wieder zu verlassen. Letztere mündet in die Gasse An der Au, die wir nach rechts bis zum Ende weitergehen. Dort überqueren wir auf einem Steg die Reiche Liesing und landen in der Ketzergasse, wo wir uns nach links wenden.

An dieser Stelle stand einst das Rodauner Badhaus, dessen schwefelhältiges Wasser den Ruf genoss, heilende Wirkung zu besitzen. Ende des 19. Jh.s wurde die hier bestehende Gaststätte – der Stelzerhof – von den Besitzern zum „Wirtshaus von Österreich" ausgebaut, das während des Ersten Weltkriegs als Kriegspressequartier diente und erst 1966 durch die bestehende Wohnhausanlage abgelöst wurde. Unmittelbar an diese Anlage schließt das Hoffmannsthal-Schlössl an, das dem Dichter **Hugo von Hofmannsthal** viele Jahre bis zu seinem Tod als Wohnsitz diente.

Wenige Meter danach erreichen wir wieder die Kreuzung mit der Willergasse, wo am Beginn der Wanderung unser Aufstieg zur Bergkirche begann, und gehen die Ketzergasse zurück zum Ausgangspunkt (4 ¾ Std.).

Im Dorotheerwald an der Mauer des Lainzer Tiergartens

AM WEGE

Folgt man vom <u>Gasthaus zur Schießstätte</u> aus dem Holzpfeil „Stadtwanderweg 6", so kann man Österreichs einzigem ehemaligem <u>Horn-
steinbergwerk</u> einen Besuch abstatten. Nach ca. 200 m in einem von
Eichen, Buchen und Ahornen geprägten Waldstück erreichen wir eine
Lichtung mit drei Sitzbalken. Im jetzt dicht verwachsenen Gelände
dahinter wurden 1924 im Zuge der Schottergewinnung hier auf der
<u>Antonshöhe</u> (356 m) Schächte und Stollen entdeckt, die offensichtlich
von Menschenhand geschaffen worden waren. Werkzeugfunde ließen darauf schließen, dass an dieser Stelle in der jüngeren Steinzeit
ein Bergbaubetrieb existierte, in dem Horn- und Feuerstein gefördert
wurden. <u>Dr. Josef Bayer,</u> ein Direktor des Naturhistorischen Museums
in Wien (sein Gedenkstein befindet sich unmittelbar vor dem Gasthaus), bemühte sich am Beginn der 1930er-Jahre um die Erforschung
dieser Fundstätte. Nach einem Vandalenakt mussten die informativen
Schautafeln bedauerlicherweise abmontiert werden; sie sind nun im
Naturhistorischen Museum zu besichtigen.

16 Wo einst der Wolf jagte

Von Breitenfurt über die Drei Berge ins Wiental

Beeindruckend gesunde, für den Wienerwald typische Vegetation säumt die offenbar recht wenig frequentierte Route dieser Streckenwanderung im mittleren Wienerwald und beschert dem Wanderer vielfältige Eindrücke.

DER WANDERWEG

Wir überqueren gleich bei der Bushaltestelle in **Breitenfurt** die Straße und gehen dort die kurze, asphaltierte Gasse An der Breiten Furt entlang. Auf einer kleinen Brücke überqueren wir die Reiche Liesing und stehen dann nach wenigen Schritten vor der **Pizzeria Santa Maria**. Rechts vom Lokal führt der zunächst unmarkierte Wanderweg an einem Dressurplatz vorbei und zwischen eingezäunten Wiesenflächen leicht bergan auf den Festenberg zu.

Nach etwa zehn Minuten gelangen wir in eine kurze Waldpassage, die auf einem schmalen Reitweg durchquert wird. Bei einer Lichtung kommen wir auf eine Forststraße und wenden uns nach rechts. Die auffällig breite Waldstraße, die auch von Radlern und Reitern benützt wird, führt uns zunächst an den Nordwestflanken von **Festenberg** und **Hinterem Gernberg** gemächlich bergwärts. Bei einer Weggabelung gehen wir rechts (Holzpfeil Richtung „Hochrotherd"), auch bei weiteren Abzweigungen halten wir auf dieses Ziel zu.

Nach der Senke des Steingrabens geht es wiederum geschützt zwischen hohen Laubbäumen mäßig bergauf. Im letzten Abschnitt führt unsere Strecke den Namen „Schwarzlackenstraße" der Österr. Bundesforste. Die Anhöhe des Eichbergs mit seinen von Hufen stark zerfurchten Wanderwegen wird so bequem umgangen. Neben einem Bildstock und nach einer Schranke verlassen wir den Wald, erkennen vereinzelte Häuser der Streusiedlung **Wöglerin,** die zur **Gemeinde Wienerwald** gehört, und wandern auf der Verbindungsstraße Sulz–Hochroterd nach rechts bis zur nächsten Kehre, wo eine kleine Abkürzung durch eine aufgelockerte Baum- und Strauchgruppe bis zum nächsten Straßenstück führt. Auf Asphaltboden kommen wir, vorbei an einem Sendemast, zu den ersten Häusern von <u>Hoch-roterd</u>. An der Kreuzung mit der Hochrotherdstraße biegen wir links ab und sehen gleich den <u>Gasthof Schöny zur schönen Aussicht</u> (1 ¾ Std.).

<u>Abkürzung</u>: Hier kann man die Wanderung schon nach 5,7 km abkürzen, indem man den Bus zum Bahnhof Liesing nimmt.

Wollen wir die Wanderung gleich fortsetzen, so gehen wir am Lokal vorbei und bleiben bis zur nächsten Kreuzung auf Rot in der Hochrotherdstraße,

Am Käferleitenberg

die nur gelegentlich rot markiert ist. Anschließend nehmen wir die hier einmündende Grafenbergstraße (rote Markierung Richtung „Drei Berge – Preßbaum"), die bei einer Häusergruppe endet. Von hier aus führt eine Art Graben in dichten Wald, in dem wir rasch an Höhe gewinnen, um dann ziemlich eben etwa 1,5 km über die wenig ausgeprägten Kuppen der <u>Drei Berge</u> (höchster Punkt: 555 m) entlangzuspazieren. Weist die rote Markierung an einer Stelle nach rechts, so haben wir die Wahl zwischen dem geradeaus führenden, breiteren Reitweg oder dem parallel verlaufenden Pfad auf Rot; beide treffen bald danach wieder zusammen. Schmälere und breitere Teilabschnitte wechseln sich zwischen relativ dichtem Gehölz auf weichem Boden ab.

Nach einem steileren Abstieg erreichen wir eine querende Forststraße, die wir nach rechts weiterwandern. Rote Marken mit „6" tauchen erst im weiteren Verlauf auf. Nach 600 m führt eine mit „1" markierte Forststraße von rechts zu; wir wandern relativ eben auf dem gut befestigten Hauptweg weiter, den Südhang des <u>Käferleitenbergs</u>

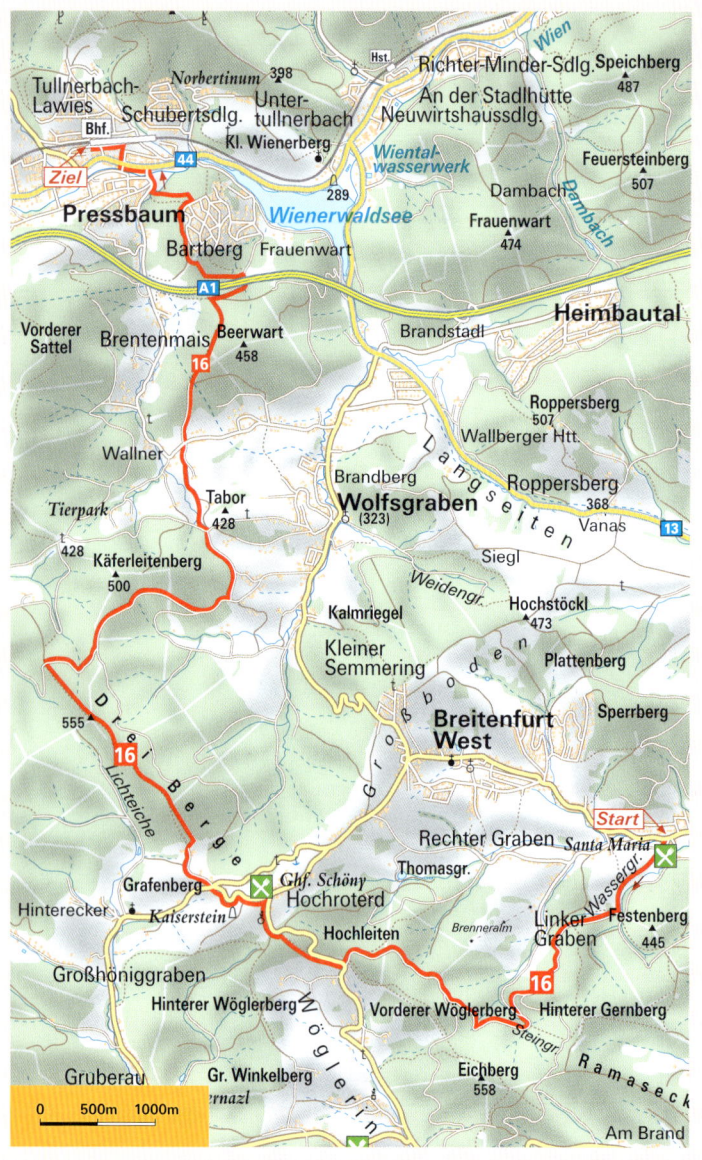

Wiesenweg Breitenfurt–Festenberg

WEGVERLAUF: Streckenwanderung. Breitenfurt – Gasthof Schöny zur schönen Aussicht (1 ¾ Std.) – Wolfsgraben/Tabor (1 ½ Std.) – Tullnerbach-Lawies (1 ½ Std.)

DAUER: 4 ¾ Std.

LÄNGE: 16,5 km

SCHWIERIGKEITSGRAD: Über weite Distanzen ausgezeichnete Bodenverhältnisse und mäßige Steigungen

WEGMARKIERUNGEN: Vorwiegend rote, teilweise auch blaue Balken sowie unmarkierte Passagen

EINKEHRMÖGLICHKEITEN: Pizzeria Santa Maria (kein Ruhetag), Gasthof Schöny zur schönen Aussicht (Mi und Do Ruhetag; Übernachtungsmöglichkeit)

ANFAHRT: Mit dem Postbus (254) vom Bahnhof Wien-Liesing Richtung Gruberau bis Breitenfurt, Zielhaltestelle: Lausenhammer

RÜCKFAHRT: Postbus (253) nach Wien-Liesing oder mit der Bahn nach Wien-Hütteldorf bzw. Westbahnhof

HINWEIS: Nach länger anhaltenden Niederschlägen könnte der Abschnitt über die Drei Berge morastig sein.

entlang. Bei der Abzweigung der Markierung „1" halten wir uns weiterhin auf „6". Bald kommen wir auf einen freien Platz und sehen vor uns die ersten Häuser der Gemeinde <u>Wolfsgraben</u> (siehe S. 147, „Am Wege"). Wir bleiben am Waldrand und wenden uns nach links, wo wir oberhalb der Häuser auf einem Naturlehrpfad weitergehen. Am Sattel am <u>Tabor</u> stoßen wir neben einer freieren Wiesenfläche am Waldrand auf eine Kreuzung und biegen rechts ab (3 $\frac{1}{4}$ Std.).

Gleich danach weist die blaue Markierung (an dieser Stelle kaum erkennbar) hinter einer Baumreihe auf einen Feldweg nach links. Ihm folgen wir bergab bis zu einer Autostraße. Wir überqueren diese (Tafel „Bartberg – Tullnerbach") und halten auf den Wald vor uns zu, den wir nach einer rot-weißen Schranke im Zuge der Oberen Beerwartstraße betreten. Ein kurzer Anstieg bringt uns zu einem Hochstand und einer v-förmigen Wegkreuzung. Rechts wäre der Gipfel des <u>Beerwartbergs</u> zu erreichen. Wir aber wählen den linken Ast.

Der rot markierte Weg verflacht und senkt sich schließlich ab. Zwischen den nicht allzu dicht stehenden hohen Buchen sehen (und hören) wir schon die Westautobahn. Nach einem Rechtsbogen lichtet sich der Wald, wir wenden uns (weiterhin auf Rot) auf einem bergab führenden Forstweg nach links und erreichen oberhalb der Autobahntrasse einen Drahtzaun, an dem entlang wir nach rechts weitergehen („Tullnerbach"). Von hier aus können wir einen Blick auf den im Tal gelegenen <u>Wienerwaldsee</u> – ein für die Wasserversorgung der Hauptstadt wichtiges Staubecken an der Einmündung des Wolfsgrabens – werfen. Der See ist übrigens das einzige stehende Gewässer des Wienerwalds.

Die Autobahn wird im Zuge dieser Straße unterquert. 50 m hinter dem Tunnel wenden wir unseren Schritt nach links – in eine engere Passage zwischen Sträuchern (folgende Abzweigung nach rechts ignorieren!). Nach einem umzäunten Wasserreservoir geht es in dichterem Wald weiter. Vor einem Grundstück mit Einfamilienhaus halten wir uns links, bis wir an eine Abzweigung gelangen, wo ein Schild nach rechts Richtung „Tullnerbach" weist. Wir folgen diesem Weg durch ein Waldstück und gelangen schließlich beim Grundstück mit der Adresse „Am Wienerwald 23" in den Siedlungsbereich <u>Bartberg</u>.

Wir biegen links in die Straße Am Wienerwald ein, folgen ihr ca. 250 m und kommen auf Höhe der Bartbergstraße zu einem von La-

ternen gesäumten Waldweg, auf dem wir die Anhöhe verlassen. Wir gehen bis zur Brentenmaisstraße, die wir dann nach rechts bergab beschreiten, bis wir die Hauptstraße in der Marktgemeinde **Tullner-bach-Lawies** erreichen, in die wir links einbiegen. Bald passieren wir die Bushaltestelle Hauptstraße/Strandbad, von der aus wir nach nach Wien-Liesing fahren können. Gegenüber von Nr. 25 führt dann ein Pfad mit einigen Stufen zum Ziel unserer Wanderung, der Westbahn-station Tullnerbach-Pressbaum, hinauf (4 ¾ Std.).

AM WEGE

Die Gemeinde **Wolfsgraben** wurde im Jahre 1533 erstmals urkundlich erwähnt und war ursprünglich ein kleines Dorf, in dem Holzfäller, Kohlenbrenner und Bauern lebten. Der Name des Ortes erinnert an das Vorkommen von Wölfen in diesem Teil des Wienerwalds. Erst 1886 wurden die letzten Vertreter dieser Tierart im Wiental erlegt. Die Wöl-fe wurden zumeist nicht gejagt, sondern in mit spitzen Holzpflöcken ausgestatteten Fallgruben – sogenannten „Wolfsgruben" oder „Wolfs-gärten" – gefangen und dann getötet.

Ruine Kammerstein

17 In den Föhrenbergen

Von Perchtoldsdorf zur Seewiese

Von Perchtoldsdorf führt der Wanderweg über weite Teile der Liechtenstein-Höhenstraße, einen der beliebtesten Höhenwege des südlichen Wienerwalds. Ob man dem sagenumwobenen Teufelstein einen Besuch abstatten, sich in einem der Gasthäuser am Wegesrand verpflegen oder steile Übungswände für Bergsteiger bestaunen will – diese Route bietet jedem etwas.

DER WANDERWEG

Am Marktplatz stehen wir unmittelbar vor dem zentralen Gebäudekomplex **Perchtoldsdorfs,** der gotischen Pfarrkirche St. Augustin (Baubeginn im 13. Jh.). Sie war einst in eine mächtige Wehranlage eingebunden, von der heute nur noch Teile vorhanden sind. Der 1521 fertiggestellte, 60 m hohe Wehrturm (geöffnet Mai bis Sept. an Sa, So und Fei, 13 bis 18 Uhr) ist das Wahrzeichen der bekannten Weinbaugemeinde, die im Volksmund auch „Petersdorf" genannt wird.

Wir bewegen uns auf die Pfarrkirche zu und gehen an der Martinikapelle, einem mittelalterlichen Karner, vorbei über den Burgvorplatz (Paul-Katzberger-Platz) vor dem Eingang zum unterirdisch angelegten Veranstaltungszentrum. Gegenüber befindet sich das einstige Wohnhaus des bekannten Anatomen und Wohltäters **Josef Hyrtl** (1810–1894), das ein Jugendzentrum beherbergt (Eingang bergseitig). Durch die Hyrtlgasse gelangen wir zum Begrischpark. Hier fällt ein mächtiger Felsbrocken auf, der den Ausgangs- und Endpunkt mehrerer Weit- und Fernwanderwege markiert (**WWW 401, WWW 406** und **E4**).

Wir spazieren zwischen Park und Parkplatz rechts weiter (Leonhardiberggasse), erreichen einen Gesamtschulkomplex, überqueren die Roseggergasse und stehen nach wenigen Metern vor der Kreuzkapelle. Rechts gewendet fällt die Heilandssäule von 1734 auf, die Teil eines alten Prozessionswegs auf den Leonhardiberg ist. Sie überragt ein Grünplateau – die Luisenruhe –, von wo sich ein großartiger Ausblick auf die südlichen Bezirksteile Wiens bietet.

WEGVERLAUF: Rundwanderung. Perchtoldsdorf – Parapluiberg (1 Std.) – Kugelwiese (45 Min.) – Seewiese (15 Min.) – Hans-Nemecek-Hütte (1 Std.) – Perchtoldsdorf (1 Std.)

DAUER: 4 Std., Variante 3 Std.

LÄNGE: 16 km, Variante 13 km

SCHWIERIGKEITSGRAD: Trittfester Boden im Zuge der Höhenstraße, nach dem Wendepunkt naturbelassene, auch unmarkierte Abschnitte

WEGMARKIERUNGEN: Unmarkiert, blaue Balken, rot-weiß-rote Balken mit „401", „406" und „41", unmarkiert, rote Balken mit „444", unmarkiert, Rot mit „41" und „448", unmarkiert

EINKEHRMÖGLICHKEITEN: Franz-Ferdinand-Hütte am Parapluiberg (Do und Fr Ruhetag), Kammersteinerhütte (Mo und Di Ruhetag), Teufelsteinhütte (Mitte März bis Ende Juni und Ende Aug. bis Anfang Dez. an Sa, So und Fei geöffnet), Zum Salzstanglwirt auf der Kugelwiese (Di und Mi Ruhetag), Hans-Nemecek-Hütte (fallweise an Sa, So und Fei geöffnet), Buschenschenken in Perchtoldsdorf

ANFAHRT: Mit der Bahn z. B. von Wien-Meidling bis Liesing, dort steigt man in den Postbus nach Gießhübl um (256). Aussteigestelle ist Perchtoldsdorf-Marktplatz.
Mit dem Auto über Wien-Liesing nach Perchtoldsdorf, das gleich außerhalb der Stadtgrenze liegt. Parkmöglichkeiten gibt es auf dem Marktplatz oder bei der Burg. Der Burgparkplatz ist über Hochstraße und Weingasse zu erreichen.

Über die breiten Stufen des Angerersteigs verlassen wir nun die Anhöhe des Leonhardibergs in die Walzengasse hinunter, die wir nach links bergwärts schreiten. Nach dem Haus Nr. 46 biegen wir rechts in die Lohnsteinstraße ab. Auf Nr. 4 sehen wir ein Haus mit angedeutetem Fachwerk, in dem der bekannte Komponist Franz Schmidt von 1888 bis zu seinem Tod im Jahre 1939 wohnte. Nach einem zarten Linksbogen erreichen wir einen Autoparkplatz und gehen neben einer Ankündigungstafel des Weinbauvereins Perchtoldsdorf, auf der die derzeit „ausg'steckten" Heurigenbetriebe angeführt sind, den Wiesenhang hinauf. Dieser Steig führt uns auf die Perchtoldsdorfer Heide und die auf diesem Abschnitt asphaltierte, für den öffentlichen Verkehr gesperrte Liechtenstein-Höhenstraße, die wir nach rechts in den Naturpark Föhrenberge weiterwandern.

Die vom Fürsten Liechtenstein angelegte Forststraße schlängelt sich zuerst in Serpentinen auf den 488 m hohen Bierhäuselberg, den östlichsten Gipfel des Höllensteinzuges südlich von Kaltenleutgeben. Sobald wir über uns ein Wasserreservoir inmitten einer Baumgruppe erkennen, halten wir direkt darauf zu, indem wir querfeldein gehen. Diese Variante empfiehlt sich auch deswegen, weil man auf der Heide possierliche Ziesel (siehe S. 156, „Am Wege") in freier Wildbahn beobachten kann.

Wir betreten dann wieder die Höhenstraße und marschieren an einem Rastplatz vorbei, nach dem der Asphaltbelag endet. In einem überwiegend aus Föhren bestehenden Waldstück führt die Straße leicht bergauf, bis wir etwa 500 m weiter in einer Linkskurve zu einem Kreuzungspunkt gelangen. Hier können wir uns entscheiden, entweder auf der Höhenstraße zu bleiben oder einem blau markierten Pfad (Richtung „Parapluiberg") zu folgen. Bei einem kleinen Weiher – einem Froschparadies – führen die beiden Routen wieder zusammen. An diesem idyllischen Platz wählen wir den schmäleren und steileren Weg Richtung „Franz-Ferdinand-Schutzhaus".

Bald kommen wir zu einer weiteren Kreuzung, von der wir einen Abstecher zur Ruine Kammerstein machen können, die ca. zehn Gehminuten entfernt ist. Die Ruine ist der kümmerliche Überrest einer bereits 1290 zerstörten Festung der Herren von Perchtoldsdorf. Sind wir auf den Hauptweg zurückgekehrt, wandern wir weiter bergauf, um nach 250 m die **Franz-Ferdinand-Hütte** zu erreichen, wo wir in 561 m Höhe auf dem **Parapluiberg** (= **Vorderen Föhrenberg**) eine erste Pause einlegen können (1 Std.).

Über die Zufahrt zum Schutzhaus setzen wir unsere Wanderung fort. Wir gehen an einer Spielwiese vorbei und biegen wieder in die Höhenstraße ein, die nun ziemlich eben zum Rastplatz Zaintal weiterführt, wo kurz danach ein Pfad links zur **Kammersteinerhütte** abzweigt, die nur wenige hundert Meter entfernt ist. Ein paar Schritte weiter stoßen wir auf eine Abzweigung des RWW 444, wo eine weitere rote Markierung „Zum Aufstieg zur Kammersteinerhütte" weist. Die 578 m hoch gelegene Schutzhütte wurde 1912 auf dem Gipfel des **Hinteren Föhrenbergs** neben der 11 m hohen, nach Josef Hyrtl benannten **Josefswarte** errichtet. Hier befinden sich auch Kontrollpunkte des Wienerwald-Verbindungswegs **RWW 444,** des Nordalpenwegs **WWW 401** und des Mariazeller Wegs **WWW 406.** Der Abstieg erfolgt dann auf dem rot markierten Weg in der Verlängerung des vorherigen Anstiegs (Hüttenzufahrt).

Wer statt der Kammersteinerhütte lieber die **Teufelsteinhütte** aufsuchen will, muss nach dem Rastplatz Zaintal noch kurz auf der Höhenstraße bleiben und dann beim entsprechenden Richtungsweiser rechts auf den 547 m hohen **Teufelstein** abzweigen. Diese Felskanzel des ehemaligen Herrgottsstuhls wurde der Sage nach vom wütenden Teufel in zwei Teile gespalten.

Nach dem Besuch einer der beiden Hütten folgen wir wieder der Höhenstraße und gelangen bald zu einer Waldandachtsstätte, die sich nur wenige Meter links neben der Straße zwischen den Bäumen befindet. Wir bleiben auf der ziemlich flach verlaufenden Liechtenstein-Höhenstraße und wandern zwischen Föhren- und Buchenhainen in Richtung Höllenstein weiter. Nach gut einem halben Kilometer erreichen wir mit dem **Salzstanglwirt auf der Kugelwiese** (neben dem gleichnamigen Rast- und Lagerplatz) eine weitere Einkehrmöglichkeit (1 ¾ Std.).

Die Höhenstraße steigt nach der Kugelwiese zunächst leicht an und bringt uns zu einem weiteren Rastplatz, der die Bezeichnung Predigerstuhl trägt.

Die Pfarrkirche von Perchtoldsdorf

<u>Variante</u>/<u>Abkürzung</u>: Am Predigerstuhl biegen wir links in die Forst-straße ab und gelangen auf diesem großteils niveaugleich verlaufenden Weg nach ca. 20 Minuten zur Wegkreuzung vor dem Kardinalgraben, wo sich die Variante wieder mit der Hauptroute vereinigt. Auch die Hans-Nemeczek-Hütte könnte man von hier in wenigen Minuten er-reichen.

Im weiteren Verlauf der Höhenstraße tritt der Baumbestand immer mehr zurück, und wir bewegen uns auf sandigem Untergrund. Der letzte Abschnitt vor dem <u>Gasthaus Seewiese</u> steigt dann wieder deut-licher an, das Lokal selbst ist leider auf unbestimmte Zeit geschlossen (2 Std.).

   Gut 400 m nach dem Lokal durchschneidet die Höhenstraße eine langgestreckte Wiesenfläche, an deren Ende der Rastplatz Seewie-se – unter einer besonders schönen Doppelföhre – den Wendepunkt unserer Wanderung markiert. Im Zurückwenden queren wir die Wie-se und verlassen sie zum südlichen Waldrand hin. Hier erkennen wir einen weiß-rot markierten Pfad, der schräg rechts abgeht. Wir bleiben jedoch auf der unmarkierten Fortsetzung des Feldwegs und wandern unter einem dichten Blätterdach talwärts. Quer liegende Bäume und wild wuchernde Pflanzen sollten uns dabei nicht beeindrucken.

In etwa 1,5 km Entfernung vom Rastplatz treffen wir unmittelbar vor dem <u>Wassergsprengfelsen</u> – einer Übungsmöglichkeit für Kletterer – wieder auf den <u>RWW 444,</u> der hier parallel zur breiten Forststraße verläuft. Wir wenden uns nach links, passieren den Rastplatz Schneerosenbründl und marschieren in einem weiten Linksbogen nordwärts. Nach wenigen hundert Metern verlassen wir die breite Straße nach rechts in den sogenannten „Finsteren Gang", einen schmalen, unmarkierten Weg, der unter Buchen und auf „ungeräumtem" Terrain immer markanter ansteigt. Zwischen den Bäumen kann man rechter Hand hin und wieder die <u>Gießwände,</u> ebenfalls ein Trainingsobjekt für Kletterer, durchschimmern sehen.

Kurz bevor der Pfad in eine breite Forststraße mündet, halten wir uns im dichten Föhrenwald scharf rechts und kommen nach ca. 200 m zur <u>Hans-Nemecek-Hütte</u> der Wiener Gebirgsfreunde, einem Stützpunkt für Kletterer, die ihrem Hobby in den Gießwänden nachgehen. Der Blick von der 1950 erbauten Hütte nach Süden – Richtung <u>Gießhübl</u> – ist prächtig (3 Std.).

Das Gesträuch am oberen Wiesenrand entlanggehend, wenden wir uns nun der Forststraße (Hochstraße) zu, die sich von Gießhübl heraufzieht, und betreten hier wieder den Wald, wobei wir uns an die Markierungen mit den Nummern „41" und „448" halten und den Rastplatz Hochstraße passieren. In einer Linkskurve der Straße treffen wir auf einen Orientierungsbaum, wo Wege in diverse Richtungen führen (Ende der oben angeführten Variante).

Holzpfeile weisen geradeaus bzw. nach links weiter. Unser Rückweg nach Perchtoldsdorf führt hingegen unbezeichnet nach rechts, wo uns ein Schild darauf hinweist, dass dieser Wanderweg wegen Totholzbewahrung nicht mehr gepflegt wird und auch die Markierungen entfernt wurden. Der nun folgende Abschnitt des <u>Kardinalgrabens</u> wird nicht mehr forstwirtschaftlich genutzt und das Totholz sich selbst überlassen, was zur Folge hat, dass man auch hier mit quer liegenden Stämmen und Ästen zu rechnen hat. Anstatt aus Sicherheitsgründen den Wanderweg auszuholzen, hat man sich sei-

Blick von der Perchtoldsdorfer Heide („Zieselwiese")

tens der Gemeinde dazu entschlossen, dem natürlichen Wachsen und Sterben der Bäume den Vorzug zu geben. Ungeachtet dessen kann man weiterhin „auf eigene Gefahr" diesen Waldabschnitt betreten und durchwandern. Interessante Naturbeobachtungen sind jedenfalls garantiert.

Nach etwa 1,5 km auf diesem extrem schattigen und laubbedeckten Abschnitt, in dem in einer Art Schildbürgerstreich die Markierungen schwarz und grau übermalt wurden (und somit trotzdem die richtige Route anzeigen), öffnet sich der dichte Wald und gibt den Blick auf Weinrieden frei. Wir wählen den linken Ast der asphaltierten Straße und biegen nach 30 m gleich links ab. Nach einem kurzen Steigungsstück gelangen wir bei der Aussichtsplattform „Perchtoldsdorfer Weitblick" zum Haspelweg, auf dem wir die Föhrenberge verlassen und durch die Rieden auf Perchtoldsdorf zugehen.

Wenn wir etwa in Höhe der gemauerten Hüterhütte unseren Blick nach links schweifen lassen, erspähen wir am Hang einen wenige Meter hohen Felsen, der auffällig hell erscheint – den sogenannten Weißen Stein. Es handelt sich hier um eine Kultstätte, da nach alter

Vorstellung die Farbe Weiß das Symbol jener Gottheiten ist, die das Böse abwenden. Der Legende nach wurde hier ein Weinhüter, der zur Erntezeit die Rebstöcke bewachte, bei einem Überfall schwer verletzt. Als er aber rechtzeitig entdeckt und gerettet werden konnte, trug man ihn im Triumphzug auf den Marktplatz. Dieses Ereignis soll der Ursprung des „Hütereinzugs" sein, der noch heute alljährlich stattfindet. Alle zwei Jahre wird der Weiße Stein erneut mit Kalk bestrichen, um die alte Tradition fortzusetzen.

Der Haspelweg mündet in die Elisabethstraße, die uns zum südlichen Ende des Marktplatzes von Perchtoldsdorf bringt. Zweigt man jedoch bei Nr. 79 links in die Höhenstraße ab, so gelangt man über den Sportplatz und den Begrischpark wieder zur Burganlage, die nicht zu verfehlen ist (4 Std.).

In einer der **Buschenschenken** in der Nähe des Marktplatzes können wir vor der Heimfahrt noch in aller Ruhe einen Schluck Wein aus den Reben der eben durchwanderten Weingärten zu uns nehmen.

AM WEGE

Die **Ziesel,** die wir kurz nach Beginn unserer Wanderung auf der Perchtoldsdorfer Heide beobachten können, gehören zur Gattung der Bodenhörnchen und leben in einer Kolonie, die für Österreich fast einmalig ist – weitere namhafte Populationen sind nur noch im Seewinkel, im Marchfeld und im Tullner Feld bekannt. Die Nager benötigen zum Überleben niedrige Vegetation (Wiesen, Weingartenraine) und tiefgründige Böden, in die sie ihre ausgedehnten unterirdischen Höhlensysteme graben können. Bis zu sechs Monaten verbringen sie unter der Erde im Winterschlaf. An warmen Märztagen wagen sich dann die ersten Exemplare ans Tageslicht. Etwa 25 Tage nach der Paarung im Frühjahr bringen die Weibchen zwei bis acht Junge zur Welt. Die Tiere ernähren sich vornehmlich von Pflanzen und Insekten, werden aber auch von den vielen Ausflüglern mit Nüssen und Obst gefüttert, was durch ein eingezäuntes Areal unterbunden wird. Durch die Aufgabe der Weidewirtschaft zugunsten des Ackerbaus kam es in Mitteleuropa in den letzten Jahrzehnten zu einer starken Abnahme der Bestände. In den Steppengebieten Nordamerikas und Asiens sind Ziesel aber nach wie vor zahlreich anzutreffen.

18 Ein teuflischer Felsen

Auf den höchsten Punkt im Höllensteingebirge

Der Weg auf den sagenumwobenen Höllenstein, wo Schutzhaus und Aussichtsturm den Wanderer erwarten, beginnt in Kaltenleutgeben. Nach einem ersten Steigungsstück begeht man den westlichsten Abschnitt der Liechtenstein-Höhenstraße, die Perchtoldsdorf mit dem Kreuzsattel verbindet. Das letzte Drittel führt über die sanften Anhöhen jenseits des Tals der Dürren Liesing.

DER WANDERWEG

Die Wanderung beginnt vor dem Rathaus von **Kaltenleutgeben**. Wir wenden uns in Fahrtrichtung des Busses und biegen nach etwa 50 m vor einem kleinen Parkplatz in die Pfarrgasse ab. Von hier aus halten wir auf die barocke Pfarrkirche St. Jakob zu. Links breitet sich die Eiswiese mit ihrem Kinderspielplatz aus. Ein Schild weist nach links zur Rebekkaquelle (siehe „Kaltenleutgeben", S. 162). Weiter bergwärts dringen wir auf Höhe eines Sportplatzes rechts auf Grün in den dichten Wald ein und folgen dem Kaisersteig bergan. Bald öffnet sich auf diesem Nordhangpfad der Blick auf den Ort hinunter und wir gelangen schließlich nach 10 Min. auf die Gaisbergwiese (siehe „Kaltenleutgeben", S. 162). An einem Zaun vorbei und der grünen Markierung folgend geht es über die Wiese auf eine Schotterstraße zu; im Zurückwenden blickt man auf Wien. Innerhalb der Umzäunung erkennen wir das ehemalige Ausflugsrestaurant „Am Gaisberg", wo ein Privathaus steht.

Wir wandern die Straße weiter und betreten bei einer Gedenktafel für Kaiserin Elisabeth das nächste Waldstück. Danach folgen wir nicht der grünen Markierung, sondern einem Pfeil Richtung „Ghf. Seewiese – Giesshübl". Auf einer Forststraße gehen wir ca. 1 km sanft bergan durch unterschiedlich dichten Mischwald an der Ostflanke des 602 m hohen **Gaisbergs.** Wenn sich der Wald lichtet, treten wir auf eine langgestreckte Wiesenfläche mit einzelnen Baumgruppen und halten schräg links auf ein niedriges Haus zu. Es handelt sich um das **Gasthaus Seewiese,** das derzeit leider auf unbestimmte Dauer geschlossen ist (45 Min.).

WEGVERLAUF: Rundwanderung. Kaltenleutgeben – Gasthaus Seewiese (45 Min.) – Höllenstein (45 Min.) – Sulzer Höhe (45 Min.) – Siegl-Siedlung (1 Std.) – Ramaseck (15 Min.) – Kaltenleutgeben (30 Min.)

DAUER: 4 Std.

LÄNGE: 15 km

Rebekkaquelle, Kaltenleutgeben

SCHWIERIGKEITSGRAD: Anfangs ausgeprägter Anstieg, dann nur mehr sanfte Höhenunterschiede

WEGMARKIERUNGEN: Grüne Balken, unmarkiert, Rot-Weiß-Rot mit „401", „406", „41", dann „43" und „448", gelbe und rote Balken, grüne, blaue sowie rote Balken bzw. unmarkiert

EINKEHRMÖGLICHKEIT: Höllenstein-haus (Mo und Di Ruhetag; Übernachtungsmöglichkeit)

ANFAHRT: Mit dem Postbus von der Bahnstation Liesing (Linie nach Sulz im Wienerwald) bis zur Kaltenleutgebner Zielstation Gemeindeamt.
Mit dem Auto über Rodaun ins Tal der Dürren Liesing. Gegenüber dem Rathaus von Kaltenleutgeben parken

HINWEIS: An der Westflanke des Sulzbergs aufgewühlter Boden, weil ein Reitweg mit dem Wanderweg gleichläuft

Auf der **Liechtenstein-Höhenstraße** (oder Hochstraße), einer schon von den alten Römern benützten Verkehrsverbindung, die unmittelbar vor dem Lokal vorbeiführt, wenden wir uns nach Westen Richtung „Höllenstein/Sulz". Wir wandern nun fast niveaugleich auf sandigem Boden fast 2 km bis zur Kreuzung unterhalb des Höllensteins. Hier ist die Höhenstraße Teil des Nordalpenwegs (**WWW 401**), des Mariazeller Wegs (**WWW 406**), des **E4** und des **RWW 41.**

An der Wegkreuzung zweigen wir links von der Straße ab und bewältigen auf dem rot und mit **RWW 43** bzw. **448** markierten Höllensteinweg den letzten, ca. 800 m langen mäßigen Anstieg auf den Gipfel des **Höllensteins.** Der Name dieser mit 645 m höchsten Erhebung des Höllensteinzugs erinnert an die alte Sage vom Teufel, der einen Fels auf den Bergrücken schleuderte, um Gott den Blick vom Herrgottsstuhl (dem heutigen **Teufelstein**) auf den Schneeberg zu verstellen. Die Handabdrücke Luzifers sollen noch auf den Felsen zu sehen sein.

Vorbei an den **Höllensteinen,** einer bei Kletterern beliebten Felsformation, erreichen wir nach etwa zehn Minuten das **Höllensteinhaus** und den angebauten Julienturm, von dessen Plattform man eine schöne Aussicht Richtung Süden – u. a. auf den Naturpark Sparbach und den Hohen Lindkogel – hat. Im Schutzhaus der Wiener Naturfreunde können wir eine Rast einlegen (1 ½ Std.).

Auf dem Zugangsweg gehen wir dann zurück bis zu jener Wegkreuzung, die wir etwa in der Hälfte des Aufstiegs passiert haben. Hier biegen wir schräg links ab, um auf Rot und Gelb Richtung „Wildegg – Sulz – Sittendorf – Dornbach – Heiligenkreuz" weiterzumarschieren. Nach einer kleinen Kuppe senkt sich der Weg über ca. 100 m stark ab und führt danach ziemlich eben dahin. Der breite Pfad läuft schließlich wieder mit der Liechtenstein-Höhenstraße zusammen, die allerdings nur wenige Meter weiter am **Kreuzsattel** – bei einem Rastplatz – endet. Hier befindet sich wieder ein Kreuzungspunkt mehrerer Wanderwege.

Wir wandern auf der rechten Forststraße auf grobem Schotter weiter. Nach etwa 400 m kommen wir zur **Josef-Schöffel-Hütte,** einem Bergrettungshäuschen am Sporrerhang, von wo aus sich wieder ein wunderbarer Rundblick bietet. 30 m nach der Hütte folgt dann die nächste Abzweigung Richtung „Stockerwirt-Dornbach", die uns auf Rot nach links weist.

Der Weg führt dann am Waldrand entlang – zuerst zwischen Bäumen, dann in etwas freierem Gelände. Links sehen wir eine von einem Zaun umschlossene Wiese. Wo der Zaun links abknickt, führt unsere Route, die hier auch als Reitwanderweg erkennbar ist, schmaler werdend und leicht abschüssig geradeaus weiter. Sobald sich der Wald etwas lichtet, kommen wir zu einer weniger deutlich ausgeprägten Wegkreuzung am südlichsten Punkt der Wanderung (2 ¼ Std.).

Hier halten wir uns rechts und wandern entlang grüner Marken zur Sulzer Höhe und nach Kaltenleutgeben weiter, wobei wir den **Sulzberg** umgehen. Da wir uns hier auch auf einem Reitweg befinden, ist der Boden stark zerfurcht und daher besonders nach Niederschlägen nicht trittfest. Schließlich kommt von rechts ein anderer Wanderweg hinzu; wir gehen jedoch geradeaus weiter und treten schließlich auf das Plateau der **Sulzer Höhe,** wo uns eine Richtfunkstation auffällt. Links im Tal ist die Streusiedlung **Sulz im Wienerwald** erkennbar.

Zwischen den Feldern und Wiesen der Anhöhe erreichen wir die nächste Wegkreuzung, wo unser Weg blau markiert nach rechts (Richtung „Ellinggraben – Kaltenleutgeben") weiterführt. Am Feldrain und über einen Wiesenpfad steuern wir auf den Waldrand zu und betreten den Wald zwischen Brombeerhecken und anderen Sträuchern. Der Weg senkt sich danach immer mehr ins Tal der Dürren Liesing und mündet nach einem Drahtzaun links in eine Forststraße (Ellinggraben). Diese endet kurz darauf bei einer Schranke. Wir bleiben ca. 350 m auf der nun asphaltierten Straße und gelangen zu Häusern, wo die blaue Markierung schräg rechts über eine Streuwiese fortsetzt. Hinter der ersten Baum- und Strauchgruppe öffnet sich rechter Hand ein freier Platz, auf dem sich 21 Bäume lose zu einem „keltischen Baumkreis" formen. Wir setzen über eine Wiese fort und gelangen in das nächste Waldstück, wobei wir immer hangseitig bleiben und Blau folgen. Der Weg biegt in eine Art Damm unter Telegrafenleitungen ein, wir passieren neben eingezäunten Grundstücken die schlichte Katharinenquelle und behalten unsere Gehrichtung bei. Nach dem Haus Nr. 157 verlassen wir den Hangbegleitweg zur Hauptstraße hinunter und wenden uns im spitzen Winkel zurück (Busstation Forsthaus) zum Sachsenweg, in den wir einbiegen (3 ¼ Std.).

Hier gelangen wir zwischen ein paar neuen Häusern zur sanft ansteigenden, stark verbreiterten Siebeneichenstraße der Bundesfors-

Wanderer beim Höllensteinhaus

te, die uns nach etwa 800 m zu einer Lichtung bringt – dem Kontroll-punkt **Ramaseck** (3 ½ Std.), wo uns der Kraftplatz „Sieben Eichen" und ein Marterl erwarten.

Wir folgen nun dem Schild „Helenenquelle" nach rechts auf Rot und gehen die schmale Forststraße weiter. Nach 500 m entlang der Ge-meindegrenze zu Breitenfurt erreichen wir nach mäßigem Anstieg die 1998 gefasste Quelle und einen Rastplatz. Wenn der Anstieg verflacht, stehen wir vor der Umzäunung eines Sportplatzes, den wir in dieser ruhigen Waldlage unweit des **Lattermaißbergs** nicht erwartet hätten.

Die unbefestigte Zufahrtsstraße zu diesem Platz führt uns über einen guten Kilometer durch üppigen Buchen- und Eichenwald in die Karlsgasse. So kommen wir – nun schon auf Asphalt – in verbautes Gebiet. Wir passieren die Abzweigung zur Doktorbergstraße und halten uns weiter talwärts. Auf Nummer 3 werfen wir noch einen Blick auf den Paulhof und die Mark-Twain-Gedenktafel (siehe „Kaltenleutge-ben", S. 162), bevor wir schräg gegenüber der Pfarrkirche nach links in die Hauptstraße einbiegen und bald die Bushaltestelle Richtung Liesing erreichen (4 Std.).

Kaltenleutgeben ...

... liegt im Herzen des Wienerwalds, am Fuß des Naturparks Föhrenberge im Bezirk Mödling. Die Marktgemeinde (seit 1982) ist eine der quellenreichsten Orte Niederösterreichs und entwässert über die Dürre Liesing („dürr" wegen des Kalksteinbodens) nach Osten.

„Bei der Kaltn Leitgebin" taucht im Jahr 1521 als Riedname für eine kalte Quelle auf einem Wiesenhang auf. 1601 ist „Khaltenleuthgheben" erstmals als Ortsname belegt. Der Gesundheitsbrunnen, später Jakobsquelle genannt, wurde gefasst und versorgte zwischen 1865 und 1938 als Heilquelle die Kur- und Kaltwasserheilanstalt Winternitz im – zu dieser Zeit – weltberühmten Kurort. Die Kuranstalten Emmel und Winternitz zogen tausende internationale Kurgäste an, prägten über Jahrzehnte hinweg maßgeblich den Ort und belebten den Tourismus. Als die Quelle schließlich versiegte, kam es Jahre später zu einem ergiebigen Wasseraustritt am Platz der jetzigen Rebekkaquelle, die 2003 dekorativ gefasst wurde.

Viele Kulturgrößen waren hier auf Kur: Der polnische Dichter und Literaturnobelpreisträger Henryk Sienkiewicz (1846–1916) kam zwischen 1885 und 1896 elfmal und schrieb hier auch an seinem berühmten Roman „Quo vadis?". Auch der Komponist Franz von Suppé, der Maler Hans Makart, der Dichter Ferdinand von Saar sowie zahlreiche Schauspielerinnen und Schauspieler des Hofburgtheaters, wie Helene Odilon, Adolf von Sonnenthal oder Hugo Thimig, ließen sich vom Charme Kaltenleutgebens bezaubern.

Die Monate Mai bis Oktober 1898 verbrachte auch Samuel Langhorne Clemens, besser bekannt unter dem Pseudonym Mark Twain, im Ort. Als Sommerfrischedomizil hatte er die Villa Paulhof in der Karlsgasse 3 gewählt. Die Betonung liegt auf Frische – der Literat erlebte in diesem Jahr einen nasskalten Sommer, wie er in seiner Autobiografie immer wieder spitz anmerkte.

Auch als Wintersportort hat sich der Ort in den Fünfzigerjahren einen Namen gemacht. So fanden auf einer Sprungschanze im Kerschgraben Skispringen und auf der Gaisbergwiese und im Eisgraben Skirennen statt. Die Eisgrabenrennen vom 25./26. Februar 1956 wurden von tausenden Menschen besucht, die auch mit der Bahn angereist waren.

Durch die weitgehende Zerstörung der Kuranlagen im Zweiten Weltkrieg, aber auch durch geänderte Bedürfnisse hat Kaltenleutgeben seine Bedeutung als Sommerfrische verloren. Es gibt keine Kuranstalt mehr – die Gemeinde gilt nun als begehrter Wohnort knapp außerhalb der Großstadt.

19 Durch stille Wälder

In der Gemeinde Wienerwald

Ungestörte Natur und ruhige Dörfer kennzeichnen diese Tour in der herrlichen Landschaft des Sandstein-Wienerwalds. 1972 wurden die Ortschaften Sulz-Stangau, Dornbach, Grub und Sittendorf zur Gemeinde Wienerwald zusammengelegt; auch Buchelbach, Gruberau und Wöglerin schlossen sich an.

DER WANDERWEG

Wir stehen in **Gruberau** auf dem Schnittpunkt der Heiligenkreuzer Straße mit Klausner Straße und Wöglerstraße, wo der Autobus hält. Gleich daneben befindet sich das ehemalige Hotel-Restaurant Schusternazl. Wir verlassen den Buswendepunkt nach Süden (Richtung „Heiligenkreuz") und zweigen nach etwa 50 m beim Haus mit der Nr. 51 – den rot-weißen Markierungen und einem orangefarbenen Punkt mit „4" folgend – schräg rechts ab. Ein Feldweg bringt uns etwa 1 km weit über Wiesen zu zwei Anwesen (Buchengasse), bei denen die Markierung zur Klausner Straße hinaufführt. In diese biegen wir links ein.

Nach einer sanften Linkskurve betreten wir ein Mischwaldstück, in dem sich der wenig begangene Wanderweg links neben der Straße auf laubbedecktem Untergrund fortsetzt. An der Stelle, wo gegenüber die Forststraße Brunnau weiterführt, gelangen wir noch einmal zur Straße. Wir wenden uns jedoch scharf nach links und marschieren nach einer Schranke auf einem fahrzeugbreiten Forstweg weiter. Der folgende Abschnitt verläuft zwischen alten Baumbeständen und Schonungen, bleibt aber großteils unter freiem Himmel.

Ein Holzpfeil mit der Aufschrift „Weg 4" weist schließlich unvermittelt nach rechts in dichtes Unterholz. Wir überqueren über zwei Betonröhren und einen kleinen Steg ein Bächlein, um kurz darauf in Sichtweite eines Anwesens eine asphaltierte Straße zu erreichen. Den orangen und roten Marken folgend gehen wir hier nach links weiter. Nun befinden wir uns auf freiem Gelände, wo lediglich ein Hochsitz und einzelne Wirtschaftsgebäude auffallen. Nach ca. 1,5 km und einer grünen

WEGVERLAUF: Rundwanderung. Gruberau/Schusternazl – Buchelbach/Prukl (1 ¼ Std.) – Sulz (1 Std.) – Wöglerin (30 Min.) – Schusternazl (30 Min.)

DAUER: 3 ¼ Std.

LÄNGE: 12 km

SCHWIERIGKEITSGRAD: Gemütliche Wanderung ohne große Höhenunterschiede, aber mit sehr unterschiedlichen Bodenverhältnissen

WEGMARKIERUNGEN: Rote Balken, orangefarbener Punkt mit „4", unmarkiert, rote Balken „448", orangefarbener Punkt mit „2", blaue Balken, unmarkiert

EINKEHRMÖGLICHKEITEN: Bier- und Mostschänke Prukl (Mo–Mi Ruhetag), Die Woeglerin (Di und Mi Ruhetag)

ANFAHRT: Postbusverbindungen gibt es von den Bahnhöfen in Liesing und Mödling.
Mit dem Auto über die Wiener Westausfahrt (B1) nach Purkersdorf, von dort auf der B44 Richtung Pressbaum bis Unter-Tullnerbach. Weiter auf der B13 Richtung Wolfsgraben und Breitenfurt über den Kleinen Semmering. Über Hochroterd gelangen wir schließlich nach Gruberau und dort zum geschlossenen Hotel-Restaurant Schusternazl.

HINWEIS: Nach längeren Regenfällen sollte man diesen Weg eher meiden, weil die Wanderung teilweise über Reitwege verläuft.

Kapelle von Gruberau

Brücke über den Gruberaubach endet der Güterweg Gföhler; wir biegen beim Haus Nr. 33 nach rechts in die Buchelbachstraße in der Ortschaft <u>Buchelbach</u> ein. Etwa 250 m weiter erreichen wir die <u>Bier– und Mostschänke Prukl,</u> die zu einer Rast einlädt (1 ¼ Std.).

Aufstieg von Gruberau

100 m die Straße weitergegangen gibt ein Schild mit einer roten Markierung die Richtung nach Sulz und Stangau an. Wir gehen durch die Waldgasse (eine Sackgasse) und biegen beim nächsten Schild nach links durch einen Privatgrund in eine Forststraße ab. Unmittelbar danach weisen die roten Marken („448") deutlich den Berghang hinauf. Über diesen recht steilen und engen Steig gelangen wir rasch auf eine Anhöhe. Wir bewegen uns weiter im Wald und finden erneut die rote Markierung, der wir – nun weniger steil – zwischen dünnstämmigen Buchen und wunderschönen Nadelhölzern folgen. Schließlich treten wir auf einen freieren Hang, auf dem eine Jungnadelholzkultur auffällt. Die rote Markierung und der Pfad sind gut sichtbar.

Im folgenden Mischwald ist der Routenverlauf eindeutig. Wenn wir das nächste Mal an den Waldrand treten, behalten wir auf der nun folgenden Wiese die Gehrichtung bei, bis wir am anderen Ende wieder eine rot-weiße Markierung erkennen, der wir ins nächste Waldstück folgen. Auf einem Pfad, der auch als Reitweg dient, passieren wir eine Futterkrippe und einen Hochsitz, um bald darauf eine breite Forststraße zu überqueren. Im darauffolgenden Waldstück säumen Buchen und Föhren unseren Weg. Schließlich geht es leicht bergab, bis wir eine Forststraße erreichen; wir beschreiten sie nach rechts, Richtung Sulz.

Nach ca. 300 m endet die Wöglerstraße an einer Schranke. Kurz darauf erreichen wir bei einer Waldrandsiedlung im Zuge der Raitlstraße die Ortschaft Sulz, die Teil der **Gemeinde Wienerwald** ist. Wir halten auf den Ortskern zu und biegen dann am unteren Ende der Raitlstraße nach links in die Kastanienallee ein, in der wir zwischen Gartengrundstücken wieder etwas an Höhe gewinnen (2 ¼ Std.).

Nach dem obersten Anwesen (bei der Seitengasse Am Hirschenzipf) weisen die nunmehr blauen Markierungen und ein orangefarbener Punkt mit „2" geradeaus, dann halb rechts in den Laubwald. Der Weg verjüngt sich zunächst zwischen dünnstämmigen Eichen und Buchen, es folgt ein freierer Abschnitt, ebenfalls orange und mit „2" markiert. Nach einem Rechtsknick wandern wir wieder unter höheren Bäumen weiter. Nun tauchen grüngelbe Hufeisen auf den Baumstämmen auf. Schließlich überqueren wir eine Wiesenfläche, von der aus wir einen freien Ausblick auf den Turm der Richtfunkstation auf der **Sulzer Höhe** haben. An der gegenüberliegenden Waldseite setzt sich der Fußweg zur Wöglerin, wieder deutlicher gekennzeichnet durch weiß–blaue Marken und die orangefarbene Markierung „2", zwischen hohen Buchen fort. Im dichten Laubwald überqueren wir über einen Holzsteg noch einen Graben, treten nach dem folgenden kurzen Anstieg aus dem Wald und kommen über den Lokalparkplatz zum idyllischen Garten des Gasthauses **Die Woeglerin,** wo wir bei bodenständiger Kost eine wohlverdiente Rast einlegen können (2 ¾ Std.).

Der Name der Siedlung **Wöglerin** bedeutet ursprünglich „die am Weg Hausende" – vielleicht eine Bettlerin; die genaue Herkunft der Ortsbezeichnung ist unklar.

Vom Lokal weg halten wir uns auf der Straße bergwärts, um nach etwa 500 m auf der rechten Seite in die parallel zur Straße führende Waldgasse einzubiegen. Wir wandern den verlängerten „Waldweg" auf Rot (nach Gruberau) weiter und dringen in ein dichteres Waldstück ein, wo wir auf der breiten Forststraße bleiben. In einer Kurve erreichen wir wieder die Wöglerstraße und setzen auf dieser unseren Weg talwärts fort, wobei wir auf den Hotelkomplex Schusternazl zuhalten. So erreichen wir bald den Ausgangspunkt unserer Tour – die Gruberauer Straßenkreuzung (3 ¼ Std.).

20 Der Ruinenbaumeister

Um den Kalenderberg bei Mödling

Nach einem Spaziergang durch das Zentrum Mödlings, einer alten Babenbergerstadt am Rande des Wiener Beckens, führt die Wanderung durch eine Wienerwaldregion, die ein besonders schönes Beispiel für Landschaftsgestaltung im 19. Jh. ist. Am Wendepunkt der Route bietet sich hoffentlich bald wieder die Möglichkeit, den größten unterirdischen See Europas zu besichtigen.

DER WANDERWEG

Am Bahnhofplatz in **Mödling** wenden wir uns beim Haus Nr. 8 stadtwärts, indem wir die von Kastanien gesäumte Bachgasse rechts neben dem regulierten Bett des **Mödlingbachs** entlanggehen. Nach Querung der Demelgasse geht die Bachgasse in die Toni-Berg-Promenade über. Wir folgen nun der Achsenaugasse, wo wir auf Nr. 6 den Christhof erblicken – ein 1472 erstmals urkundlich erwähntes Gebäude, in dem **Ludwig van Beethoven** 1820 Teile seiner „Missa solemnis" komponierte. Schließlich erreichen wir die Badstraße, die wir nach rechts weitergehen, bis wir nach wenigen Metern zur Hauptstraße gelangen und in diese links einbiegen. Auch hier entdecken wir Spuren Beethovens (der bekanntlich oft seine Wohnadresse wechselte) – er hat im Hafnerhaus auf Nr. 79 mehrmals sein Sommerquartier bezogen.

Im Weitergehen gelangen wir auf den Freiheitsplatz, wo die Dreifaltigkeitssäule von 1714 an die Opfer der Pest erinnert. Unmittelbar dahinter ist am Haus der Apotheke eine schöne Sonnenuhr zu sehen. In der kurzen Herzoggasse sehen wir den reich verzierten Herzoghof aus dem 15. Jh. Am Schrannenplatz befinden sich schließlich das Rathaus im Renaissancestil und ein Denkmal **Josef Schöffels,** während dessen Amtszeit als Bürgermeister Mödling 1875 zur Stadt erhoben wurde (siehe „Der Retter des Wienerwaldes" bei Wanderung 13, S. 126).

Durch die Pfarrgasse spazieren wir nun zur Wehr- und Fluchtkirche Sankt Othmar hinauf. Der 1454 begonnene spätgotische Bau wurde 1523 vollendet und bereits sechs Jahre später beim ersten Tür

WEGVERLAUF: Rundwanderung. Mödling/Bahnhof – Schloss Liechtenstein (1 Std.) – Seegrotte Hinterbrühl (30 Min.) – Ruine Burg Mödling (45 Min.) – Mödling (1 Std.)

DAUER: 3 ¼ Std.

LÄNGE: 10,5 km

SCHWIERIGKEITSGRAD: Gemütlicher Spaziergang; lediglich der Aufstieg zur Ruine der Burg Mödling weist eine stärkere Steigung auf.

WEGMARKIERUNGEN: Rote Balken mit „41", unmarkiert, gelbe Balken, rote Balken mit „43", unmarkiert

EINKEHRMÖGLICHKEITEN: Mödlinger Kobenzl (So–Di Ruhetag), Waldmeierei (Mo–Mi Ruhetag; im Winter nur Sa und So geöffnet), Eis-Café Seegrotte (Mi Ruhetag), diverse Lokale im Stadtzentrum von Mödling

ANFAHRT: Mit der Bahn über die Südbahnstrecke bis Bahnhof Mödling. Mit dem Auto über die B17, die Triester Bundesstraße, über Vösendorf nach Wiener Neudorf. Nach dem Bundessportzentrum Süd ins Mödlinger Stadtgebiet abzweigen und nach der Brücke über die Südbahn in Bahnhofsnähe parken

keneinfall wieder zerstört. Bis 1690 blieb die Kirche eine Ruine; erst dann wurde sie im barocken Stil neu errichtet. Gleich neben der Pfarrkirche steht das älteste Bauwerk der Stadt Mödling: ein romanischer Karner, der wahrscheinlich aus dem 12. Jh. stammt. Es handelt sich dabei um einen zweigeschoßigen Rundbau mit barockem Glockenturm. Im Inneren wurden Fresken aus der Zeit seiner Entstehung freigelegt.

Wir verlassen den Kirchenvorplatz über eine bergseitige Steintreppe (rote Markierung mit „41" = RWW 41; später auch „448") und marschieren auf dem Anton-Wildgans-Weg weiter. Im ersten Haus auf der rechten Seite wohnte bis zu seinem Tod im Jahre 1932 der österreichische Dichter und Burgtheaterdirektor **Anton Wildgans**. Nun folgen wir der Richtung, die die Holztafeln gegenüber zum **Mödlinger Kobenzl** angeben – einem schön gelegenen Lokal, wo wir uns nach dem Aufstieg über etliche Stufen ein erstes Mal erfrischen oder auch nur einen Stadtrundblick genießen können.

Wir gehen die asphaltierte Lokalzufahrt abwärts und betreten in der ersten Kehre der Straße den Wald, wo wir den schräg rechts hinaufführenden Weg wählen und nach einem kurzen Anstieg einen asphaltierten Rundwanderweg (Nr. 1 und 2, „41" und „448") erreichen, in den wir rechts einbiegen. In einem von Schirmföhren geprägten Mischwald setzen wir die Wanderung etwa niveaugleich Richtung „Burg Liechtenstein" fort. Bald stoßen wir auf einen bergseitigen Weg zum **Amphitheater** – eine der vielen Liechtenstein'schen Ruinenschöpfungen, denen wir auf dieser Route begegnen werden. Der Abstecher dorthin erfordert nur zehn Minuten (siehe S. 174, „Am Wege").

Gehen wir den Hauptweg weiter, so öffnet sich der Wald kurze Zeit später zu einer Lager- und Spielwiese hin. Wir biegen gleich davor nach links ab – Richtung „Seegrotte/Hinterbrühl" – und erreichen in wenigen Minuten auf der Elfriede-Ott-Promenade das **Schloss Liechtenstein,** wo sich mit der **Waldmeierei** eine weitere Einkehrmöglichkeit anbietet (1 Std.).

Das im 16. Jh. errichtete Schloss wurde von Fürst Liechtenstein in den Jahren 1820–22 klassizistisch um- und ausgebaut. Die Front ist der abgerissenen Weilburg in Baden nachempfunden. Der Prachtbau beherbergt heute eine Seniorenresidenz. Wenn wir hier halb rechts weitergehen, stehen wir nach etwa 150 m vor der mächtigen **Burg Liechtenstein** auf einem waldumkränzten Hügel. Der Stammsitz der Fürsten von Liechtenstein wurde im 12. Jh. erbaut, mehrmals zerstört und erst im 19. Jh. wiederhergestellt. Die Burg kann von März bis kurz vor Weihnachten besichtigt werden. Burg und Schloss bilden das Herzstück der romantischen Parkanlage am Kalenderberg, der dem bekannten Wein- und Wallfahrtsort **Maria Enzersdorf** eingemeindet ist.

Wir verlassen die Burgwiese und benützen die Fortsetzung des mit „41" bezeichneten Wanderwegs, der uns nach ca. 400 m zu einem großen Parkplatz bringt. Hier biegen wir gleich links ab, steigen ein paar Stufen hinauf und gehen am Rand des Parkplatzes an einem Trinkbrunnen vorbei. Nach Überquerung der Straße führt ein breiter Feldweg über eine Kuppe und dann geradewegs hinunter zur Mannlichergasse, die wir rechts entlanggehen und nach der Wagnerstraße durch die Grillparzerpromenade nach links verlassen. An Privathäusern und einer Reihenhaussiedlung vorbei verjüngt und senkt sich die Strecke nach dem Nestroyweg auf nadelbedecktem und später mit grobem Schotter bedeckten Boden zum Mödlingbachtal ab. Wenn wir rechts schmale Betonstufen sehen, steigen wir über diese in die Graf-Mailath-Gasse hinunter.

Wir wenden uns hier nach rechts und kommen nach 50 m zum Eingang der Seegrotte, die zum Ortsgebiet der Marktgemeinde Hinterbrühl gehört. Diese Ortschaft war als Luftkurort schon vor mehr als hundert Jahren so beliebt, dass ab 1885 die erste elektrische Straßenbahn Europas vom Bahnhof Mödling hierher geführt wurde. Die Seegrotte (siehe „Eine Bootsfahrt unter Tage", S. 175) kann derzeit leider nicht besichtigt werden (1 ½ Std.).

Unsere Route setzt sich vom Grotteneingang in die Richtung fort, aus der wir gekommen sind. Wir bleiben in der Graf-Mailath-Gasse neben dem Mödlingbach und gelangen so zur Liechtensteinstraße. Zwischen den rechter Hand gelegenen Häusern Nr. 1 und 3 gehen wir über eine kleine Brücke zu einer Wohnhausanlage hin und biegen dort links in die Prof.-Wilhelm-Hübner-Langenbruck-Promenade ein, die zu einem Parkplatz führt. Nach rechts geht es weiter zur Straße An der Königswiese, der wir links bis zur Brühler Straße folgen, in die wir wieder links einbiegen. Gegenüber einem Imbisshäuschen setzt sich der deutlich rot („43") markierte Wanderweg neben einer Busstation fort.

Vom asphaltierten Neuweg zweigt nach ca. 200 m ein unscheinbar gelb markierter Pfad rechts ab, auf dem wir in zahlreichen engen Kehren zwischen Föhren zur Ruine Burg Mödling hinaufsteigen. Von der in den Türkenkriegen zerstörten Burg sind heute nur mehr kärgliche Reste erhalten. Eine Tafel weist darauf hin, dass Walther von der Vogelweide, der wohl bekannteste Minnesänger, um 1220 als Gast des Babenbergerherzogs Heinrich des Älteren hier weilte und wirkte. Bei einem Blick nach Westen erspähen wir auf einem Hügel neben dem Kleinen Anninger den deutlich sichtbaren Husarentempel, der

Burg Liechtenstein

ebenfalls nach einer Idee des Fürsten Liechtenstein errichtet wurde (2 ¼ Std.).

An der Wegteilung unterhalb der Burg halten wir uns in Richtung „Neuweg-Mödling-Kurpark" auf Gelb/Rot und passieren einen Kontrollpunkt des Josef-Schöffel-Wanderwegs (**RWW 46)**. Bei der nächsten Abzweigung wählen wir den im spitzen Winkel links wegführenden **RWW 43** (Rundweg zur Goldenen Stiege). Dieser bleibt zunächst auf der Anhöhe und führt uns durch einen südländisch anmutenden Schirmföhrenwald zum Frauenstein. Zwischen den Bäumen lassen sich immer wieder Blicke auf die Burgruine, das Tal des Mödlingbachs und auf den jenseits der Klause – so lautet die Bezeichnung für den Kalksteindurchbruch zwischen Kalenderberg und Frauenstein – thronenden **Schwarzen Turm** erhaschen. Eine Stahlrohrkonstruktion aus drei Kreuzen auf einem Aussichtspunkt zeigt uns an, dass wir den Gipfel des **Frauensteins** in 322 m Höhe erreicht haben.

Kurz darauf beginnt der Abstieg in die Klause über einen vor allem in Stufen ausgeführten Steig, der durch ein Geländer abgesichert ist. Dabei eröffnet sich immer wieder eine beeindruckende Aussicht

Gipfelkreuz auf dem Frauenstein, Blick auf Kalenderberg und Klause

auf die Stadt Mödling und den Aquädukt der <u>**Ersten Wiener Hoch-quellenwasserleitung**</u>. Wenn sich der Pfad teilt, können wir einen beliebigen Abgang wählen; alle Varianten bringen uns in den Mödlinger Kurpark. Wir gehen nun – wieder auf dem Neuweg – am Mödlingbach entlang stadtwärts. Nach der Unterführung der Spitalmühlgasse marschieren wir durch die Frauensteingasse und über die Brücke der Neusiedler Straße in die Elisabethstraße.

Hier kommen wir am Armen Pilgramhaus vorbei, das Herzog <u>**Heinrich Jasomirgott**</u> errichten ließ. Wir befinden uns nun bereits in der Fußgängerzone der Stadt und gelangen zur gotischen Spitalskirche, unter deren südseitigem Dachvorsprung der sogenannte „Teufelskopf" mit seinen als Muscheln ausgestalteten Ohren auffällt – ein bizarres Gebilde, das die Quelle zahlreicher lokaler Sagen ist.

Durch die Babenbergergasse verlassen wir das Zentrum und erreichen die Badstraße. Wir überqueren einen Parkplatz und steuern eine mächtige Pappel an, die neben der Brücke über den Mödlingbach aufragt. Gegenüber setzt sich die Achsenaugasse fort, in der wir wieder am Christhof vorbeigehen und nach rechts in die Eisentorgasse einbiegen. Diese führt uns nach ein paar Schritten zur Bachgasse, über die wir dann neben dem Mödlingbach wieder zum Bahnhofsplatz gelangen (3 ¼ Std.).

AM WEGE

Fürst <u>**Johann Josef von Liechtenstein**</u> (1760–1836) hat einiges zur Verschönerung der Stadt Mödling und ihrer Umgebung beigetragen. Seine landschaftsgestalterischen Aktivitäten begannen damit, dass er die kahlen, verkarsteten Felsklippen der Klause im Jahre 1808 mit Schirmföhren bepflanzen ließ, die dem Wandergebiet bis heute seine besondere Charakteristik verleihen. Abgesehen von dieser frühen „umweltschützerischen" Maßnahme folgte der ungeheuer reiche Adelige dem romantischen Geist seiner Zeit, indem er für die Anlage verschlungener Felspfade und gepflegter Promenadenwege sorgte. Auch die Errichtung künstlicher Ruinen – z. B. der Schwarze Turm oder das im römischen Stil gehaltene Amphitheater (1810) mit seinen zwei scheinbar abgebrochenen Türmen –, die Renovierung von Burg und Schloss Liechtenstein sowie der Bau des Husarentempels sind seiner Initiative zu verdanken.

Eine Bootsfahrt unter Tage

Der größte unterirdische See Europas in der Seegrotte hat seine Existenz einem Unfall zu verdanken. 1840 wurde in einem Weingarten der Gemeinde Hinterbrühl Gips entdeckt. Ein Müller und Gipshändler namens Josef Plankenbichler erwarb das Anwesen und ließ einen 450 m langen Stollen in den Wagnerkogel treiben, um darin auf drei Etagen Gips abzubauen. Das Bergwerk florierte einige Jahrzehnte lang, bis eine Sprengung im Jahre 1912 zur Katastrophe führte: Mehr als 20 Millionen Liter Wasser drangen in die Gänge ein; der Betrieb musste daraufhin stillgelegt werden.

Erst Anfang der Dreißigerjahre des vorigen Jahrhunderts wagte sich eine Gruppe von Höhlenforschern in das ehemalige Bergwerk – und entdeckte dort einen riesigen unterirdischen See. Der Wiener Likörfabrikant Friedrich Fischer erwarb die Anlage, renovierte sie um viel Geld und eröffnete sie 1932 als Schaubergwerk.

Die Grotte mit ihrem „blauen See" und die oft zu Hallen erweiterte Stollen lockten zahlreiche Besucher an und entwickelten sich zu einer weithin bekannten Sehenswürdigkeit. Erst während des Zweiten Weltkriegs beschlagnahmten die damaligen Machthaber das künstliche Höhlensystem, pumpten das Wasser aus der Seegrotte und richteten unterirdische Produktionsstätten für die Rümpfe von Maschinen des Typs Heinkel He 162 – die ersten Düsenjäger der Welt – ein.

2000 Zwangsarbeiter mussten damals rund um die Uhr für den „Endsieg" schuften. Natürlich erfuhren auch die Alliierten von der Flugzeugfabrik unter Tage und warfen bei einem Luftangriff am 24. Mai 1944 250 Bomben auf die Seegrotte ab. Die Fertigungshallen blieben jedoch völlig unbeschädigt.

Ein Sonderkommando der Nazis zündete beim Abzug der deutschen Truppen im April 1945 noch sechs Sprengbomben in der Seegrotte, um dem Feind – wie üblich – nur „verbrannte Erde" zu hinterlassen. Doch Eduard Gwozd, der damalige Pächter der Touristenattraktion, ließ sich durch die Verwüstungen nicht entmutigen, sondern machte die Grotte wieder begehbar. Nachdem Flugzeugrümpfe, zum Teil noch scharfe Bomben und tonnenweise Schutt ins Freie geschafft worden waren, konnte die Seegrotte bereits 1948 wiedereröffnet werden.

Seither ist sie aus dem Fremdenverkehr der Gegend nicht mehr wegzudenken. Etwa eine Viertelmillion Besucher im Jahr lassen sich durch ihr Labyrinth aus Gängen und Hallen führen, besichtigen Modelle der He 162 und machen eine unvergessliche Motorbootfahrt auf dem still daliegenden, 6200 Quadratmeter großen See unter der Erde.

Die Seegrotte ist ganzjährig täglich geöffnet. Führungen finden in mehreren Sprachen statt.

21 Die letzte Ruhestätte der Husaren

Von Gumpoldskirchen auf und rund um den Anninger

Bevor man die Höhen der östlichsten Alpenausläufer ersteigt, kann man sich in den Rieden des berühmten Weinorts Gumpoldskirchen selbst vom Heranreifen der Reben überzeugen. Nach einem Besuch des Kleinen Anningers, wo der Husarentempel an die glorreich-verklärte Vergangenheit mutiger Krieger erinnert, klingt der Wandertag in einem der zahlreichen Weinbaubetriebe auf harmonische Art aus.

DER WANDERWEG

Am Bahnhof von **Gumpoldskirchen** wenden wir uns dem bergseitigen Ortsteil zu und gehen durch die Wiener Straße, vorbei an etlichen **Buschenschenken** (siehe „Beim Heurigen", S. 183), bis zu ihrem Ende bei der Pfarrkirche. Zuvor passieren wir – nach der Einmündung der Badener Straße – den Schrannenplatz, wo das Rathaus aus dem 16. Jh. mit seinem charakteristischen Spitzturm aufragt. Unmittelbar davor steht eine römische Wegsäule, die seit 1563 als Pranger „der strafenden Gerechtigkeit des landesfürstlichen Marktes Gumpoldskirchen" diente. Die abgebrochene Säule wurde am 11. Oktober 1891 als bleibendes Wahrzeichen der Marktgemeinde wieder aufgestellt.

Auf dem Haus Schrannenplatz 6, vor der Touristeninformation, ist eine Wanderübersichtstafel des Anningergebiets angebracht, die wir in Ruhe studieren können. Durch die Kirchengasse erreichen wir die im 15. Jh. erbaute Pfarrkirche St. Michael mit ihren gotischen und barocken Bauelementen.

Autofahrer, die vom Parkplatz Kalkwerkstraße aus starten, orientieren sich am Turm der Pfarrkirche und benützen, am Melkerhof vorbei, den Durchgang zur Kirchengasse.

Unmittelbar links neben der Steinbrücke vor der Kirche beginnt unsere eigentliche Tour. An dieser Stelle sind eine Reblaus mit einem Hans-Moser-Gedenkstein und Wandertafeln angebracht. Etwa 150 m hinter der Kirche stoßen wir auf die erste Station des Kreuzwegs am Beginn des Weinwanderwegs, vor der wir uns rechts bergwärts auf den

Blick auf die Pfarrkirche St. Michael in Gumpoldskirchen

Kalvarienberg zu bewegen. Wir ignorieren die Abzweigung des Weinwanderwegs, behalten unsere Richtung bei und steigen über den teilweise stufenförmig angelegten Weg weiter hinauf. Nach der achten Kreuzwegstation läuft der Pfad mit einer asphaltierten Auffahrt zusammen. Wir können gleich auf ihr weitergehen oder uns links halten und zwischen zwei weiteren Stationen durchwandern (noch einmal links hinauf geht es zur Kreuzwegkapelle und zu einem schönen Aussichtspunkt), bis wir in derselben Richtung auf Asphalt weitergehen, wo grüne und rote Markierungen angebracht sind. Unsere Route setzt sich unter eher dünnstämmigen Föhren fort. Bald nachdem der Asphalt festem Waldboden gewichen ist, kommen wir zu einer Wegkreuzung am Waldrand.

Hier wandern wir nach links weiter, indem wir vor den Rieden auf den **WWW 404** einbiegen. Am folgenden Rastplatz gehen wir auf Rot-Gelb (Richtung „Anninger-Schutzhaus über Siebenbrunnengraben") weiter. 200 m danach verlaufen der WWW 404 und der **Voralpenweg 04** geradeaus nach Baden; wir bewegen uns aber weiter nach rechts auf Rot-Gelb. Beim kurz darauf folgenden Roten Kreuz, einem

schlichten hölzernen Wegkreuz, gabelt sich der Weg erneut und wir schreiten links auf Rot ("Kegelstattweg über Wetterkreuz") bergwärts. Der Waldboden ist auf dieser Steigung mit Laub und Steinen bedeckt. Der Kegelstattweg führt etwa 1,5 km durch Mischwald und verflacht zusehends. Schließlich gelangen wir zum Wetterkreuz und damit zu einer weiteren Weggabelung (1 ¼ Std.).

Wir wählen den rechten Ast mit den roten Marken Richtung „Wilhelmswarte – Anninger-Schutzhaus". Nach ca. 400 m erreichen wir so die Anninger-Hauptroute, den <u>RWW 42</u> „Mödling–Einöde" (auch <u>448),</u> und halten uns rechts. Kurz darauf folgt die Abzweigung zur Wilhelmswarte, wo es wieder deutlicher bergan geht. So erreichen wir den höchsten Punkt des Anningermassivs, den <u>Hochanninger,</u> auf dessen Gipfel in 675 m Höhe der gemauerte Rundturm der **Wilhelmswarte**

WEGVERLAUF: Rundwanderung. Gumpoldskirchen/Bahnhof – Wetterkreuz (1 ¼ Std.) – Anninger-Schutzhaus (45 Min.) – Husarentempel (1 ¼ Std.) – Krauste Linde (45 Min.) – Richardhof (30 Min.) – Gumpoldskirchen (30 Min.)

DAUER: 5 Std. (4 ½ Std. vom Autoparkplatz Kalkwerkstraße)

LÄNGE: 17,5 km (15,5 km vom Parkplatz)

SCHWIERIGKEITSGRAD: Überwiegend bequeme Wanderung mit zwei beträchtlichen Anstiegen: von der Pfarrkirche über den Kalvarienberg zum Wetterkreuz und vom Kiental zum Husarentempel. Der Abstieg ins Kiental erfordert Trittsicherheit.

WEGMARKIERUNGEN: Permanent wechselnde Farben, dennoch ist der Wegverlauf leicht erkennbar.

EINKEHRMÖGLICHKEITEN: Anninger-Schutzhaus (Mo und Di Ruhetag), Waldrast Krauste Linde (Do und Fr Ruhetag), zahlreiche Buschenschankbetriebe in Gumpoldskirchen

ANFAHRT: Mit der Bahn über die Regionalverbindungen auf der Südbahnstrecke. Ziel ist der Bahnhof Gumpoldskirchen.
Eine Busverbindung besteht ab Bahnhof Mödling über Guntramsdorf bis zur Schulgasse nach Gumpoldskirchen (über die Jubiläumsstraße erreicht man den Parkplatz Kalkwerkstraße).

Mit dem Auto über die B17, die Triester Bundesstraße, Richtung Wiener Neustadt bis Guntramsdorf und zur dortigen Abzweigung nach Gumpoldskirchen. Dort stehen etliche Großparkplätze zur Verfügung – einer davon (Kalkwerkstraße) ist über die Weinstraße zwischen Mödling und Gumpoldskirchen, die unmittelbar durch die Rieden am Anninger-Osthang verläuft, bequem zu erreichen.

thront, deren Aussichtsplattform wir durch ein dunkles Treppenhaus ersteigen können.

Anschließend gehen wir um den Turm herum, auf die dem Eingangstor gegenüberliegende Seite, und benützen zwischen Gestrüpp den anfangs steilen, unmarkierten Abstieg, um wieder zum Hauptweg zu gelangen. (Wahlweise können wir den Weg, auf dem wir gekommen

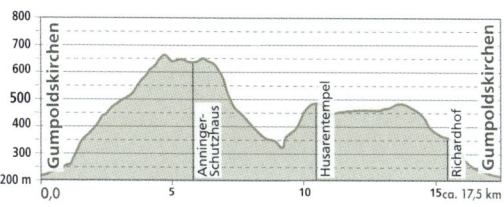

Die letzte Ruhestätte der Husaren

sind, auch ein paar Meter zurückgehen und dann im rechten Winkel auf Rot bergab wandern.) Auf dem Hauptweg erreichen wir ca. 400 m weiter das <u>Anninger-Schutzhaus,</u> das zur Einkehr einlädt (2 Std.).

Beim großen Kreuzungspunkt vor dem Schutzhaus benützen wir zunächst den Weg nach Gaaden, um zum Standort der ehemaligen <u>Jubiläumswarte</u> weiterzugehen. Die alte Warte stand auf einem weiteren Anningergipfel, dem wenig ausgeprägten und mittlerweile kahlgeschlagenen <u>Eschenkogel,</u> in 653 m Höhe. Sie musste wegen technischer Mängel abgerissen werden; bald sollen hier eine 20 m hohe neue Warte und unterhalb dieser ein Waldruheplatz mit „Chill-Liegen" entstehen.

Nach dem insgesamt 900 m langen Abstecher kommen wir über eine breite Schotterstraße (der eine Zukunft als „Sisi-Wegerl" bevorsteht) zum Kreuzungspunkt zurück und marschieren von dort aus ein paar Meter die Forststraße Richtung „Krauste Linde" weiter, bis wir links auf einem Stein eine gelbe Markierung erkennen. Über den so bezeichneten Abstieg in den <u>Eschenbrunngraben</u> führt der Weg nach

Hinterbrühl. Wir gehen den von Gestrüpp bewachsenen Abhang hinunter, kommen zu einer Wegkreuzung und folgen hier dem rechts wegführenden, deutlich gelb markierten schmalen Pfad recht steil bergab. Nach Überquerung einer Forststraße (Verbindung zur „Krausten Linde") setzt sich unsere Route weiter bergab fort, nun jedoch auf einem etwas breiteren und verflachenden Weg.

Der Eschenbrunngrabenweg mündet schließlich in einem weiteren Graben, wo man rechts zur „Krausten Linde" gelangen kann, in eine breite Forststraße, die wir

Wilhelmswarte, Hochanninger

nach links weitermarschieren (**RWW 43**). Kurz nach dem Rastplatz Kiental zweigt unsere Route aus dem Tal in Blau und Rot (Wegnummern 43 und 46) nach rechts auf den Kleinen Anninger Richtung „Hexensitz – Husarentempel" ab. Nun geht es relativ steil bergauf. Nach ca. 500 m bietet sich eine Linksabbiegemöglichkeit zum Aussichtspunkt **Hexensitz**; wir behalten jedoch die Richtung bei und gelangen auf eine Forststraße, die wir nach rechts Richtung „Husarentempel" weitergehen, um auf der gleich danach folgenden Wegkreuzung nach links abzubiegen – weiterhin auf Blau und

Matterhörndl

Rot, Nr. 43/46. Nach einem Aufstieg von weiteren 300 m erreichen wir den **Husarentempel** (siehe S. 182, „Am Wege") auf einem Nebengipfel des 496 m hohen **Kleinen Anningers,** von wo sich ein beeindruckender Ausblick Richtung Mödling und in die Vorderbrühl auftut (3 ¼ Std.).

Wir gehen ein Stück den Weg zurück, auf dem wir gekommen sind, halten uns aber an der letztgenannten Kreuzung auf Grün und Rot nach links, Richtung „Krauste Linde – Anningerhaus" (**RWW 46**). Der breite Wanderweg führt nun zwischen Linden und Föhren zum Rastplatz Matterhörndl hinab. 20 m dahinter befindet sich im Unterholz ein etwa zehn Meter hoch aufragender Kalkfelskegel namens **Matterhörndl,** der von Kletterern gern als Übungsfelsen benützt wird. Vom Rastplatz ist es noch ein guter Kilometer bis zur Einmündung des Josef-Schöffel-Wanderwegs in die Forststraße von Mödling zum Anninger-Schutzhaus. Hier wenden wir uns nach rechts und kommen nach einem mäßigen Anstieg auf der breiten Straße (mit den roten Markierungen der RWW 42 und 46) zur **Waldrast Krauste Linde** des

„Vereins der Naturfreunde in Mödling vom Jahre 1877", wo wiederum eine Einkehr möglich ist (4 Std.).

Wir setzen unsere Wanderung schräg links vor dem Lokal fort, wo uns ein kleiner rot-weiß-roter Pfeil mit „48" von der Straße wegführt. Nach einer Gabelung führt der Weg deutlicher bergab und trifft auf den RWW 444, in dessen Verlauf wir zur Wegkreuzung mit dem WWW 404 (gleichzeitig Beethoven-Wanderweg **RWW 40)** gelangen. Hier gehen wir rechts entlang eines Golfplatzes weiter und befinden uns wenige Minuten später auf dem großen Parkplatz vor dem Hotel-Restaurant Richardhof (4 ½ Std.).

An den Pferdeställen vorbei und zwischen Spielplatz, Golfplatz und Pferdekoppeln hindurch geht es zu einer rot-weiß-roten Schranke. Hier verlassen wir auf dem blau markierten und ab hier asphaltierten Wanderweg die Anhöhe und bewegen uns zwischen Weingärten talwärts, bis wir schließlich den Parkplatz in der Gumpoldskirchner Kalkwerkstraße vor dem Melkerhof erreichen. An der Tafel auf der Kreuzung mit der Mödlinger Straße ist angegeben, welche Buschenschenken aktuell geöffnet haben. Wenn wir uns weiter talwärts halten und eine Seitengasse nach rechts benützen, gelangen wir wieder in die Wiener Straße, die direkt zum Bahnhof führt (5 Std.).

AM WEGE

Der **Husarentempel** wurde 1813 als „Tempel des Ruhmes" im Auftrag des Fürsten **Johann Josef von Liechtenstein** errichtet, dessen ausgebaute Burgruinen (z. B. **Greifenstein)** sowie künstlichen Ruinen und Nachbauten in der Gegend von Mödling **(Schwarzer Turm, Amphitheater)** noch heute das Auge des Wanderers erfreuen. Die klassizistische Nachbildung eines dorischen Tempels wurde vom Architekten **Josef Kornhäusel** (1782–1860) geschaffen. Angeblich gab der Fürst diesen Bau in Auftrag, um den vier Husaren zu danken, die ihm in der Schlacht bei Aspern das Leben gerettet haben und später in der Krypta bestattet worden sein sollen. In Wahrheit war der Tempel jedoch zum Gedenken an alle erbaut worden, die bei Aspern (Mai 1809) und Wagram (Juli 1809) gefallen sind. Stellvertretend für sie ruhen hier die sterblichen Überreste von sieben anderen Kriegshelden.

Beim Heurigen

Wer die Außenbezirke Wiens und die Umgebung der Bundeshauptstadt durchwandert, wird unweigerlich auf die „Buschen" aus Föhren-, Fichten- oder Tannenzweigen aufmerksam, die über gewissen Hauseingängen angebracht sind. Sie verraten den Standort einer der vielen **Buschenschenken** dieses Gebiets. Der „Heurige" – so die hiesige Bezeichnung dieser Lokale – stellt weltweit eine wohl einmalige Form des Weinausschanks dar. Hier dürfen Weinbauern ihren selbst angebauten und zur Reife gebrachten Rebensaft verkaufen. Das „Leutgeben" (Ausschenken von Wein) geht auf ein Verkaufsrecht zurück, das seit Jahrhunderten in Österreich etabliert ist. Die ältesten Aufzeichnungen darüber stammen aus dem 13. Jh. 1784 wurde das Schankprivileg von Kaiser **Joseph II.** neu formuliert.

Die heute gültigen Bestimmungen lehnen sich an diese kaiserliche Verordnung an. Sie besagen unter anderem, dass

– ein Heuriger keine fremden oder zugekauften, sondern nur seine eigenen Weine zum Verkauf anbieten,
– zur Kennzeichnung einen grünen Buschen anbringen und
– die beschränkte Ausschankzeit (je nach Fläche des Anbaugebiets von einigen Wochen bis zum ganzjährigen Betrieb) beachten muss.

Sind diese Bedingungen erfüllt, werden der Buschen „ausg'steckt" sowie eine grüne Heurigentafel mit dem Namen des Winzers gut sichtbar angebracht.

Die Heurigenlokale sind das ganze Jahr hindurch Treffpunkte für Einheimische und Besucher der Region, die urige Atmosphäre, bodenständige Kost, gemütliche Gastgärten und eine weinselige Stimmung, in der sich Fröhlichkeit mit einem Hauch Melancholie mischt, zu schätzen wissen. Wer einen Weinort (oder eine Heurigengegend Wiens) besucht, informiert sich am besten am Ortseingang oder am Hauptplatz, wo Hinweistafeln bekanntgeben, welche Buschenschenken gerade „ausg'steckt" haben.

Als „Heurigen" bezeichnet man aber nicht nur ein Lokal, sondern auch den Wein der zuletzt eingebrachten Lese. In der Regel handelt es sich dabei um einen trockenen und spritzigen Wein, in Wien zumeist um einen „gemischten Satz", ein Produkt verschiedener Rebsorten, die bei der Lese nicht getrennt und gemeinsam gepresst und vergoren werden. Zu „Martini" (am 11. November) jedes Jahres wird dieser Jungwein durch eine neue Generation frisch vergorenen Rebensafts ersetzt; der bisherige Heurige gelangt dann als „Alter" zum Verkauf.

Eigentlich haben die Wiener und Niederösterreicher die Entwicklung ihrer Weinkultur den Römern zu verdanken. Der vergorene Saft der Urreben zur Zeit der Kelten (600 v. Chr.) war den römischen Besatzern nämlich zu sauer, so dass Kaiser **Probus I.**, der in Vindobona residierte, den heimischen Wein durch importierte italienische Reben veredeln ließ.

22 Eine Wanderung durch die „Einöde"

Von Baden über den Anninger nach Mödling

Nach einem kleinen Bummel durch die Altstadt und den Kurpark der sehenswerten Stadt Baden führt die Route ins Einödtal, das wegen seiner Höhlen schon im 19. Jh. eine Touristenattraktion war. Anschließend folgt der Aufstieg auf drei der Gipfel des Anningermassivs, die dem Wanderer beeindruckende Blicke auf das Wiener Becken bieten.

DER WANDERWEG

Am Josefsplatz in der berühmten Thermalkurstadt **Baden** hat die Wiener Lokalbahn (Badner Bahn) ihre Endstation direkt vor dem 2009 eröffneten Arnulf-Rainer-Museum, das im Gebäude des ehemaligen Frauenbades eingerichtet wurde und besichtigt werden kann. Wir gehen rechts daran vorbei in die Frauengasse, wo die verkehrsberuhigte Zone beginnt. Zur Rechten erblicken wir das 1816/17 errichtete Florastöckl, das Kaiserin **Marie Luise**, der zweiten Frau **Napoleons I.**, als Sommerresidenz diente. Danach passieren wir den Magdalenenhof, eine ehemalige Wohnstätte **Ludwig van Beethovens** (siehe „Beethoven und Baden", S. 191) und **Franz Grillparzers**, sowie die Frauen- oder Klosterkirche, einen Teil des ehemaligen Augustinerklosters, in dem jetzt ein Gymnasium untergebracht ist.

Wir betreten dann den dreieckig angelegten Hauptplatz mit seinen Biedermeierhäusern und der Dreifaltigkeitssäule von 1718 und biegen schließlich links in die Rathausgasse ab. So gelangen wir zum **Beethovenhaus**, dem ehemaligen „Kupferschmidhaus", in dem Beethoven in den Jahren 1821–23 mehrmals Quartier bezog. In den Schauräumen ist eine Dauerausstellung über den berühmten Komponisten eingerichtet (täglich außer Mo zu besichtigen).

Um die Ecke des Hauses verläuft die Beethovengasse, durch die wir ans nördliche Ende des Hauptplatzes zurückkehren. Hier wenden wir uns nach links und folgen der Theresiengasse, die geradewegs auf den Kurpark zuläuft. Wir überqueren den Kaiser-Franz-Ring (mit einem Seitenblick auf die Pfarrkirche St. Stephan) und betreten das herrliche Parkgelände.

Die Anlage mit ihren vielen verschlungenen Wegen und Sehenswürdigkeiten gibt es seit 1926. Durch die Karl-Komzak-Allee bewegen wir uns am Musikpavillon für das Kurorchester vorbei (linker Hand erkennen wir das neu gestaltete Congress-Casino) und auf eine breite Freitreppe zu. Nach der Stiege halten wir uns am Lanner-Strauß-Denkmal rechts vorbei auf dem gekiesten Beethovenweg zum 1927 errichteten Beethoventempel, den wir bald über uns aufragen sehen. Über die Stufen hinter dem Tempel erreichen wir das Bellevue, einen blumengeschmückten Aussichtspunkt, von dem wir unseren Blick noch einmal über die Dächer Badens schweifen lassen können.

Wir setzen die Wanderung auf dem bergseitigen Kiesweg fort, wo die Tafel „Bellevue" angebracht ist. Ein klein wenig später taucht eine rot-weiß-rote Markierung (RWW 40 = Beethoven-Wanderweg) auf, der wir über den südlichen Ausläufer des Richtbergs folgen. Wir betreten einen hohen Mischwald und halten uns an der unmittelbar folgenden Gabelung rechts in Richtung „Rudolfshof". Knapp 100 m weiter kommen wir an Tiergehegen vorbei, die Ziegen, Damhirsche und Mufflons beherbergen.

Auf dem Josefiweg Richtung „Rudolf-Proksch-Hütte" gelangen wir zum Béla-Barényi-Sitz, einem Rastplatz, und queren anschließend niveaugleich eine asphaltierte Zufahrtsstraße. Nach einer Orientierungstafel treffen wir auf den Mautner-Markhof-Pavillon. Daraufhin überqueren wir eine Lichtung, wo große Liegestühle aufgestellt sind. Von dort aus erfreut ein wunderbarer Fernblick über das Wiener Becken bis zum Leithagebirge das Auge. Bergseitig sehen wir das Restaurant Rudolfshof, zu dem wir einen kurzen Abstecher machen können, wenn uns schon nach einer Erfrischung zumute ist. Ansonsten behalten wir unsere Gehrichtung bei, kreuzen die Anton-Schiestl-Straße sowie die Trasse einer Rodelbahn und marschieren auf nadelbedecktem Waldboden etwa niveaugleich dahin. Wir bleiben auf dem dazustoßenden RWW 42 bzw. noch kurz auf dem RWW 40 und erreichen so den Fußpunkt an der Nordflanke des Richtbergs. Vor dem Ortsendeschild „Ein-

Gastgarten des Lokals „Krauste Linde"

WEGVERLAUF: Streckenwanderung. Baden/Josefsplatz (Bummel durch Zentrum und Park) – Pfaffstättner Kogel (1 ¾ Std.) – Anninger-Schutzhaus (1 ¼ Std.) – Krauste Linde (30 Min.) – Mödling (1 Std.)

DAUER: 4 ½ Std., Variante 4 ¾ Std.

LÄNGE: 15 km, Variante 16 km

SCHWIERIGKEITSGRAD: Anspruchsvollerer Anstieg durch das Kleine Kiental auf den Pfaffstättner Kogel, sonst bequeme, auch kindgerechte Wanderstrecke

WEGMARKIERUNGEN: Rote Balken mit „40" und „404", Grün, Rot mit „42", „448", dann wieder „40" und „404"

EINKEHRMÖGLICHKEITEN: Restaurant Rudolfshof (Mo und Di Ruhetag), Rudolf-Proksch-Hütte (Mo und Di Ruhetag; Übernachtungsmöglichkeit), Anninger-Schutzhaus (Mo und Di Ruhetag), Waldrast Krauste Linde (Do und Fr Ruhetag), Waldgasthaus Bockerl (kein Ruhetag), Heurigenbetriebe in Mödling

ANFAHRT: Mit der Wiener Lokalbahn von der Wiener Staatsoper bis zur Endstelle am Josefsplatz in Baden. Untertags verkehren die Garnituren im Viertelstundentakt. Zusteigemöglichkeit besteht u. a. in Meidling/Eichenstraße (erreichbar mit S-Bahn und U6).

RÜCKFAHRT: Vom Bahnhof Mödling mit der Südbahn nach Wien

öde-Pfaffstätten" treten wir aus dem Wald, überqueren die Autostraße, die den Weinort Pfaffstätten mit Siegenfeld und Gaaden verbindet, und marschieren nach dem Wanderparkplatz auf einer unbefestigten Straße weiter (gelber Pfeil „Proksch-Hütte über Großes Kiental"). Nach etwa 100 m erreichen wir ein bäuerliches Anwesen (Einöd 2).

Zarte rot-weiße Pfeile weisen hier nach rechts, hinter eine Pferdekoppel. Wir gehen am Zaun entlang und finden im Wald den Anschluss der Markierungen auf einem nadelbedeckten, schmalen Pfad, der schließlich auch über Felsstufen ansteigt. Wir erreichen zunächst die <u>Elfenhöhle</u> und etwa 80 m weiter die <u>Einödhöhle,</u> deren Besichtigung sich lohnt (siehe S. 190, „Am Wege").

Danach steigen wir leicht in den Graben des <u>Kleinen Kientals</u> ab und folgen den roten Marken (448) markant bergwärts auf den 541 m hohen Gipfel des <u>Pfaffstättner Kogels</u>. Nach etwa 30 Minuten eines konsequenten Aufstiegs stehen wir schließlich vor der <u>Rudolf-Proksch-Hütte</u> des Österreichischen Alpenvereins (1 ¾ Std.).

Gleich neben der Lokaltür beginnt der Stufenaufgang zur 1914 errichteten <u>Klesheimwarte,</u> von deren Plattform man einen großartigen Rundblick auf die Ansiedlungen im Wiener Becken und den Anninger genießt. Die Warte wurde nach dem in Baden wirkenden Dichter <u>Anton Freiherr von Klesheim</u> (1812–1884) benannt. Die Worte des Poeten leben noch heute in den Volksliedern „Mailüfterl" und „Das ist mein Österreich" fort.

Vom Gastgarten aus setzt sich unsere Strecke zunächst auf Grün, dann auf Rot (Nr. 42 Richtung „Anninger") fort. Wir wandern nun nach einem ersten Gefälle etwa niveaugleich auf einem breiten Weg durch unterschiedlich dichten Mischwald. An der linken Wegseite begleitet uns der Drahtzaun eines großen forstlichen Sperrgebiets bis zur Abzweigung des <u>Gumpoldskirchner Steigs</u> nach <u>Gaaden</u>. An diesem Kreuzungspunkt namens „Dreieichen" bleiben wir auf dem RWW 42 und halten uns halb rechts Richtung „Anningerhaus/Mödling".

Bei der nächsten Gabelung wählen wir die linke Route und gewinnen auf einem stark geschlägerten Hang nun wieder leicht an Höhe. Wir gehen hier entlang der Südostflanke des <u>Buchkogels,</u> einem der vier Gipfel des <u>Anningers</u>. Gut 500 m weiter, nach der Einmündung eines von der Weinbaugemeinde <u>Gumpoldskirchen</u> kommenden

Pfades, dringen wir wieder in den Wald ein und biegen rechts in einen unscheinbaren Weg zur Anningerspitze ab. So erreichen wir den höchsten Punkt des Massivs, den <u>Hochanninger</u> (675 m) und die 1887 hier errichtete <u>Wilhelmswarte,</u> von deren Plattform sich wieder ein schöner Ausblick bietet.

Anningerstraße Richtung Mödling

Gehen wir den letzten Anstieg etwa 50 m zurück, gelangen wir zu einer Gabelung. Wir wenden uns nach rechts, steigen zum Hauptweg ab und erreichen etwa eine Viertelstunde später das seit 1912 bestehende und mehrmals neu aufgebaute <u>Anninger-Schutzhaus,</u> wo wir ebenfalls eine Pause einlegen können. Es ist der bedeutendste Ziel- und Knotenpunkt auf dem Anningermassiv (3 Std.).

<u>Abstecher</u>: Unmittelbar vor dem Lokal – bei einer Orientierungstafel – quert der <u>RWW 444</u> die Anhöhe. Auf ihm können wir noch (Richtung „Gaaden") einen kleinen Abstecher zum benachbarten <u>Eschenkogel</u> machen, auf dem in 653 m Höhe die <u>Jubiläumswarte</u> stand. Nach deren Abriss ist nun eine neue Warte im Bau.

Vom Schutzhaus weg marschieren wir auf der breiten, gekiesten Anningerstraße (Richtung „Mödling") talwärts und erreichen nach 1,5 km die <u>Waldrast Krauste Linde</u>. Der mächtige Lindenbaum, der dem Lokal seinen Namen gab, stand am Rand der Lichtung gegenüber und musste 1938 gefällt werden (3 ½ Std.).

Nach einer Erfrischungspause wandern wir die Anningerstraße weiter und erreichen 1,5 km später einen Kreuzungspunkt mit Unterstand, wo ein Gedenkstein an die bis 1997 hier stehende und damals schon mindestens 450 Jahre alte **Breite Föhre** erinnert. Der Baumtorso ist im Museum Niederösterreich in St. Pölten zu bestaunen.

Von hier aus folgen wir den Markierungen der Wege **WWW 404** und **RWW 40** in Richtung „Mödling". Die Anningerstraße verlässt bald die Anhöhe, wir behalten jedoch unsere Gehrichtung (auf Rot) bei. Zwischen hohen Föhren senkt sich der steinige, nadelbedeckte Weg schließlich, bis wir zu einem großen Parkplatz am Waldrand und dem anliegenden urigen **Waldgasthaus Bockerl** kommen.

Über die Goldene Stiege (der Straßenname leitet sich von der Bezeichnung für Wege ab, die zu besonders fruchtbaren Weingärten führten), dringen wir rasch ins verbaute Gebiet von **Mödling** vor. Die Neusiedler Straße läuft auf die Fußgängerzone im Zentrum zu. Nach der Spitalkirche haben wir die Möglichkeit, entweder über Elisabethstraße, Schrannenplatz, Freiheitsplatz und Hauptstraße zum Bahnhof zu gelangen – oder wir bleiben im ruhigeren Bereich entlang des **Mödlingbachs** und wandern über Babenbergerstraße, Badstraße und Achsenaugasse (mit Beethoven-Wohnstätte) zur Bachpromenade, die ebenfalls zum Bahnhof führt.

AM WEGE

Der Aufstieg zum Pfaffstättner Kogel bringt den Wanderer an zwei Höhlen vorbei, die durch Auswaschungen von Sickerwasser in den Fugen und Klüften des Hauptdolomits am Berghang entstanden sind. Es handelt sich um die **Elfenhöhle** und die **Einödhöhle**. Erstere ist durch einen schmalen, spitz zulaufenden Durchlass zu betreten und erstreckt sich etwa 30 m tief in den Berg. Bei der Einödhöhle kann man durch zwei Eingänge sogar 87 m ins Innere des Felsens vordringen. Noch vor etwas mehr als 100 Jahren hielt man diese Naturdenkmäler nicht für besonders bemerkenswert. Führungen und Besichtigungen fanden damals in der größten Höhle des Tals (auch sie hieß Einödhöhle) statt, in der angeblich sogar ein zweispänniger Wagen problemlos wenden konnte. Erst nachdem diese Touristenattraktion 1888 eingestürzt war, wurden die beiden anderen Höhlen erschlossen.

Beethoven und Baden

Die Kurstadt Baden ist mit Recht stolz auf die vielen berühmten Komponisten, die hier zu Gast waren – ob zur Kur, als Sommerfrischler oder als Naturliebhaber, die hier einen Zweitwohnsitz hatten. Zu den prominenten Besuchern zählten Musikgrößen wie Haydn, Mozart, Schubert, die gesamte Walzerdynastie Strauß, Brahms, Mascagni und vor allem Ludwig van Beethoven (1770–1827). Zwischen 1804 und 1825 hat der Schöpfer der „Missa solemnis" und vieler anderer unsterblicher Werke etliche Male sein Sommerdomizil in der idyllischen Stadt an der Schwechat aufgeschlagen.

Beethoven, der einer flämischen Musikerfamilie entstammte und in Bonn aufwuchs, erlangte bereits als musikalisches Wunderkind Berühmtheit und machte im Alter von 17 Jahren in Wien die Bekanntschaft Mozarts. Nach seinem Studium in Bonn ließ er sich 1792 endgültig in Wien nieder, das damals durch sein blühendes Mäzenatentum der ideale Boden für ein heranreifendes Musikgenie war. Hier stellte er auch seine ersten Kompositionen vor.

1802 bekannte er sich im „Heiligenstädter Testament" zu seinem bereits seit sechs Jahren offenkundigen Gehörschaden, der ihn 1819 schließlich völlig ertauben ließ und seine depressive und misanthropische Grundgestimmtheit erklärt.

Trost suchte der Meister, der die Winter meist kränkelnd und schwermütig in Wien verbrachte, vor allem in der Natur. Immer wieder betonte er in Briefen und anderen Schriften das ungeheure Wohlgefühl, das ihn auf dem Land ergriff und zu neuen Schöpfungen anregte.

Der erste schriftlich belegte Baden-Aufenthalt Beethovens begann im Juni 1807. Während dieses Sommers arbeitete er an der Messe in C-Dur op. 86, zu der ihm Nikolaus Fürst Esterházy den Auftrag erteilt hatte. Die Legende will, dass er sich damals auch mit der „Pastorale" beschäftigt und das Gewitter im dritten Satz dieses Werks beim heutigen Beethovenstein im Helenental erlebt haben soll.

Im Sommer 1812 fielen einer Feuersbrunst mehr als 80 Prozent der Badener Häuser zum Opfer. Beethoven veranstaltete daraufhin in Karlsbad ein Wohltätigkeitskonzert „für die Badener Abbrändler".

1821 mietete der Komponist zum ersten Mal zwei Räume im „Kupferschmidhaus" in der Rathausgasse 10 – als Beethovenhaus ist dieses Gebäude noch heute eine der vielen Sehenswürdigkeiten der Kurstadt (täglich außer Mo zu besichtigen). Dort erhielt er eine Rechnung über „beschädigte Fensterläden": Er hatte einen spontanen Einfall auf besagten Fensterläden notiert, die anschließend vom Hausbesitzer um viel Geld an musikbegeisterte Kurgäste verkauft wurden. Die neuen Läden ließ sich der geschäftstüchtige Vermieter dann noch von Beethoven bezahlen ...

23 Das „Wegerl im Helenental"

Um den Badner Lindkogel ins Tal der Schwechat

„Ich kenn ein kleines Wegerl im Helenental, das ist für alte Ehepaare viel zu schmal, die jungen aber müssen eing'hängt gehn, und das ist schön!" Diese Wanderung folgt zum Teil dem im Lied von Alexander Steinbrecher besungenen Promenadenweg am südlichen Schwechatufer zwischen Baden und der Augustinerhütte. Zurück geht's über den nordseitigen Helenentalsteig.

DER WANDERWEG

Wir verlassen in **Baden** den Bus und stehen vor dem Portal des Thermalstrandbads, dessen Art-déco-Fassade uns in zartem Lachsrosa entgegenstrahlt. Die Anlage stammt aus dem Jahr 1926 und umschließt mit Schwefelthermalwasser gefüllte Schwimmbecken sowie einen künstlich angelegten Sandstrand, der wehmütige Erinnerungen an die im Ersten Weltkrieg verlorenen Küstengebiete der Adria wecken sollte.

Unser Weg führt nach rechts, vorbei am ehemaligen Kurhotel Esplanade, und dann links über die Hildegardbrücke in die Weilburgstraße, in die wir rechts einbiegen und bald den 700 m langen Aquädukt der **Ersten Wiener Hochquellenwasserleitung** unterqueren. Ohne die Gehrichtung zu ändern, erreichen wir die Albrechtsgasse bzw. den Weilburgplatz und schlagen auf Blau und Rot „40" die Richtung „Ruine Rauheneck" ein. Beim Waldeinstieg sehen wir den letzten Rest von **Schloss Weilburg**, das Erzherzog **Karl** zwischen 1820 und 1823 für seine Frau **Henriette von Nassau-Weilburg** erbauen ließ. Nur noch der Wappenstein, der vom habsburgisch-nassauischen Löwen geziert wird, erinnert an das einst gewaltige Gebäude.

Nach 100 m auf Asphalt betreten wir Waldboden und gewinnen unter Schirmföhren konstant an Höhe. Bald erreichen wir die unvermittelt zwischen den Bäumen auftauchende **Ruine Rauheneck,** den ersten Eckpfeiler des Eingangs zum **Helenental** (30 Min.). Wenn wir die Holztreppe im dunklen Inneren des dreieckigen Bergfrieds ersteigen,

WEGVERLAUF: Rundwanderung. Baden/Thermalbad – Ruine Rauheneck (30 Min.) – Antonsgrotte (1 Std.) – Augustinerhütte (45 Min.) – Ruine Rauhenstein (1 ½ Std.) – Baden (30 Min.)

DAUER: 4 ¼ Std., Variante 2 ¾ Std.

LÄNGE: 16 km, Variante 11,5 km

SCHWIERIGKEITSGRAD: Keine großen Höhenunterschiede, erst im letzten Abschnitt ist der Helenentalsteig etwas anspruchsvoller.

WEGMARKIERUNGEN: Blaue und rote Balken mit „404" und „40", gelbe und rote Balken, blaue und grüne Balken

EINKEHRMÖGLICHKEITEN: Landgasthof zur Cholerakapelle (Mo Ruhetag), Augustinerhütte (Do, Fr, So und Fei Ruhetag; Übernachtungsmöglichkeit), Seminarhotel Krainerhütte (So und Fei für Nicht-Hotelgäste Ruhetag), div. Lokale in Baden

ANFAHRT: Mit der S-Bahn (im Stundentakt) auf der Südbahnstrecke bis Baden. Vom dortigen Bahnhof aus verkehren

mehrere Buslinien. Ausgangspunkt der Wanderung ist die Station Thermalstrandbad in der Helenenstraße.

Mit dem Auto über die A2 bis zur Anschlussstelle Baden, dann auf der Badener Bundesstraße (B210) bis zur Abzweigung Zentrum (B212), über die Vöslauer Straße stadteinwärts. Vor der Brücke über die Schwechat links in die Weilburgstraße abbiegen und auf Höhe des Thermalbads (auf der anderen Flussseite) parken.

Beethovenstein

bietet sich vom höchsten Aussichtspunkt der Ruine ein eindrucksvoller Blick auf die Ausläufer des Kalkstein-Wienerwalds und das Wiener Becken. Am gegenüberliegenden Hang erspähen wir die Ruine Rauhenstein und darunter, in der Talsohle, die Kirche St. Helena, nach der das Helenental benannt wurde (siehe S. 197, „Am Wege").

Nachdem wir die Ruine über den hölzernen Zugangssteg verlassen haben, setzt sich unsere Route geradeaus auf Blau und Rot durch ein stilles Waldstück fort. Zehn Minuten später passieren wir die Königshöhle, einen jungsteinzeitlichen Fundort. Im Anschluss daran folgt ein kurzes Gefälle. Im Einschnitt weisen rote Markierungen (WWW 404 bzw. RWW 40) nach links auf den Gegenhang, wo wir zwischen Buchen schräg bergan wandern. Sobald der Anstieg wieder verflacht, läuft der Pfad – weiterhin rot markiert und immer wieder mit einem Pfeil „Jägerhaus" versehen – ca. 1 km parallel zu einer Forststraße, die wir mehrmals queren. Schließlich kommen wir an einen Kreuzungspunkt, wo links eine gelbe Wandertafel „Zum Hohen Lindkogel (über Jägerhaus)" weist; wir halten uns jedoch geradeaus – Richtung „Cholerakapelle" – und gehen auf dem rot, fallweise mit „3" und später auch grün markierten Weg an den Hängen des Badner Lindkogels entlang, bis wir ins Tal der Schwechat gelangen. Bei der Antonsgrotte, einem 1829 errichteten Ruheplatz in einem künstlichen Steingewölbe, treffen wir schließlich auf das „Wegerl im Helenental" – die Promenade am südlichen Schwechatufer (1 ½ Std.).

Variante: Wenn wir an diesem Punkt dem rot und grün markierten Abschnitt des „Wegerls" Richtung Baden folgen, spazieren wir durch lieblichen Mischwald etwa 1,5 km weit bis zu einem Rastplatz, wo sich die roten Marken links fortsetzen. Über einen Steg erreichen wir die Siegenfelder Kreuzung, überqueren dort die Straße und benützen auf Grün den Anschlussweg Richtung „Ruine Rauhenstein".

Über eine moderne Betonbrücke wechseln wir zum anderen Ufer, um einen Blick auf die oberhalb der Autostraße thronende Cholerakapelle zu werfen, die 1831 – nach der glücklich erfolgten Abwendung einer Epidemie – von einem Wiener Ehepaar gestiftet wurde. Ein Aufstieg (links um den Landgasthof zur Cholerakapelle herum)

lohnt sich nicht wirklich, da
ein undurchsichtiges Gittertor
den Blick ins Innere der Kapelle verwehrt (evtl. Schlüssel im
Lokal holen).

Wir überqueren wie-
der die Brücke zum „Wegerl"
und folgen der roten und gelben Markierung westwärts
(Richtung „Augustinerhütte"),
am Beethovenstein vorbei, wo
der Komponist in den Jahren
1824/25 öfters geweilt haben
soll. Etwa 1 km weiter durchmessen wir das Gelände eines
ehemaligen Erholungsheims
und nehmen danach den
bergseitigen Weg zur <u>Augusti-
nerhütte</u>. Nach einem kurzen
Anstieg in dichtem Mischwald

Ruine Rauheneck

gelangen wir schließlich zu dem bekannten Ausflugsgasthaus, das
oberhalb des rechten Schwechatufers liegt (2 ¼ Std.).

Wir haben nun den westlichsten Punkt der Wanderung erreicht und treten auf der anderen Talseite den Rückmarsch an. Über
die Zugangsstufen des Lokals und eine schmale Straße gelangen wir
zu einem Parkplatz hinunter. Hier setzen wir unseren Weg geradeaus
(rechts neben der Schwechat) fort, bis wir zu einer kleinen Holzbrücke
gelangen, über die wir auf das Gelände des <u>Seminarhotels Krainerhütte</u>
kommen. Wir bleiben hinter dem Gebäude und steuern nach rechts auf
den Hotelparkplatz zu, nach dem wir die hier stark befahrene Autostraße überqueren. Auf der anderen Straßenseite sehen wir die schräge
Einmündung einer Forststraße, wo uns eine Wandertafel auf Blau Richtung „Cholerakapelle 25 Min." verweist.

Hier betreten wir den spärlich markierten Römerweg, der uns
auf den Südhang des <u>Kleespitzes</u> bringt. Auf einer Lichtung (Kleespitz-
sattel) tauchen gelbe Orientierungstafeln (u. a. „Siegenfelder Kreuzung

Helenental, Ruine Rauhenstein

2,8 km") auf. Rechts geht es zur Cholerakapelle. Wir bleiben hangseitig und gehen in einem linken Bogen auf Blau weiter bergauf. 500 m weiter ist ein erster Scheitelpunkt erreicht. Nachfolgend geht es ca. 500 m leicht bergab – bis von rechts eine breite, geschotterte Forststraße dazustößt („Schwarzberg 0,6 km"), über die wir links nach 400 m einen zweiten Scheitelpunkt an einer Wegkreuzung erreichen.

Ein gelber Pfeil weist uns hier nach rechts („Siegenfelder Kreuzung 1,3 km"). Wir halten nun – weiter auf Blau – unter Bäumen auf einen (meist verdeckten) Sendemast zu, in dessen Nahbereich auf dem Schwarzberg der Aussichtspunkt Schwarzbergkanzel liegt. Beim folgenden Abstieg über den Helenentalsteig passieren wir die beeindruckenden Kalksteinwände der Badener Kletterschule, wo man bisweilen angehende Bergsteiger beim Training beobachten kann. Nach den Wänden geht es markant bergab, bis wir die Siegenfelder Kreuzung erreichen. (Hier stößt die obige Variante wieder zur Hauptroute.)

Jenseits der hier einmündenden Straße durch das Rosental setzt sich unsere Route fort (rechts neben dem Geländer) – wir folgen der grünen Markierung u. a. Richtung „Rauhenstein 1,5 km". Der Weg führt an den Helenentaler Blöcken – ebenfalls beliebte Kletterwände – vorbei und läuft dann auf den Urtelstein zu, einen mächtigen Felsen, der bis zum Jahre 1827 das Helenental nach Westen versperrte. Kaiser Franz I. ließ den heute noch bestehenden Straßendurchbruch errichten. Hier sollen einst Todesurteile vollstreckt worden sein, indem man die Delinquenten vom Urtelstein in die Schwechat hinabstürzte.

Unser Pfad schlängelt sich nach einem Linksknick steigartig den Berghang hinauf, wo wir unter hohen Schirmföhren und zwischen vereinzelten Kalksteintürmen erst zum Aussichtsplatz Urtelstein und nach einer fabelhaften hangseitigen Passage – wenn wir rechts hinunter abzweigen („Rauhenstein 0,2 km") – zur **Ruine Rauhenstein** (siehe unten, „Am Wege") gelangen, deren bizarre Fassadenreste unvermittelt zwischen den Bäumen auftauchen. Der Zutritt ist allerdings derzeit wegen der Gefahr von Steinschlag nach massiven Frostschäden im Mauerwerk auf unbestimmte Zeit untersagt und daher gesperrt (3 ¾ Std.).

Wir gehen an jenen Punkt zurück, wo wir zur Ruine abgestiegen sind, und bleiben auf der Hangseite, wo Rot und Grün weiterführen (Tafel u. a. mit „Kornhäuselgasse 1,0 km"). Nach der Felsenaussicht senkt sich der Weg kurz stark, dann mäßig. An einem Drahtmaschenzaun zweigen Rot und Grün links ab (Richtung „Bergsteiggasse"). Wir bleiben aber geradeaus auf Grün („Kornhäuselgasse 0,5 km") und wandern auf dem nun breiteren Weg in Kehren talwärts. Nach dem vergitterten Zugang zum Aquädukt der Hochquellenwasserleitung erreichen wir im Zuge des Rainerwegs (der nach **Erzherzog Rainer,** einem der Wohltäter Badens, benannt wurde) Stadtgebiet. Vor der Pension Helenental kommen wir in die Karlsgasse. Wir gehen bei der Pension um die Ecke, weiter durch Kornhäuselstraße, Schlossgasse und schließlich Helenenstraße, die uns zum imposanten Bau des Strandbades zurückführt (4 ¼ Std.).

AM WEGE

Am Eingang des Helenentals liegt die verfallene **Burg Rauheneck,** deren Erbauer – ein gewisser **Hartung Turso von Rauheneck** – 1163 erstmals urkundlich erwähnt wurde. Das Gebäude fiel später an das Geschlecht der Walseer und dann an den berüchtigten „Raubritter" **Franz von Haag.** Die Burg wurde von König **Matthias Corvinus** gebrochen und ist seither dem Verfall preisgegeben.

Auch die an der nördlichen Seite des Helenentals gelegene **Ruine Rauhenstein** wurde bereits Ende des ersten Jahrtausends als Holzburg angelegt und später in eine Steinburg umgewandelt. Seit 1718 befindet sich die aus steuerlichen Gründen „abgedachte" Anlage im Besitz der **Freiherren von Doblhoff.** Die Reste zeugen noch von einer imposanten Festung, die bis zu 100 Personen beherbergen konnte.

24 Vom Kursalon zur Berghütte

Im Kalkstein-Wienerwald bei Bad Vöslau

Diese Rundwanderung beginnt und endet in Bad Vöslau, einer wegen ihres Thermalwassers weithin bekannten Kurstadt, und führt durch Föhrenwälder und Weinberge über die südöstlichsten Erhebungen des Wienerwalds vor den Niederungen der Thermenlinie. Die Schönheit der Region wird so manchen zu einer beschaulichen abschließenden Einkehr bewegen.

DER WANDERWEG

Wir verlassen den Bahnhof von **Bad Vöslau** und halten über die Bahnstraße (siehe S. 203, „Am Wege") auf die Berge zu (Pfeile Richtung „Zentrum", „Thermalbad" und „Harzberg"). Wenn wir die Kreuzung mit der breiten Badner Straße erreichen, wenden wir uns nach rechts. Auf der gegenüberliegenden Straßenseite sehen wir das mittlerweile geschlossene Café-Restaurant „Thermalbad", die ehemalige Villa Pereira. Wir überqueren die Straße und gehen zum Portal des berühmten Thermalbads der Kurstadt, dessen Wasser als Heilmittel für Erschöpfungszustände, Kreislaufstörungen und rheumatische Erkrankungen gerühmt wird. Der Eingang wird von gewaltigen Kolonnaden gesäumt. (Auf dem Platz vor dem Gebäude macht der Bus aus Wien Station.)

Rechts vom Portal beginnt neben dem Hotel Stefanie, einem Bau aus dem Jahr 1896, der Malfattiweg, den wir nun über behindertengerechte Stufen hinaufsteigen. Der Weg wurde nach **Dr. Johann Malfatti** benannt, der nicht nur Leibarzt Beethovens war, sondern – im Auftrag des Grafen **Moritz II**. – auch die Vöslauer Quelle auf ihre Heilkraft testete. An einigen Stellen kann man einen Blick auf die Becken und Liegewiesen des „Gartenbades" werfen. An der schlichten Marien-/ Cholerakapelle vorbei gelangen wir auf den Franz-von-Suppé-Weg, der kurz danach in die Florastraße mündet, die wir nach links bis zum Josefsplatz vor dem ehemaligen Florahof beschreiten.

Dort befindet sich der Eingang zum Kurpark, den wir leicht bergauf gehen und nach dem Kursalon wieder verlassen. Hier treffen

WEGVERLAUF: Rundwanderung. Bad Vöslau – Harzberg (1 Std.) – Vöslauer Hütte (45 Min.) – Abzweigung Hinterer Lindkogel (45 Min.) – Jägerhaus (45 Min.) – Waldandacht (1 Std.) – Bad Vöslau (45 Min.)

DAUER: 5 Std.

LÄNGE: 17,5 km

SCHWIERIGKEITSGRAD: Überwiegend gemütliche Tour mit zwei etwas markanteren Steigungsabschnitten

WEGMARKIERUNGEN: Gelbe, blaue und grüne Balken, anschließend wieder gelbe Balken, Rot-Weiß-Rot mit „404" und „42", dann „40", im Stadtbereich unmarkiert

EINKEHRMÖGLICHKEITEN: Schutzhaus Am Harzberg (Mo und Di Ruhetag), Vöslauer Hütte (Mo und Do Ruhetag; Übernachtungsmöglichkeit), div. Buschenschenken

ANFAHRT: Mit der Bahn auf der Südbahnstrecke bis zum Bahnhof Bad Vöslau. Es gibt auch Busverbindungen, doch die S-Bahn ist vorzuziehen, da sie im Stundentakt verkehrt. Mit dem Auto über die A2, die Südautobahn, entweder bis zur Abfahrt Baden und auf der Umfahrungsstraße nach Vöslau; oder A2 bis Vöslau, dann B212 Richtung Zentrum, nach der Bahnunterführung links in die Industriestraße abbiegen und zum Bahnhof weiterfahren. Parkmöglichkeiten gibt es entlang der Bahnstraße. Man kann auch näher beim Stadtzentrum parken und so den Weg etwas abkürzen.

wir eine Vielzahl von Wandertafeln an und orientieren uns an dem gelben Pfeil, der mit „Harzberg über Roverhütte – ca. 30 Minuten" beschriftet ist. Der gelb markierte Pfad führt an einem Tennisplatz vorbei, lässt uns rasch an Höhe gewinnen und steigt anschließend etwas sanfter an. Stationen eines Fitnessparcours und des Geo-Lehrpfads begleiten uns. Nach Querung der unbefestigten Straße auf den Harzberg geht es auf mit Föhrennadeln bedecktem Waldboden weiter. Am Wegrand sehen wir immer wieder eingeschnittene Schirmföhren, deren Harz gesammelt wird. Wir gehen vorne an einem Holzhaus vorbei und sehen gleich wieder die gelbe Markierung. Der ab jetzt stark ansteigende Weg ist zum Teil stufenförmig angelegt und durch Geländer abgesichert. Bald erreichen wir einen weiteren Parkplatz, von dem es nur noch wenige Minuten auf den Gipfel des Harzbergs (466 m) sind (1 Std.).

Neben dem Schutzhaus Am Harzberg, wo es auch eine Kängurufarm zu besichtigen gibt, erhebt sich der 22 m hohe Steinbau der Jubiläumswarte, von deren Plattform sich ein eindrucksvoller Rundblick auf die vorwiegend mit Nadelhölzern bewachsenen Ausläufer des Wienerwalds an der Thermenlinie bietet. Die Warte wurde – ebenso wie zwei andere Wienerwaldwarten gleichen Namens – in den Jahren 1898/99 zum fünfzigjährigen Regierungsjubiläum von Kaiser Franz Joseph I. erbaut.

Wir verlassen die Anhöhe in jene Richtung, aus der wir gekommen sind, bleiben jedoch vorerst auf der Bergstraße, bis nach etwa 500 m in einer scharfen Kurve links ein Forstweg beginnt, der kurz darauf blau markiert ist und dem wir durch einen märchenhaften Föhrenwald etwa niveaugleich (Richtung „Vöslauer Hütte") folgen. Nach ca. 1,5 km biegen wir in die zur Hütte führende Bergstraße ein, wo uns grüne Marken begleiten. Bei einer Kreuzung führt uns die Markierung nach rechts in den Wald – man kann auf der Straße bleiben oder diese minimal kürzere Route benützen. Schließlich erreichen wir die Vöslauer Hütte des Naturfreunde-Vereins. Im stillen Gastgarten können wir uns bei einem Getränk oder einem Imbiss etwas ausruhen (1 ¾ Std.).

Von der Hütte aus setzt sich unser Weg auf Gelb und Blau – Richtung „Eisernes Tor" – fort. In einem Linksbogen treffen wir auf einen Kreuzungspunkt, wo es talwärts nach Großau geht. Wir behalten aber unsere Richtung bei und wandern in einem breiten Graben

Schutzhaus Am Harzberg

markant bergauf. Bei der nächsten Wegkreuzung folgen wir der auf einem gelben Wanderpfeil angezeigten Richtung „Hoher Lindkogel" nach links zum Eisernen Tor. Der folgende Abschnitt führt durch einen lichten Föhrenhain weiter bergauf. Der Anstieg verflacht dann merklich, bis wir den höchsten Punkt unserer Wanderung erreicht haben – den Sooßer Lindkogel, dessen 713 m hohen, dicht bewaldeten Gipfel wir knapp unterhalb umgehen. Nach einigen hundert Metern durch Jungwald sehen wir vor uns den Hohen Lindkogel. An einem weiteren Kreuzungspunkt (Hinterer Lindkogel), der sich durch einen hohen Baum mit vielen Wandertafeln am rechten Wegrand auszeichnet, treffen wir auf die roten Markierungen des Voralpenwegs 04, des WWW 404 und des RWW 42. Achtung: Diese Markierungen sind an der Baumrückseite angebracht (2 ½ Std.)!

Wir verlassen diese Stelle nach rechts Richtung „Baden" auf Rot und Blau. Der felsige Weg führt hier zum Teil recht steil bergab und erfordert Trittsicherheit. Nach gut 1 km mündet er in die links abgehende Forststraße „Weichseltal", die mit einem wesentlich milderen Gefälle durch einen stark laubbedeckten Hohlweg führt und bei einer rot-weißen Schranke vor einer kleinen Häusergruppe endet. Wir nähern uns nun dem Jägerhaus. Wenn wir dann die Zufahrtsstraße entlanggehen, sehen wir im angrenzenden Grundstück das ehemalige Ausflugslokal gleichen Namens (3 ¼ Std.).

Wir biegen danach nicht in die asphaltierte Straße ein, sondern bleiben auf der rechten Berghangseite, wo sich der RWW 40, der Beethoven-Wanderweg, fortsetzt. Nach einem kurzen Anstieg unter Föhren verläuft der Weg über nadelbedeckten Waldboden und fast niveaugleich Richtung Vöslau. Manchmal treten wir an den Waldrand, wo wir nach einiger Zeit die lieblich zwischen Weinbergen gelegene Gemeinde Sooß erkennen, die für ihre ausgezeichneten Rotweine gerühmt wird. An der Stelle, wo der asphaltierte Weg zum Ort hinunterführt, zweigt unser Weg über einen Berghang ab. Nach einem kurzen Anstieg geht es gemütlich dahin; vor einem eingezäunten Privatgrundstück halten wir uns scharf rechts und kommen in dichtes Waldgebiet. Einige bergab führende Kehren später erreichen wir eine Forststraße und die Andachtsstätte „Zur Waldandacht" – einen steinernen Aufbau mit einer Muttergottesdarstellung zwischen mächtigen Föhren. Es handelt sich dabei um einen Kultplatz vorchristlichen Ursprungs, der angeblich einen heiligen Stein mit starker Strahlung birgt (4 ¼ Std.).

Am ehemaligen Gasthaus „Zur Waldandacht" vorbei gehen wir rechts von der Zufahrtsstraße auf einem rot markierten Weg kurz weiter, bis uns der Pfeil „Kurpark" nach rechts weist. Nach einem schönen Waldstück und dem Überqueren einer schmalen Straße erreichen wir schließlich den Kurpark. Wir bleiben auf den rot markierten Wegen, gehen an zwei Denkmälern – für die Herrscher Franz Joseph I. und Joseph II. – vorbei und erreichen so wieder den Josefsplatz. Über die von schönen, alten Villen gesäumte Florastraße spazieren wir talwärts, wobei wir auf Nr. 19 auch die Marienvilla passieren, die sich noch heute im Besitz der bekannten Sekthersteller-Dynastie Schlumberger befindet. Es handelt sich um einen spätbiedermeierlichen Bau aus dem Jahr 1845, dessen Untergeschoß als Wirtschaftstrakt gestaltet ist.

Im weiteren Verlauf halten wir auf ein freistehendes, schlossartiges Gebäude zu und gelangen durch die Ludwigstraße in die Schlumbergerstraße, in die wir rechts einbiegen. Nach dem Überqueren der Badner Straße folgen wir der schräg links wegführenden Raulestraße durch

Weg zur Forststraße „Weichseltal"

einen verkehrsberuhigten Bereich und biegen danach rechts in die Falk-straße ein, die neben dem Hotel Vöslauer Hof in die Bahnstraße mündet. Dort wenden wir uns nach links und gehen die restlichen paar hundert Meter bis zum Bahnhof, dem Ausgangspunkt unserer Tour (5 Std.).

AM WEGE

Der Name „Vöslau" leitet sich vom mittelhochdeutschen „Feselowe" her und bedeutet „Au am Gesundbrunnen". Die heilsamen Thermal-quellen des Kurorts tun auch Tieren gut: Der **Hansybach** (unsere Wan-derung führt in der Bad Vöslauer Bahnstraße an ihm entlang) wird von ihren Abwässern gespeist und hat daher eine konstante Temperatur von 23 Grad. Er beherbergt drei tertiäre Schneckenarten (die Thermen-Pechschnecke, die Thermen–Kahnschnecke und die Thermen–Zwerg-quellschnecke), die nur in derart temperierten Gewässern überleben können – eben hier und in Bad Fischau. Dieser zoologischen Beson-derheit wurde das erste und bisher einzige **Schneckenreservat** der Welt gewidmet, über das man sich anhand einer Schautafel und in einem Salettl an der Kreuzung mit der Badner Straße näher informieren kann.

25 „Hoch dem Wall des Wienerwaldes entragend ...“

Von Pottenstein auf den Hohen Lindkogel

Der Hohe Lindkogel ist der Hauptgipfel des südlichen Wienerwalds. Für diese Tour fällt die Wahl auf einen der weniger beschwerlichen Anmärsche auf den Berg zwischen Schwechat- und Triestingtal: von Pottenstein über die Hohe Schlatten und die pittoreske Ruine Merkenstein bis zum Schutzhaus Eisernes Tor auf dem Gipfel des Lindkogels.

DER WANDERWEG

Gleich vor dem Bahnhofsgebäude von **Pottenstein** finden wir die ersten Hinweistafeln für Wanderer, auf der verschiedene Routen angeführt sind. Wir folgen den Pfeilen Richtung „Doppelkarner“ und „Merkenstein“ und gehen auf der Bahnstraße (rot und gelb markiert) die Triesting entlang. Gegenüber dem Haus Nr. 11 queren wir auf Gelb über eine Fußgängerbrücke die Triesting, dann die Bundesstraße. So gelangen wir in die Schlattengasse, über die wir die Hainfelder Straße erreichen, die wir wiederum nach rechts ins Ortszentrum bis zur **Wallfahrtskirche Maria Trost im Elend** weiterwandern. Hinter dem Sakralbau können wir einen romanischen Doppelkarner aus dem 12. Jh. betrachten. Gehen wir durch ein schmales Gässchen zur Gutensteiner Straße vor, so erblicken wir auf der gegenüberliegenden Straßenseite das Sterbehaus des Schriftstellers **Ferdinand Raimund**, der sich hier – im damaligen Gasthaus „Zum Goldenen Hirschen“ – 1836 das Leben nahm, weil er glaubte, Tollwut zu haben.

Nach dem Hauptplatz mit seinem restaurierten Rathaus setzt sich die Wanderung in der Hauptstraße fort, wo wir das 1851 aufgehobene Mauthaus passieren. Durch die Blumentalgasse verlassen wir den verbauten Bereich nach links und gelangen zunächst auf Asphalt in einen schönen, hochstämmigen Föhrenwald. Nach einem Kalksteinbruch geht es auf Waldboden weiter bergwärts. Der Anteil an Laubhölzern nimmt zu (Holzpfeil „Wolfgeist"). Wir gehen in diesem aufgelichteten Mischwald leicht bergan. Weitere Markierungen, die unsere Richtung angeben, fehlen zunächst. Nach zwei Rastbänken am linken Wegrand gelangen wir zu einer vierfachen Wegkreuzung. Der zweite Ast von links ist deutlich rot markiert. Wir schlagen ihn ein und wandern auf einem Karrenweg weiter, der sich leicht senkt und nach 150 m in eine breite Forststraße einmündet, die gleich wieder links abschwenkt. Wir setzen schräg rechts auf Rot fort (Tafel „Pottenstein" gegen unsere Richtung). Der Anstieg ist mäßig

Der Doppelkarner in Pottenstein

bzw. verflachend, bis wir den Kreuzungspunkt „Wolfsföhre" erreichen, dessen zentrale Stelle das Herrgottskreuz unter einer dürren Linde ist.

Wir bleiben auf Rot und marschieren etwa niveaugleich durch einen Mischwald Richtung „Merkenstein – Eisernes Tor", wobei wir den wenig ausgeprägten Gipfel der Hohen Schlatten in 434 m Höhe erreichen. Schließlich senkt sich unser Weg ins sanfte Tal des Rohrbachs ab. Dieser ist ein echter Karstbach, da er unweit unserer Route plötzlich versickert und erst in Gainfarn wieder auftaucht.

Wir biegen bei einem Forstbetrieb rechts in eine breite, asphaltierte Straße ein. Nach Überquerung der Straße zwischen Großau und Schwarzensee führt der Wanderweg hinter einer Schranke den gegenüberliegenden Berghang durch gesunden Mischwald schräg hinauf. Nach gut 500 m zweigen wir links in eine Fahrstraße ab und bewegen uns durch ein Waldstück, in dem einige Edelkastanien auffallen. Wir kommen an Mauerresten und Ansätzen von Höhlen vorbei und sollten rechter Hand den Pfad zur Ruine Merkenstein nicht verpassen. Im süd-

lichen Unterbau der Burg befindet sich die öffentlich nicht zugängliche **Merkensteiner Höhle,** die als urgeschichtlicher Fundort (Tierknochen und Feuerstellen aus der Eiszeit) bekannt geworden ist. Die im 12. Jh. erstmals erwähnte Burg wurde beim zweiten Ansturm der Türken im Jahre 1683 zerstört. Heute befindet sich die Ruine im Besitz der Republik Österreich und damit der Bundesforste – von einer Besichtigung ist (wegen der Baufälligkeit des Gemäuers) abzuraten (1 ½ Std.).

Wieder zurück auf dem Hauptweg gelangen wir bald zu einem schmiedeeisernen Tor, hinter dem sich Gebäude und Garten von **Schloss Merkenstein** befinden. Das im Tudorstil erbaute und erst vor wenigen Jahren im Originalstil restaurierte und im Privatbesitz befindliche Schlösschen stammt aus dem Jahr 1844.

WEGVERLAUF: Streckenwanderung. Pottenstein – Ruine Merkenstein (1 ½ Std.) – Hoher Lindkogel (1 Std.) – Herrgottsbuche (1 ¼ Std.) – Gainfarn (1 ½ Std.)

DAUER: 5 ¼ Std.

LÄNGE: 18,5 km

SCHWIERIGKEITSGRAD: Anfangs mäßiger, schließlich beträchtlicher Anstieg zum höchsten Punkt; der Abstieg ist zunächst steil (auf den Tritt achten!), dann mäßig, schließlich verflachend.

WEGMARKIERUNGEN: Rote und gelbe Balken, teilw. mit „404", teilw. Blau mit „42", kurz unmarkiert bzw. „3" auf gelbem Grund, Rot, dann Grün

EINKEHRMÖGLICHKEITEN: Schutzhaus Eisernes Tor (Übernachtungsmöglichkeit, Mo Ruhetag, Juli Urlaub)

ANFAHRT: Mit der S-Bahn oder Regionalbahn auf der Südbahnstrecke von Wien bis Leobersdorf. Umsteigen in den Regionalzug Richtung Sankt Pölten. Zielbahnhof ist Pottenstein an der Triesting.

RÜCKFAHRT: Postbus zwischen Gainfarn und Baden-Bahnhof; von dort mit der Südbahn nach Wien.

HINWEIS: An heißen, wolkenlosen Tagen können die letzten – schattenlosen – Kilometer zum Leidensweg werden.

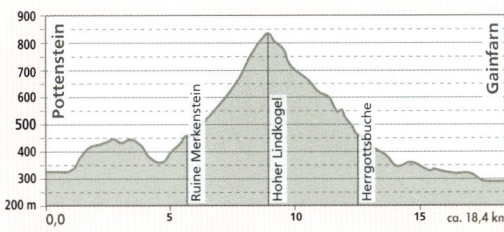

Wir gehen rechts an der Steinmauer entlang, die das Schlossareal begrenzt, und biegen etwas höher wieder in die Forststraße (Murggengartengrabenstraße der ÖBF) ein, die ab hier neben dem Merkensteinschen Forstgelände bergwärts verläuft. Im langgezogenen Merkengartengraben gewinnen wir rasch an Höhe.

Nach fast 2 km Steigung dreht der breite Weg rechts ab, wir überwinden die letzten 150 Höhenmeter schmalpfadig auf Rot (Tafel „Beethoven-Wanderweg"). Zwischen dünnstämmigen Föhren und Buchen führt der Pfad nun steil bergauf, bis wir auf dem Gipfelrücken des Hohen Lindkogels aus dem Wald treten. Hier halten wir uns links und legen auf dem WWW 404 das letzte Stück bis zum Schutzhaus Eisernes Tor in 834 m Höhe zurück (2 ½ Std.).

Der Name des Lokals stammt von einer nicht mehr bestehenden Andachtsstätte, die durch ein Eisentürchen verschlossen war. An das Schutzhaus angebaut ist die 16 m hohe <u>Sinawarte,</u> die 1856 vom <u>Freiherrn Simon von Sina</u> zum „Vergnügen des Publikums" errichtet wurde. Über dem Eingang findet sich eine Inschrift des Badener Lokalforschers und Dichters <u>Hermann Rollett</u>: „Eisernes Thor hoch dem Wall des Wienerwaldes entragend. Goldene Pforte bist du herrlicher Rundschau ins Land." Von der hölzernen Aussichtsplattform der Warte bietet sich an klaren Tagen eine gewaltige Aussicht – im Westen ragt der Peilstein auf; im Norden sehen wir Heiligenkreuz und Siegenfeld im Schwechattal; östlich liegen der Sooßer Lindkogel und das Wiener Becken; am südlichen Horizont erheben sich Rax und Schneeberg.

Nach einer ausgiebigen Rast wandern wir wieder ein Stück unseren vorherigen Weg zurück, steigen jedoch nicht nach Merkenstein ab, sondern benützen den <u>Brennersteig,</u> der rot–blau (42) markiert ist. Auf zunehmend felsigem Terrain geht es dann zum Teil stufenförmig talwärts. An den steilsten Abschnitten sind noch einige veraltete Haltestangen als Sicherung angebracht. Nach etwa 300 m ist das stärkste Gefälle überwunden und es geht wieder gemütlicher dahin (Richtung „Baden"). Bei einem markanten Grenzstein gelangen wir an eine Weggabelung, wo eine grüne Markierung nach links in den Kalkgraben und zur Cholerakapelle führt. Wir bleiben aber noch etwa 300 m auf Rot/Blau, bis wir am linken Wegrand eine schlanke, hohe Föhre (mit „404" und blauem Balken) erreichen. Im spitzen Winkel wenden wir uns hier nach rechts und steuern talwärts über einen wenig ausgetretenen Pfad auf eine Forststraße zu, in die wir kurz danach rechts einbiegen.

Wir gehen – mit Blick auf den bewaldeten Gipfelbereich des Hohen Lindkogels – zwei langgezogene Kehren bergab und stoßen beim Rastplatz „Brezelbuche" wieder auf kleine Tafeln mit „3", denen wir weiter (nach links) talwärts folgen. Die breite, teilweise geschotterte Forststraße führt durch einen stellenweise schmalen Graben, ist aber durch hochstämmige Bäume gut geschützt. Am Rastplatz „Herrgottsbuche" können wir eine 350 Jahre alte, ausladende Buche bewundern (3 ¾ Std.).

Wenige hundert Meter danach weist ein Pfeil zu Opfersteinen der Illyrer – in Stein gehauene Schalen, die als heidnische Kultstätten dienten und 4000 Jahre alt sein sollen. An dieser Stelle erblicken wir auch eine riesige Föhre, die sich mit ihren Wurzeln an einen Felsblock klammert. Wir erreichen schließlich einen Kreuzungspunkt, an dem wir nach links in den rot markierten Sonnenweg abzweigen, der knapp innerhalb des schützenden Krainerwaldes verläuft. Dort, wo eine blaue Markierung nach links zur Vöslauer Hütte weist, behalten wir (nunmehr auf Grün) unsere Richtung bei. An einer Schranke endet die Forststraße Krainerwald.

Opferstein der Illyrer

Wir wenden uns nach rechts und gehen dann links Richtung <u>Gainfarn</u> weiter. Nach einem letzten Nadelwaldstück setzt sich der Sonnenweg auf Grün zwischen Rieden fort und macht – vor allem an heißen Sommertagen – seinem Namen alle Ehre. Nach dem Rastplatz „Kuhschellen" sehen wir bereits den Kirchturm von Gainfarn. Wir passieren einen Tennisplatz und einen Friedhof; zur Linken erblicken wir den Dolomitsteinbruch am Südhang des <u>Harzbergs.</u> Schließlich erreichen wir die Merkensteiner Straße, die in die Hauptstraße von Gainfarn mündet. Wir gehen diese geradeaus weiter bis zur Nr. 75, wo die Busstation „Volksschule" gelegen ist, von der aus wir nach Baden gelangen können. Vor der Rückfahrt können wir aber auch noch bei einem der gemütlichen <u>Heurigen</u> des Weinbauorts einkehren (5 ¼ Std.).

26 Besuch bei den „Klettermaxen"

Über den Peilstein nach Mayerling und Heiligenkreuz

Vom Triestingtal aus wird der Peilstein – mit seiner für Kletterer äußerst attraktiven Steilwand – auf bequeme Art erwandert. Danach erinnert das Jagdschloss in Mayerling an die Tragödie um Kronprinz Rudolf. Abschließend steht in Heiligenkreuz ein Besuch des ältesten Zisterzienserklosters Österreichs auf dem Programm.

DER WANDERWEG

Im Erholungsort **Weissenbach an der Triesting** verlassen wir den Zug und treten auf den Parkplatz vor dem Bahnhof, wo eine Orientierungstafel angebracht ist. Parallel zur Straße verläuft der Triestingtal-Radweg Nr. 42, auf dem wir uns nach links wenden (gelbe Pfeiltafel „Peilsteinhaus 1 ½ h") und nach gut 150 Straßenmetern die Gleise der Bahn überschreiten. Wir gehen zwischen einem Transformatorenhäuschen und einem Gebäude mit der Aufschrift „Villa Waldmühle" hindurch und überqueren 50 m danach die Bundesstraße 18. Rechts erkennen wir die Abzweigung der Straße nach Neuhaus. An der dort befindlichen Haltestelle beginnt die Wanderung für jene, die mit dem Bus anreisen.

Wir marschieren auf Rot–Weiß–Rot („448") in die Dr.-Suess-Gasse, weiter über einen Lagerplatz und auf der sanft ansteigenden Forststraße Richtung Norden in einen Mischwald. Die Abzweigung des Nordalpen-Weitwanderwegs **WWW 401** nach rechts ignorieren wir und gehen auf Rot hangseitig weiter durch ein dichteres Waldstück, bis wir auf die asphaltierte Wolzogenstraße in **Neuhaus** stoßen, der wir rechts bergab folgen. Durch die Weinbergstraße und über eine Steinbrücke gelangen wir auf den großzügig angelegten, parkartigen Hauptplatz der Ortschaft, die Anfang des 20. Jh.s ein mondäner Kurort war. Wir biegen links in die Weißenbacher Straße (nach dem Schutzweg Nöstacher Straße) und wenige Meter weiter gemäß den Richtungsweisern („Mayerling–Schwarzensee–Peilstein") rechts in die Schwarzenseer Straße ein.

Bei einem schlichten Wegkreuz zweigt links die Feldgasse ab, die uns rasch bergan führt. Wenn wir uns beim Rechtsknick dieser

Gasse umwenden, sehen wir auf dem gegenüberliegenden Hügel die imposante <u>Burg Neuhaus</u> emporragen, die ihre beste Zeit Mitte bis Ende des 19. Jh.s erlebte und heute teilweise in Privatbesitz ist. Nach weiteren 250 m biegen wir bei Nr. 17 im spitzen Winkel nach links in die Schießlstraße ein. Auf ihr geht es noch weiter bergwärts. Bei den letzten Häusern und einer Schranke endet der Asphalt; wir wandern auf der gut befestigten Schießlstraße der Österreichischen Bundesforste bergwärts.

Heiligenkreuz, innerer Stiftshof

Ein breiter, kurz unmarkierter Weg führt uns zunächst über freies Gelände und zwischen Bäumen hindurch, dann auf Rot nach rechts in einen Buchenwald, der von Eichen aufgelockert ist. Wir gewinnen rasch an Höhe, überqueren nach einiger Zeit eine Lichtung, die durch eine freistehende Eiche und eine Birke auffällt, und halten uns danach im Wesentlichen nahe dem Waldrand. Schließlich treten wir auf die Peilstein-Zubringerstraße und folgen dieser bergwärts. Etwa fünf Minuten später erreichen wir schon die <u>Peilsteinhütte,</u> ein Schutzhaus der Naturfreunde Traiskirchen.

Wir setzen unsere Wanderung auf der Straße fort und kommen nach ca. 300 m zum Waldrand und damit zur unscheinbaren Querung des <u>WWW 404,</u> der hier als Judith-Kremer-Steig von <u>Schwarzensee</u> heraufführt. An dieser Stelle können wir uns entscheiden, ob wir auf der in sanften Kehren verlaufenden Straße oder dem etwas anspruchsvolleren Steig bergan weitergehen wollen – beide bringen uns in relativ kurzer Zeit zum <u>Peilsteinhaus,</u> das vom Österreichischen Alpenverein in 716 m Höhe auf dem Gipfel des <u>Peilsteins</u> betrieben wird und ein interessantes Speisenangebot für Kletterer und Wanderer bereithält.

Alland
MAYERLING
Heiligenkreuz
Ziel
(312)
26
11
A21
Stift
Buchberg
478
Hühnerkogel
447
Reha.-Zentrum
Kirchenwald
Kloster
Ghf. zum alten Jagdschloss
326
474
367
Groisbach
Kritschenkg.
Mayerling
Preinsfeld
464
Untermeierhof
210
Kronleiten
Heiderberg
518
Bischofsmütze
514
Windhagberg
462
Steinhof
Kreith
Maria Raisenmarkt
Ungarstein
R. Arnstein
Mafiosi
Kienberg
681
606
Kl. Marchberg
601
Steinleiten
Schwechatbach
Holzschlag
Gr. Marchberg
Gutental
Sulzriegel
Raisenb.
Kaiserwald
489
Kienkogel
Allandriegel
Peilstein
607
716
Peilsteinhaus
Zobelhof
Schwarzensee
Galgenriegel
Obermeierhof
Peilstein-hütte
530
590
Steinfeld
Seehof
Hoher Lindkogel
834
Aegidigraben
Kalter Berg
390
Schreihof
Rohrbach
Bettsteighof
Dernberg
640
Kientaler
Kienberg
Himmel
Burg Neuhaus
Rohrbach
Neuhaus
(423)
Scheiberhütten
Weinberg
526
Hofstätten
Nöstachbach
530
Ranzenboden
Gadenweith
572
Start
Gibisbühel
Bhf.
18
Schl. Merkenstein
Weissenbach
an der Triesting
0
500m
1000m
Ruine Merkenstein
Geißberg

800
700
600
500
400
300
200 m
Weissenbach/Tr.
Peilsteinhaus
Peilsteinhaus
Maria Raisenmarkt
Mayerling
Heiligenkreuz
0,0
5
10
ca. 15,4 km

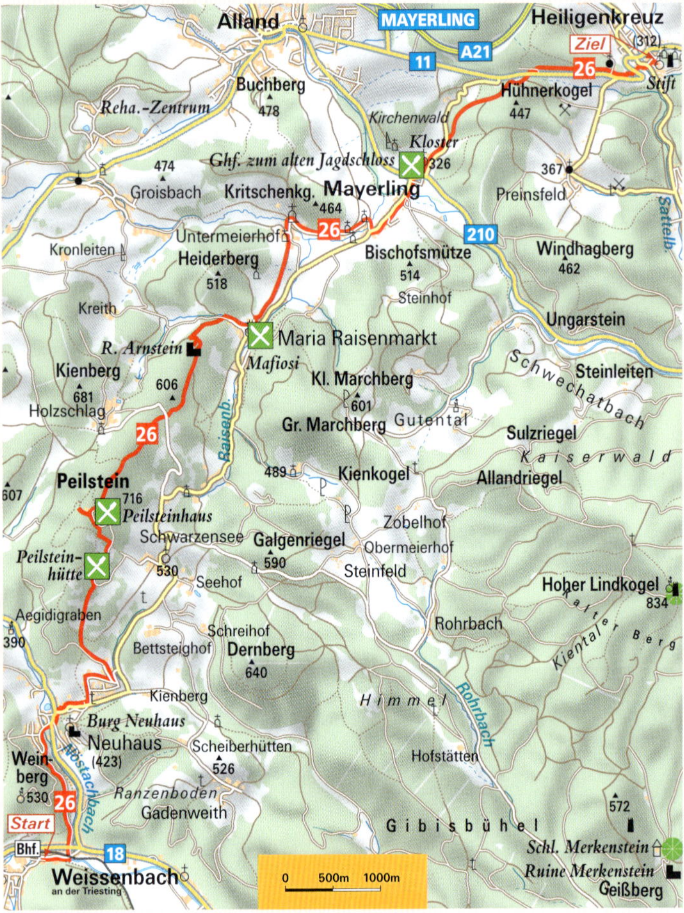

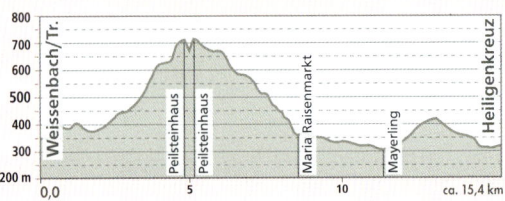

Burg Neuhaus

WEGVERLAUF: Streckenwanderung. Weissenbach an der Triesting – Peilsteinhaus (1 ¾ Std.) – Maria Raisenmarkt (1 Std.) – Mayerling (45 Min.) – Heiligenkreuz (1 Std.)

DAUER: 4 ½ Std.

LÄNGE: 15,5 km

SCHWIERIGKEITSGRAD: Abgesehen vom Anstieg auf den Peilstein und von dem vor allem bei feuchtem Boden teilweise rutschigen Abstieg nur geringe Höhenunterschiede

WEGMARKIERUNGEN: Rot-Weiß-Rot mit „448", „01" und „401", später mit „06", „406" und „42"

EINKEHRMÖGLICHKEITEN: Peilsteinhütte (Sa, So und Fei geöffnet; Juli & Aug. Ferien), Peilsteinhaus (Mo und Di Ruhetag; Übernachtungsmöglichkeit),

Pizzeria Mafiosi (Mo und Di Ruhetag), Gasthof „Zum alten Jagdschloss" (Mi und Do Ruhetag), Klostergasthof Heiligenkreuz (Mi Ruhetag)

ANFAHRT: Mit der Bahn über die Südbahnstrecke bis zum Umsteigbahnhof Leobersdorf, von dort mit der Regionallinie Richtung St. Pölten durch das Triestingtal bis zum Zielbahnhof Weissenbach-Neuhaus. Mit dem Postbus auf der Verbindung Baden (Bahnhof) – Bad Vöslau – Leobersdorf – Berndorf Richtung Thenneberg/Kaumberg ebenfalls bis Weissenbach, aber bis zur Station Abzweigung Neuhaus

RÜCKFAHRT: Vom Badner Tor des Stiftes aus stehen alternativ die Postbuslinien nach Baden oder nach Mödling – jeweils zur Südbahn – zur Verfügung.

Eine zur Aussichtsplattform ausgebaute Feuertreppe bietet eine schöne Rundumsicht (1 ¾ Std.).

Wenn wir vor dem Peilsteinhaus links von der Straße abzweigen, kommen wir durch ein Waldstück zu den Kalksteinwänden des Peilsteins, der größten und beliebtesten Kletterschule des Wienerwalds (siehe „Bergsteigen im Wienerwald", S. 217). Selbst nicht ganz schwindelfreie Wanderer sollten sich möglichst nahe an den Abgrund heranwagen, um den grandiosen Ausblick nach Westen nicht zu verpassen: Bei schönem Wetter glänzt im Tal die barocke Wallfahrtskirche in **Hafnerberg** zwischen sattgrünen Wiesen und Wäldern. Auch die Silhouette der nahen Voralpenberge können wir auf uns wirken lassen.

Unsere Tour wird zwischen Schutzhaus und dem Kletterpavillon der Alpinschule Peilstein nach Norden hin (Richtung „Maria Raisenmarkt") fortgesetzt. Wir verlassen die Anhöhe des Peilsteins durch einen Mischwald über einen breiten, laubbedeckten Weg. Bei einer Weggabelung geht der WWW 404 links nach Maria Raisenmarkt über Holzschlag ab – wir halten uns aber auf dem geradeaus und markant bergab führenden WWW 401. Nach etwa 20 Minuten Gehzeit vom Peilsteingipfel überqueren wir die Zufahrtsstraße von Schwarzensee nach Holzschlag und durchschreiten daraufhin das nächste Waldstück – direkt unterhalb der nicht sehr ausgeprägten Erhebung des **Schlossbergs.**

Dort, wo sich der Wanderweg etwas verjüngt, können wir linker Hand im Fels einen Hohlraum und danach einige brüchige Mauerteile erkennen. Es handelt sich um die **Ruine Arnstein,** den letzten Überrest einer Burg aus dem 12. Jh., die 1529 im Zuge des ersten Türkeneinfalls zerstört wurde. Bevor wir den letzten Ausläufer des Peilsteinrückens verlassen, können wir noch nach der Ruine vorsichtig über Baumwurzeln zur Steilwand hinübergehen und einen Blick auf die von Kletterern gern besuchte **Arnsteinnadel,** einen nordseitig steil abfallenden Felsspitz, werfen.

Der Pfad wird nun viel schmäler und führt auf wurzeldurchzogenem und steinigem Grund rasch talwärts. Unterhalb der Arnsteinnadel erreichen wir die **Arnsteinhöhle,** für die man eine urgeschichtliche Besiedlung annimmt. Wo der markante Abstieg endet, biegen wir bei den Richtungsweisern nach rechts in einen breiten Weg ein. Ab hier läuft der WWW 401 mit dem WWW 406 parallel.

Nach einigen hundert Metern mündet der Forstweg in eine Asphaltstraße, über die wir in die Ortschaft **Maria Raisenmarkt** gelangen. Wir erreichen die Hauptstraße in Höhe der **Pizzeria Mafiosi**.

Gleich links, gegenüber dem Lokal, führt eine Gasse zum kleinen Dorffriedhof. Hier sind die beiden Wanderwege 01/06 Richtung „Mayerling" angeschrieben. Wir folgen der Gasse, die auf Höhe des Friedhofs rechts abbiegt und in einen Feldweg übergeht, der über freies Gelände auf die Häusergruppe Untermeierhof zuläuft. Nach einem Bildstock wandern wir auf der Straße durch die Ansiedlung, wenden uns vor dem Haus Nr. 28 (mit einem weiteren Bildstock davor) nach rechts und marschieren zwischen Villen und Bauernhöfen weiter, bis wir neuerlich einen Bildstock erreichen, bei dem wir rechts in die Johann-Steiner-Gasse abbiegen.

50 m weiter kommen wir in die Hauptstraße von **Mayerling**, wo wir uns nach links wenden und auf dem Gehsteig weiterwandern. Wir überqueren die Schwechat auf der neuen Betonbrücke und bewegen uns auf die Hauptkreuzung des Ortes zu. Schon von weitem sehen wir den Gebäudekomplex des kaiserlichen Jagdschlosses, der zu einem Kloster der Karmelitinnen umgewidmet wurde. 1889 beging **Kronprinz Rudolf** hier gemeinsam mit seiner Geliebten **Mary Vetsera** Selbstmord. Das Sterbezimmer des Kronprinzen wurde zu einer Gedenkkapelle umgebaut, die man ebenso wie eine Ausstellung gegen Gebühr besichtigen kann.

Unsere Route führt geradewegs auf den **Gasthof „Zum alten Jagdschloss"** zu, in dessen Garten wir Rast machen und uns stärken können (3 ½ Std.). Neben dem Gastgarten befindet sich der Eingang zum Besucherzentrum.

Abkürzung: Wer hier die Wanderung beenden will, kann bei der Haltestelle vor dem Lokal eine von zwei Buslinien benützen (zu den Bahnhöfen der S-Bahn in Mödling oder Baden).

Wir setzen unsere Wanderung fort, indem wir auf der Straße nach Heiligenkreuz etwa 400 m weit in nördlicher Richtung marschieren. Der rot-weiß-rot markierte Weg (Reitweg, „Helenental-Strecke" für Biker) zweigt kurz nach einer Infotafel auf der linken Straßenseite schräg rechts in ein dichtes Mischwaldstück ab, wo er über weichen Boden leicht bergauf führt. Linker Hand erkennen wir immer wieder die Autostraße und dann auch das Hotel Hanner. Wir treten schließlich auf einen baumfreien Kreuzungspunkt von Forstwegen und setzen gemäß den Tafeln „Reitweg" und „Helenental-Strecke" nach rechts fort. Dann bewegen wir uns noch kurz im Wald neben der Straße zwischen Alland und Heiligenkreuz („Heiligenkreuz – Sittendorf – Kreuzsattel", 01, 06), gelangen dann direkt an den Fahrbahnrand und queren schließlich die B11 gemäß dem Pfeilhinweis, um gegenüber knapp oberhalb der Straße fortzusetzen (Achtung, starker Verkehr!).

Wir durchmessen ein besonders dichtes Waldstück, in dem der Wanderweg einige hundert Meter lang parallel zur Straße verläuft. Anschließend geht es wieder am Straßenrand weiter, bis wir die Stiftsanlage von <u>Heiligenkreuz</u> erkennen und nach links über eine Wiese hinuntergehen. Über einige Stufen erreichen wir neuerlich die Bundesstraße, queren diese und steigen über weitere Stufen ins verbaute Gebiet der Fremdenverkehrsgemeinde hinunter. Am Fußpunkt rechts gewendet, brauchen wir nur noch eine Brücke zu überschreiten, um nach wenigen Metern zum Badner Tor des Stifts zu gelangen, wo die Postbusse Station machen (4 ½ Std.).

WEITERE HINWEISE

Am Ziel unserer Wanderung haben wir die Möglichkeit, das 1135 von Markgraf <u>**Leopold III.**</u> dem Heiligen gegründete **Zisterzienserstift Heiligenkreuz** zu besichtigen, das seinen Namen einer hier verwahrten Reliquie vom Heiligen Kreuz (Kreuzkirche) verdankt. Der frühbarocke Stiftsbau, der die mittelalterliche Klosteranlage umschließt, beeindruckt durch wunderschöne Arkadengänge. Im inneren Stiftshof finden wir die Dreifaltigkeitssäule und den Josephsbrunnen, die in den Jahren 1736 bis 1739 von Giovanni Giuliani geschaffen wurden. Im barocken Glockenspielturm des Stiftes Heiligenkreuz befindet sich das zweitgrößte Glockenspiel Österreichs, das mit seinem zarten Klang den Stiftshof beschallt. Es empfiehlt sich eine Führung durch den mittelalterlichen Teil des Klosterkomplexes, um Stiftskirche, Kreuzgang, Kapitelsaal, Totenkapelle und Fraterie betrachten zu können. Im Klostergarten können wir uns anschließend weltlicheren Genüssen hingeben.

Die Peilstein-Kletterwände

Bergsteigen im Wienerwald

Alpine Dimensionen im Wienerwald? So unwahrscheinlich sich das auch anhören mag – die unterschiedlich alten Kalkschichten der Alpen-Randzone stellen mit ihren erstaunlich schroffen Ausprägungen selbst geübte Kletterer vor eine schwierige Aufgabe. Die Dimensionen dieses Gebiets mit seinen vielen Türmen, Kegeln und Wänden reichen zwar nicht an die des Zentralmassivs heran, bieten Bergsteigern jedoch ausreichend Gelegenheit, sozusagen „vor der Haustür" zu trainieren.

Detaillierte Beschreibungen der Kletterreviere sind im Fachhandel erhältlich und sollten im Interesse der eigenen Sicherheit genau studiert werden, wenn man sein alpines Hobby ernst nimmt. Die folgende Übersicht stellt die bedeutendsten Kletterplätze des Wienerwalds vor:

Kaltenleutgebner Tal

– Die den Südabfall des Zugbergs in Rodaun prägende **Mitzi-Langer-Wand** ist bis zu 40 m hoch und die älteste und populärste Klettermöglichkeit Wiens. Sie weist bereits stark abgekletterte Platten auf.

– Die bis zu 20 m hohe **Lutterwand** liegt gegenüber der Mitzi-Langer-Wand in einem ehemaligen Steinbruch und bietet einige lohnende Anstiege mit durchschnittlichen Schwierigkeitsgraden.

– Die **Waldmühle,** in der Nähe des Kaltenleutgebner Steinbruchs Fischerwiese, ist eine bis 20 m hohe, teilweise überhängende Formation am Nordwesthang des Teufelsteins.

– Unweit des Flössel-Steinbruchs befinden sich zwei abwechslungsreiche Felsstrukturen, nämlich der Kaltenleutgebner Grat und die Streberwände.

– Die Luckerte Wand (von der Kirche und über die Eisgrabenwiese erreichbar) ist ein rau-griffiger, aber löchriger Fels für Begehungen zwischen dem dritten und fünften Grad.

– Wenn man zum Höllenstein aufsteigt, fällt kurz vor Erreichen des Höllensteinhauses die niedrige Formation der Höllensteine auf, die für ihren anspruchsvollen Quergang bekannt ist.

Mödling, Hinterbrühl, Gießhübl

– Vom Parkplatz am Ende der Prießnitzgasse in Mödling erreicht man in wenigen Minuten die Friedrichswand, eine ausgedehnte, bis 60 m hohe Platte, die sich aber überwiegend aus brüchigem Gestein zusammensetzt, wo Haken schlecht Halt finden.

– Bewegt man sich in Mödling nach dem Aquädukt quer durch die Klause, so fällt linker Hand am Nordhang des Frauensteins der bis zu 120 m von der Talsohle (Promenadeweg) hochragende Glocknergrat auf, der durch seine klippenartige Struktur eindrucksvolle Aufstiegsmöglichkeiten auf fester und rauer Oberfläche bietet. Noch etwas weiter taleinwärts lohnt der Besuch der beiden reich strukturierten Lausbubenwände und des Lausbubenpfeilers sowie des 40 m hohen Efeugrats.

– Am Weg von der Breiten Föhre zum

Husarentempel kommt man zum Matterhörndl, einem 10 m hohen, pyramidenförmigen Felsen zwischen hohen Bäumen. Schon um 1870 wurden hier die ersten Kletterversuche unternommen.

– Gießwände: Die Anhöhe westlich der Hans-Nemecek-Hütte (am besten über Gießhübl erreichbar) fällt felsig in den Finsteren Gang ab. Hier können Höhen bis 35 m über Routen erklettert werden, die in Fachkreisen als Norm für den jeweiligen Schwierigkeitsgrad gelten und dieses Revier daher zum klassischen Trainingsziel machen.

– Den Wassergsprengfelsen erreicht man, wenn man von Hinterbrühl kommend in Weißenbach bei Mödling die Abzweigung zum Wassergspreng nimmt und dann zu Fuß die breite Forststraße (RWW 444) weitermarschiert. Auf diesem 15 m hohen Felskegel kann man seine Fähigkeiten u. a. in einem Kamin prüfen.

Helenental

Streift man im Bereich des Tunnels durch den Urtelstein bei Baden aufmerksam umher, dann stößt man auf engstem Raum auf mehrere interessante, klettergerechte Felsformationen.

– Oberhalb der Bundesstraße (noch vor dem Tunnel über die ehem. Jausenstation) erstreckt sich das erst 1988 für den Klettersport erschlossene Jammerwandl auf 100 m Breite und bis zu 20 m Höhe mit seinen 30 lohnenden Anstiegen – ein neues Kletter-Mekka.

– Links bergwärts davon erreicht man über einen Steig das Voglwandl, ebenfalls eine Erschließung neuerer Zeit, die sich mit 20 m Wandhöhe zunehmender Beliebtheit erfreut. Unmittelbar nach dem Tunnel und neben der Straße erhebt sich das Zwergwandl mit einem Dutzend Aufstiegsmöglichkeiten. Knapp vor der Siegenfelder Kreuzung befinden sich über dem Wanderweg noch die von alters her beliebten Helenentaler Blöcke – ein 50 m langer und bis zu 15 m hoher, reich gegliederter Fels, der vom dichten Buchenwald Schatten empfängt.

– Die Badener Kletterschule liegt schließlich im Waldstück jenseits der Siegenfelder Kreuzung und ist der ältteste Klettergarten im Schwechattal. Auf drei langgestreckten Formationen stehen zahllose Anstiege jedes Schwierigkeitsgrads zur Verfügung.

– Wenden wir im Bereich des Tunnels unseren Blick zur Schwechat hin, so stellen wir fest, daß der mächtige Tunnelfelsen auf der Flussseite teilweise überhängend direkt ins Wasser abfällt, was für Kletterer natürlich eine besondere Herausforderung darstellt. Beim Klettern am sogenannten Engelstein kann man leicht „baden gehen".

Peilstein

Das Gebiet des Peilsteins ist die klassische Kletterschule des Wienerwalds, die Bergsteiger von nah und fern anlockt. Das Revier ist seit mehr als 100 Jahren erschlossen und trug entscheidend zur Entwicklung der Bergsteigerbewegung im Wiener Raum bei. Immer wieder haben zunehmend fachkundigere Beschreibungen jüngere Generationen zu neuen Herausforderungen und Begehungen angespornt, die die alten Darstellungen in den Schatten stellten.

Schild am Peilsteinhaus

Die fast 100 m hohen, in unzählige Türmchen gegliederten Kalkwände, die den westlichen Absturz des Massivs bilden, sind ein ehrfurchtgebietender Anblick. Sie bieten für Kletterer jeder Entwicklungsstufe schier unerschöpfliche Anstiegsvarianten.

Vergleicht man die extreme Form des Peilsteins mit den sanften Hügeln der Sandsteinzone (z. B. vom Tullner Feld aus), so offenbaren sich dem Betrachter erst so richtig die Gegensätze des Wienerwalds. Und doch befinden wir uns in ein und demselben Gebiet, das aufgrund seiner geologischen Struktur über so unterschiedliche Landschaftsformen verfügt.

27 In den Jochgrabenbergen

Von Altlengbach auf den Hasenriegel

Vom Lengbachtal, dem Ausgangspunkt dieser Tour, geht es über 300 Höhenmeter durch ruhige Wälder und hochgelegene Gehöfte auf den Hasenriegel, wo die Falkensteinerhütte zur Rast einlädt. Der gemächliche Rückweg führt zunächst in Autobahnnähe nach Hochstraß, bevor über Lengbachl wieder Altlengbach erreicht wird.

DER WANDERWEG

Auf dem Kirchenplatz in **Altlengbach** wenden wir uns in die asphaltierte Sandlhofstraße, die links von der gotischen Pfarrkirche bergwärts führt. Eine große Tafel weist hier zur „Schulz Hütt'n". Dort, wo nach einer Rechtskurve die Brunnhofgasse links abzweigt, folgen wir weiterhin der Sandlhofstraße bergan. Nach fast 2 km entlang der Nord- und Ostflanke des **Soßberges** passieren wir die am rechten Straßenrand versteckte Florianikapelle und kommen nach der Ortstafel von **Maiß** zu einer Gruppe von Privathäusern. Hier zweigt die Büchelbauerstraße gemeinsam mit unserer roten Markierung rechts ab.

Nach 50 Straßenmetern wandern wir ca. 50 m durch den Wald bergab und gelangen auf die schmälere Steineckstraße, die wir nach rechts, vorbei an einigen Häusern von Maiß, etwa 200 m weitergehen. Dann weisen uns die roten Marken („Schöpflhütte, Falkensteinerhütte, Hasenriegel") nach links – zunächst einen Lattenzaun entlang, danach in ein zunehmend dichteres Waldstück, in dem der Weg bergab führt. Wir treten schließlich an den oberen Rand eines Wiesenhangs und halten auf den in der Senke sichtbaren Hof zu.

Über einen Steg queren wir einen kleinen Wasserlauf. Ein Güterweg bringt uns zum Großgrabenhof, den wir zur asphaltierten Großgrabenstraße durchschreiten, auf der wir uns gemäß der roten Markierung und einer Pfeiltafel mit der Aufschrift „Falkensteinerhütte" links halten. Nach einem sanften Anstieg verlassen wir den Güterweg über eine breite Bachbrücke und dringen rechts in den Wald ein (rote Pfeilmarkierung). Der zunächst fahrzeugbreite Forstweg ist abschnittsweise

WEGVERLAUF: Rundwanderung. Altlengbach – Falkensteinerhütte (1 ¾ Std.) – Abzweigung Hochstraß (45 Min.) – Altlengbach (1 ¼ Std.)

DAUER: 3 ¾ Std.

LÄNGE: 15 km

SCHWIERIGKEITSGRAD: Wechselnd Asphalt- und Waldpassagen, die keine großen Anforderungen stellen

WEGMARKIERUNGEN: Rote, teilweise gelbe Balken, Gelb-Grün, unmarkiert, rote Raute

EINKEHRMÖGLICHKEITEN: Falkensteinerhütte (Sa, So und Fei geöffnet; Übernachtungsmöglichkeit), Gasthaus zum Kirchenwirt (Do Ruhetag, Mi, So und Fei ab 14 Uhr geschlossen)

ANFAHRT: Mit der Regionalbahn bis Eichgraben-Altlengbach, dann mit dem Postbus Richtung Hainfeld bis Altlengbach-Ortsmitte.
Mit dem Auto über die A1 (Westautobahn) bis zur Abfahrt Altlengbach, von dort bis zum Kirchenplatz in der Ortsmitte

stark ausgeschwemmt und führt uns zwischen Nadelbäumen bergan. Bei Wegkreuzungen bleiben wir immer auf Rot. Nach einem steileren Anstieg treten wir schließlich aus dem Wald und gehen in einem weiten Linksbogen auf den Waldhof zu. Hier führt der rot markierte Weg mit den von Manzing kommenden gelben Marken zusammen.

Nach dem Gehöft folgen wir den gelb-roten Markierungen. Beim folgenden Anstieg durch ein Mischwaldstück bewegen wir uns abwechselnd auf laubbedecktem, steinigem und wurzeligem Boden. Kurz nach Querung eines breiten Forstwegs gelangen wir zu einer Waldwegkreuzung, wo wir auf den WWW 404 einbiegen und nach links weitermarschieren. Wenige hundert Meter danach erreichen wir auch schon die Falkensteinerhütte, ein uriges Schutzhaus, in dem wir eine wohlverdiente Pause einlegen können. Die Hütte hat nur an Wochenenden und Feiertagen geöffnet und über den Winter sowie im Juli und August überhaupt geschlossen; ein Anruf empfiehlt sich (1 ¾ Std.).

Auf der Zufahrtsstraße der Hütte gehen wir auf fast ebenem Gelände weiter, passieren einige private Waldgrundstücke und bewegen uns durch hohen Mischwald über den Hasenriegel. Der Wald öffnet sich nur an einer Stelle gegen Norden hin und erlaubt uns einen Blick über die Hügel Richtung Lengbachtal. Bei einer Häusergruppe teilt sich die Forststraße. Vor uns erkennen wir einen ehemaligen Berggasthof.

Wir setzen unsere Wanderung nach rechts auf Rot fort. Die Zufahrtsstraße Hasenriegel führt noch etwa 1 km lang parallel zur deutlich hörbaren Wiener Außenringautobahn.

Auf einer Brücke der Anschlussstelle Hochstraß überqueren wir die Autobahn. Kurz bevor wir einen Durchgang unter dem Zubringer erreichen, der ins Ortsgebiet von Hochstraß – der neben dem Schwabendörfl höchstgelegenen Ansiedlung im Wienerwald – führen würde, biegen wir links auf einen gelb-grün markierten Höhenwanderweg Richtung Lengbach ab; für Biker „Laurenzi-Strecke" und „Schoderleh-Strecke" (2 ½ Std.).

Auf dieser Route verlassen wir die Anhöhe von Hochstraß, unterqueren die Außenringautobahn und gehen auf überwiegend lockerem Terrain rechts an Privathäusern vorbei. Nach einem weiteren konsequenten Abstieg mit Ausblick auf die benachbarten Hügel erreichen wir eine kleine Bergsiedlung (Kaltenberg), wo wir unsere Wande-

Falkensteinerhütte im Spätherbst

rung auf Asphalt fortsetzen und einen Rechtsschwenk der Straße nicht übersehen sollten.

In freiem Gelände wandern wir die Kaltenbergstraße bergab, bis wir auf die Lengbachlstraße treffen, in der nach links fortzusetzen ist. Zunächst wenden wir uns aber kurz nach rechts und besuchen die Fallenzhofkapelle. Sie wurde aus Dankbarkeit dafür errichtet, dass die hiesige Bevölkerung den Türkeneinfall unbeschadet überstanden hat, 1901 verändert und 1983 instand gesetzt.

Etwa 600 m nach der Abzweigung erreichen wir ein auffällig gelbes Haus mit der Adresse Lengbachlstraße 9, vor dem wir links einbiegen und zwischen den hangseitigen Wirtschaftsgebäuden auf den nächsten Hügel zusteuern. Auf einem unmarkierten Weg durchmessen wir auf laubbedecktem, festem Boden einen Mischwald. Wir überqueren am höchsten Punkt eine Asphaltstraße und setzen danach neben und zwischen niedrigem Gehölz auf dem anfangs mit gelber Tafel und rotem Punkt gekennzeichneten Rundwanderweg 1 fort. Der Weg verläuft kurz auf unebenem Terrain und schwenkt schließlich auf eine breite Forststraße ein.

Auf dem Weg nach Kaltenberg

Ein Waldweg, der mit weiß umrandeter roter Raute und grün-weißen Hinweisen für Biker markiert ist, führt bald links der Forststraße in einem hochstämmigen Mischwald auf wurzeligem Untergrund immer markanter talwärts. Wir gehen am Talgrund um die Umzäunung eines Sportplatzes und sollten hinter dem Parkplatz die unscheinbare Fortsetzung des Rundwanderwegs (gelbe Tafel) nach rechts entlang des Prinzbachs nicht versäumen. Nach ca. 130 m erreichen wir die Hauptstraße von Altlengbach neben einer Bachbrücke. Auf dem Gehsteig dieser wichtigen Verkehrsader durch den Ort wenden wir uns nach links, passieren bald die Herrgottschmiedenkapelle und erreichen ab hier nach ca. 600 m den Ortskern bei der Kirche. Hier steht auch das Gasthaus zum Kirchenwirt zur Einkehr offen (3 ¾ Std.).

28 Der höchste Gipfel des Wienerwalds

Ein schweißtreibender Marsch auf den Schöpfl

Das Schöpflmassiv gehört zu den waldreichsten Gebieten des Wienerwalds und bietet dem Wanderer unvergessliche Eindrücke. Der Aufstieg beginnt in Laaben und endet in 893 m Höhe bei der Franz-Eduard-Matras-Warte. Der Abstieg Richtung Klausen-Leopoldsdorf ist gemächlich.

DER WANDERWEG

In **Laaben** macht der Bus auf dem Hauptplatz Station. Hier befinden sich u. a. die Gebäude der Post und des Gemeindeamts. Wir gehen am **Landgasthof „Zur Linde"** vorbei und halten uns – Richtung „Forsthof/Klausen-Leopoldsdorf" – bergwärts. Nach ca. 100 m bemerken wir am Beginn einer Sackgasse ein Schild, das Richtung „Schöpflhütte" weist. Auf Höhe des letzten Hauses beginnt am linken Straßenrand ein Pfad, der uns über eine Wiese und zwischen vereinzelten Baum- und Strauchgruppen kontinuierlich bergwärts bringt. Die rot-weiß-roten Markierungen des **WWW 404** sind deutlich angebracht.

Nach fast 1 km erreichen wir einige Bauernhöfe und gehen auf der breiten Straße weiter, bis uns nach der zweiten Kehre Schilder („Klammhöhe-Strecke" für Biker, „Zum Schöpfl") anweisen, die Straße nach links zu verlassen. Wir biegen schließlich neben einem zwischen hohen Bäumen versteckten Privathaus (Hagentaler Hütte) nach links auf eine breite, geschotterte Forststraße ein und folgen dieser. Wenn die Baumkronen den Blick freigeben, sehen wir zunächst rechter Hand das dicht bewaldete Schöpflmassiv, links breiten sich dann im Nordosten die Anhöhen des **Hasenriegels** aus. Nach einem flachen, freieren Abschnitt mit einem Gehöft gelangen wir zu einem Bildstock mit einer Muttergottesstatue.

An der Einzäunung eines Reiterhofs mit Islandpferden entlang gehen wir in einem Rechtsbogen auf den Schöpfl zu. Bis hierher ist die

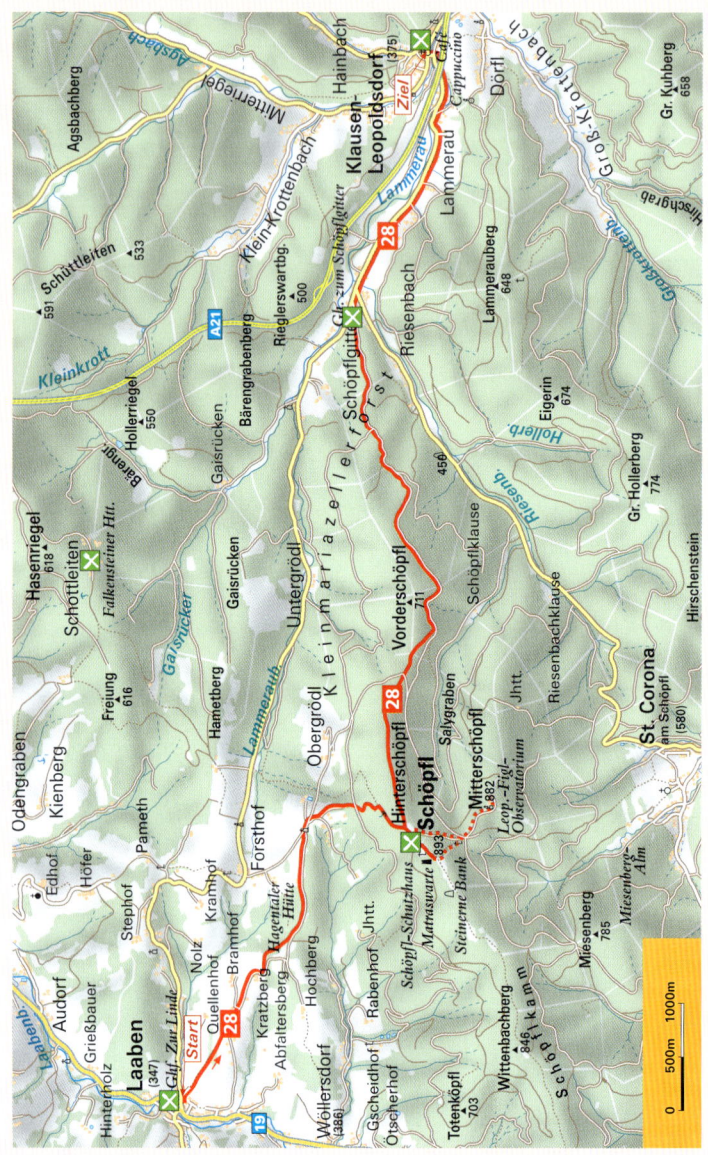

WEGVERLAUF: Streckenwanderung. Laaben – Schöpfl-Schutzhaus (1 ¾ Std.) – Schöpflgitter (1 ¼ Std.) – Klausen-Leopoldsdorf (30 Min.)

DAUER: 3 ½ Std., Variante 4 Std.

LÄNGE: 13,5 km, Variante 15,5 km

SCHWIERIGKEITSGRAD: Auf dem Steig am Nordhang des Schöpfls ist ein beträchtlicher Höhenunterschied (250 m) vom Fußpunkt beim Reiterhof zu überwinden; sonst gemütliche Wanderung.

WEGMARKIERUNGEN: Rot-Weiß-Rot („404") und tlw. Blau beim Aufstieg, Rot bzw. unmarkierte Straße beim Abstieg

EINKEHRMÖGLICHKEITEN: Landgasthof „Zur Linde" (Mi und Do Ruhetag; Übernachtungsmöglichkeit), Schöpfl-Schutzhaus (Mo Ruhetag, Jänner und Februar nur Wochenenden und Fei; Übernachtungsmöglichkeit), Gasthaus zum Schöpflgitter (Fr Ruhetag), Café Cappuccino (kein Ruhetag)

ANFAHRT: Mit der Bahn von Wien-Hütteldorf nach Eichgraben-Altlengbach, dort Busanschluss nach Laaben (Haltestelle Hauptplatz). Mo–So Abfahrt z. B. um 10 Uhr

RÜCKFAHRT: Mit dem Postbus von Klausen-Leopoldsdorf (Ortsmitte) über Mayerling und Helenental zum Bahnhof in Baden. Von dort mit der Südbahn nach Wien. Achtung: Die Busse

Franz-Eduard-Matras-Warte

verkehren selten – Mo–Fr z. B. um 15 und 17 Uhr. Sa, So, Fei z. B. um 14.47 und 16.47 Uhr.

HINWEIS: Leider werden Anfangs- und Endpunkt dieser Route mit öffentlichen Verkehrsmitteln nicht gerade wandergerecht bedient, sodass man für die Tour einen ganzen Tag vorsehen sollte.

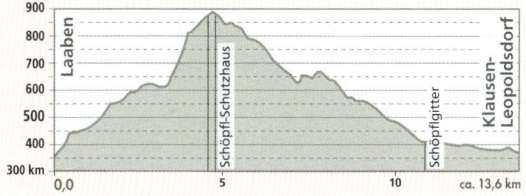

Der höchste Gipfel des Wienerwalds

Zufahrt für Autos erlaubt; hier beginnt der Heinrich-Gith-Steig, der – rot und blau markiert – auf den Berg führt. Links davon, allerdings nicht wesentlich fußfreundlicher, führt auch der Pensionistensteig bergwärts. Nach einer rot-weiß-roten Schranke dringen wir auf dem Steig in einen hochstämmigen Buchenwald ein. Der Anstieg macht dem höchsten Gipfel des Wienerwalds alle Ehre: Auf abwechselnd lehmigem, steinigem und laubbedecktem Boden ist eine beträchtliche Steigung zu bewältigen. Schließlich vereinigen sich Pensionistensteig und Heinrich-Gith-Steig bei einer Trinkquelle – hier sind 800 Höhenmeter erreicht und somit der größte Teil des Aufstiegs geschafft.

Bald treten wir aus dem dichten Wald, wenden uns nach rechts und stehen nach weiteren 300 m vor dem Schöpfl-Schutzhaus des Österreichischen Touristenklubs. Die erste Hütte an diesem Ort wurde 1906 erbaut und brannte 1920 ab; das zweite Haus wurde 1945 im Krieg zerstört; das heute bestehende Gebäude wurde erst 1998 eröffnet und ist das mittlerweile vierte Schöpfl-Schutzhaus (1 ¾ Std.).

Nun halten wir auf die Franz-Eduard-Matras-Warte zu, die den höchsten Punkt dieses Höhenzugs und damit des gesamten Wienerwalds ziert – den Schöpfl (893 m). Am Fuß der Warte bemerken wir einen Obelisken, der 1867 hier aufgestellt wurde; es handelt sich um einen alten, trigonometrischen Vermessungspunkt. Über 104 Stufen können wir die Plattform der 1898 errichteten Eisenkonstruktion ersteigen und von dort einen unvergesslichen Rundblick genießen: Im Süden breiten sich die Hochalpen vor uns aus, im Norden kann man an klaren Tagen über das Lengbachtal hinaus die Donau und bis ins Waldviertel sehen, im Osten erstreckt sich der „niedere" Wienerwald und am Horizont können wir die Karpaten ausmachen. Auf dem benachbarten Mitterschöpfl erkennen wir das im Jahr 1969 errichtete Leopold-Figl-Observatorium der Wiener Universitätssternwarte, wo das größte Spiegelteleskop Österreichs im Einsatz ist.

Variante: Wer die nicht öffentlich zugänglichen Gebäude der Sternwarte aus der Nähe betrachten möchte, wendet sich unterhalb der Warte auf der blauen Markierung Richtung Sankt Corona am Schöpfl und geht nach dem ersten beträchtlichen Gefälle beim Wegkreuz am Fußpunkt die Zufahrtsstraße auf den Mitterschöpfl (882 m) hinauf (kein

Schöpfl-Schutzhaus

Hinweis). Die Rückkehr zur Hauptstrecke erfolgt nach dem Wegkreuz über die Zufahrtsstraße auf das Schöpflplateau (zusätzlich ca. 2 km).

Der Abstieg Richtung Klausen-Leopoldsdorf führt uns am Schutzhaus und am oberen Ende des Heinrich-Gith-Steigs vorbei. Wir bewegen uns Richtung „Schöpflgitter", dringen in einen dichten Mischwald ein und wandern über den östlichen Vorgipfel, den wenig ausgeprägten Hinterschöpfl. Fast 2 km nach dem Schutzhaus quert der Weg eine breite Forststraße und setzt sich gegenüber fort. Nach 500 flacheren Metern mündet der Wanderweg in die gut befestigte Schöpflstraße der Österreichischen Bundesforste, die wir nach links weitergehen. Etwa 3,5 km eines gemütlichen Abstiegs in gesundem Mischwald später kommen wir zu einer Schranke, nach der das verbaute Gebiet des Ortsfleckens Schöpflgitter beginnt. An der folgenden Straßenkreuzung können wir im Gasthaus zum Schöpflgitter Rast machen (3 Std.).

   Die restlichen 2,6 km sind weniger erfreulich, da wir auf der (allerdings schwach befahrenen) Autostraße nach Klausen-Leopoldsdorf weitergehen müssen, um zur Autobushaltestelle zu gelangen.

Leopold-Figl-Observatorium auf dem Mitterschöpfl am Tag der offenen Tür

Der Ort Klausen-Leopoldsdorf verdankt seinen Namen der Großzügigkeit Kaiser Leopolds I., der im Jahr 1667 die erste Klause – zum Transport von Baumstämmen auf dem Wasserweg über Baden und den Wiener Neustädter Kanal nach Wien – errichten ließ, um den Bedarf der Hauptstadtbewohner an Brennholz zu decken. Holzfäller aus dem Salzkammergut wurden hier angesiedelt, die sich auf das Holztriften verstanden. In den folgenden Jahren wurden weitere Klausen auf den Quellbächen der Schwechat gebaut, sodass ein umfangreiches System aus einer Hauptklause und 13 dammförmigen, in weiterer Folge gemauerten Nebenklausen entstanden ist. Klausen-Leopoldsdorf galt daher bis ins 20. Jh. als ein wichtiges Zentrum für die Holzbringung. 1939 fand schließlich die letzte Holztrift statt. Alle bis auf eine Klause sind noch vorhanden und werden heute schrittweise vor dem Verfall gerettet, um sie als Rückhaltemauern zu nutzen.

Die Busstation für die Rückfahrt befindet sich nach der den Ort querenden Autobahn (A21) neben der Tabak-Trafik im kleinen Ortskern. Eine Einkehrmöglichkeit besteht noch an der Straßenkreuzung hinter der Kirche mit dem Café Cappuccino (3 ½ Std.).

29 Auf die Kukubauerwiese

Wanderung auf den Höhenzügen um Michelbach

Die Landschaft rund um die kleine Marktgemeinde Michelbach im südwestlichen Wienerwald lässt bereits erste Charakteristika des Voralpenlandes erkennen und ist von satten Wiesen und reich bewaldeten Höhen geprägt. Auf dieser Rundwanderung mit ihren beeindruckenden Fernblicken wird die Kukubauerhütte besucht.

DER WANDERWEG

Vom Platz vor dem **Gasthaus zur Taverne** in **Michelbach** bewegen wir uns durch den Pfarrhof oder die Steinmauer entlang um die Pfarrkirche und erspähen Orientierungstafeln. Wir wählen die grüne/blaue Variante über Tarnhof, Berghof und Braunhof zur Kukubauerwiese. Vis-à-vis von Haus Nr. 53 beginnt – zuerst über ein paar Stufen – gleich der erste bedeutende Anstieg in einem Mischwaldstück auf Grün-Blau. Wir erreichen eine breite Straße und setzen auf dieser bergwärts in einem rechten Bogen fort. So gelangen wir zum nächsten Haus, an dem wir nach einem Gatter am Holz- und Naturzaun entlang ins nächste Waldstück kommen. Wir gehen zunächst zwischen eng stehenden Nadelhölzern geradewegs und recht steil bergauf, kreuzen einmal einen breiten Forstweg, wo geschlägert wurde, und stoßen schließlich zwischen dichterem Gehölz auf einen Fahrweg vor dem Tarnhof. Rechts gewendet erreichen wir nach etwa 100 m an einer Wegteilung die Straße und die Tarnhofkapelle.

Wir bleiben auf Grün, verlassen den schützenden Wald und marschieren auf der Asphaltstraße über freies Gelände, das von ausgedehnten Wiesen mit vereinzelten Baumgruppen geprägt ist, in Richtung eines Windrads. Das Panorama, das sich während des sanften Anstiegs bietet, ist beeindruckend: Wenn wir zurückblicken, erkennen wir den **Hegerberg,** linker Hand schauen wir auf den Taleinschnitt von Kleindurlas und Untergoin, dahinter ragen **Durlaswaldhöhe** und **Gföhlberg** auf – Letzterer ist mit 885 m die zweithöchste Erhebung des Wienerwalds.

WEGVERLAUF: Rundwanderung. Michelbach – Einbiegung WWW 404 (1 Std.) – Kukubauerhütte (30 Min.) – Bischofshöhe (1 ½ Std.) – Michelbach (45 Min.)

DAUER: 3 ¾ Std.

LÄNGE: 12 km

SCHWIERIGKEITSGRAD: Stärkerer Anstieg zu Beginn, danach überwiegend mäßig anstrengende Höhenwanderung

WEGMARKIERUNGEN: Grüne und blaue Balken, Rot-Weiß-Rot mit „404" und „622", gelbe Balken, Grün-Gelb, Blau-Gelb mit „1", abschließend Blau und Grün

EINKEHRMÖGLICHKEITEN: Kukubauerhütte (Fr–So geöffnet, Nov. bis März nur Sa und So; Übernachtungsmöglichkeit), Gasthaus zur Taverne (Mo und Di Ruhetag)

ANFAHRT: Mit der Bahn über eine Regionalverbindung bis Bahnhof Böheimkirchen. Von dort verkehren Busse nach Michelbach (Endstelle Volksschule).

Mit dem Auto über die A1, die Westautobahn, bis zur Abfahrt Böheimkirchen; dann auf der Landstraße Richtung Süden über Furth nach Fahrafeld. Von dort sind es noch 6 km nach Michelbach Markt.

HINWEIS: Eindeutig markierte und gespurte Abschnitte wechseln sich mit kaum bezeichneten und ausgetretenen Wegverläufen ab. Beschreibung beachten! Wegen dorniger Sträucher und hohem Gras (Zecken) ist vom Tragen kurzer Hosen und Röcke abzuraten.

Wir steuern den Berghof an und biegen vor den ersten Guts-
häusern zur Kapelle des Guts ab. So gelangen wir wieder zu einer
Baumreihe und wandern in einem Linksbogen auf den Braunhof, das
nächste Gut auf dieser Anhöhe, zu. Zunächst passieren wir noch das
Gelände der Volkssternwarte Michelbach, die auch besucht werden
kann (noe-sternwarte.at). Am Hof und an der weithin sichtbaren Wind-
kraftanlage Michelbach vorbei erreichen wir den nächsten Kreuzungspunkt nach einem Wanderparkplatz (1 Std.).

Auf diesem Plateau laufen die roten Markierungen des RWW
622 sowie WWW 404 bzw. E4 zu und begleiten uns auf dem folgenden Aufstieg zum höchsten Punkt. Auf dem bis zur Abzweigung Durlaß
asphaltierten, mäßig ansteigenden Fahrweg, über den die Kukubauerhütte versorgt wird, kann man bei guter Fernsicht bis zum Schneeberg
und zum Ötscher sehen. Wir halten uns hier („Donaublickstrecke" für
Biker) entlang der Jubiläumsweide – so die Bezeichnung der weiten
Wiesenflächen beiderseits des Höhenrückens – und erreichen nach ca.
2 km auf fein gekiester Straße die Kukubauerhütte, in deren Gastgarten
wir einen Imbiss zu uns nehmen können, während wir die herrliche
Aussicht nach Norden genießen (1 ½ Std.). Der höchste Punkt dieser

Jubiläumsweide beim Anstieg zur Kukubauerhütte

Auf die Kukubauerwiese   233

Gegend, die **Kukubauerwiese,** liegt im Wald oberhalb der Hütte und ist durch ein Holzkreuz in 782 m Höhe bezeichnet.

Ein talwärts gerichteter, rot und gelb markierter Weg setzt sich nach der Hütte fort. Beim Alpenblick „Föhrenbigl" lassen wir den Blick weit in die Voralpen schweifen. Gut 1 km nach der Hütte stoßen wir vor einem Gatter auf eine nach rechts weisende gelbe Markierung, der wir folgen. Nun verlassen wir den Weitwanderweg durch einen Wildzaun und benützen einen Pfad auf Weidegrund zwischen vereinzelten hohen Bäumen. Nach einem weiteren Gatter kommen wir zum Oberen Hackenbauer, gehen rechts am Hof vorbei und passieren auf Asphalt den Unteren Hackenbauer. Danach teilt sich die Straße – wir halten uns links und treffen nach einer Kurve in einem Sattel auf eine weitere Wegteilung. Einmal noch weist Gelb nach rechts. Wir steigen kurz rechts zum deutlich erkennbaren Gaishof auf.

Schon vor den Gebäuden sollten wir aber links – quer über die angrenzende Wiese – das Waldstück auf der Bergkuppe ansteuern und uns von etwaigen Elektrozäunen und weidenden Tiere nicht beeindrucken lassen. An einem frei stehenden Nussbaum gehen wir links vorbei in einen Wald, wo erneut zarte grün–gelbe Markierungen auftauchen. Wir durchmessen den Wald auf einem stark zerfurchten Pfad und treten schließlich an den Rand einer ausgedehnten Wiese.

Unser Blick schweift den Wald entlang und erspäht in einiger Distanz auf der nächsten Kuppe einen etwas freier stehenden Baum. Genau diesen steuern wir an. Während der Traverse und des leichten Anstiegs können wir über das Perschlingtal bis zur niederösterreichischen Landeshauptstadt St. Pölten sehen. Nach der mächtigen Linde, auf die wir über die Wiese zugehalten haben, senkt sich die Route zum Waldrand, den wir entlanggehen, bis eine Eiche mit einem primitiven Hochsitz erreicht wird. Hier tauchen wieder grün–gelbe Marken auf. Im folgenden Abschnitt bewegen wir uns – anfangs zwischen Sträuchern und Brennnesseln, dann auf einem breiteren Weg näher am Waldrand – leicht talwärts. Wir treten aus dem Wald, ignorieren die blauen und gelben Markierungen, die rechts nach Michelbach weisen, und bleiben noch auf der Anhöhe, indem wir die bisherige Richtung beibehalten.

Zwischen Lärchen und Fichten geht der Wanderweg bald in einen deutlich gespurten Fahrweg über. Nach einem Wegkreuz marschieren wir weiter auf dem Kamm und kommen ins nächste dichte Waldstück, wo wir etwas unterhalb des Gipfels der **Bischofshöhe** (613 m) entlanggehen. Haben wir auch diesen Wald durchquert, dann setzt sich unser Rückweg nach Michelbach am Waldrand fort. Hier sind Wandertafeln angebracht. Links führt ein Weg über den Ebenhof nach Kropfsdorf, den wir jedoch nicht einschlagen. Wir folgen den deutlich angebrachten blau-gelben Markierungen mit einer weißen „1". Bald gelangen wir zum **Ötzelsberg,** einem weiteren Gut, an dessen Kapelle vorbei sich der Waldrandweg unter

Kukubauerhütte

ständiger Sicht auf Michelbach talwärts senkt.

Wir kommen so zur direkt oberhalb des Ortes gelegenen, kurioserweise eingezäunten Hinterleitnerkapelle. Die letzte Etappe des Abstiegs legen wir auf dem Kapellenweg zurück. Dazu halten wir von der Andachtsstätte aus direkt über die Wiese auf den Waldrand zu und gehen an diesem bergab, wobei wir gelegentlich blaue und grüne Marken erkennen. Ein schmaler, kaum sichtbarer Durchlass bringt uns zur nächsten Wiese, wo wir wieder im Nahbereich der Bäume bleiben. Nach einem Zaundurchstieg verlassen wir die Wiese über einen Feldweg und legen so die letzten Meter über den Südhang in den Ort zurück. Eine Passage zwischen Privatgrundstücken bringt uns auf Asphalt in die Wohnsiedlung „Am Südhang", wo wir links bergab gehen. Beim Feuerwehrhaus betreten wir die Hauptstraße, wenden uns nach rechts und erreichen 200 m weiter den Ausgangspunkt bei der Volksschule bzw. beim Gasthaus zur Taverne (3 ¾ Std.).

30 Durch Gärten und Bauernhöfe

Von Wilhelmsburg auf die Steinwandleiten

Die Wanderung führt in einen der am weitesten von Wien entfernten Abschnitte des Sandstein-Wienerwalds, dessen Anhöhen hier zum Traisen- und Gölsental abfallen. Von der Stadt Wilhelmsburg, Herkunftsort des „Lilien-Porzellans", verläuft der Weg über idyllische Wald- und Wiesenhänge zur leider geschlossenen Stockerhütte.

DER WANDERWEG

Vom Parkplatz aus überqueren wir auf einer breiten Steinbrücke die Traisen und anschließend die Bahngeleise im Bereich der Haltestelle Kreisbach. Wir ignorieren den Weg, der rechter Hand zur Stockerhütte weist, und verlassen auf der asphaltierten Kreisbacher Straße, der roten Markierung folgend, das Stadtgebiet von Wilhelmsburg. Nachdem wir den „Anita's Gasthaus/Catering Guglhupferei" passiert haben, durchwandern wir die Siedlung Kreisbach, in der wir – zuletzt durch die Schlossallee – nach gut 1 km auf ein historisches Gebäude stoßen. Es handelt sich um das Schloss Kreisbach, das nur zum Teil (z. B. die barocke Annakapelle) renoviert wurde. Im Park davor kann man noch einen Rundgang am „LacHort" machen, der von Gartengestaltern zur Entspannung für Körper und Geist entworfen wurde.

Wir bewegen uns in einem kurzen Gewölbegang durch das Schloss, lesen auf einer Tafel die Sage vom „grausamen Ritter auf Schloss Kreisbach", passieren einige mächtige Linden und die Schlosstaverne und gelangen wieder auf die Hauptstraße. Nach etwa 600 m – neben dem Anwesen „Antiquitäten Renz" – zweigt eine Asphalt- bzw. Staubstraße ins Kreisbachtal ab. Auf ihr gehen wir stetig bergauf; gelegentlich sehen wir eine Holztafel mit der Aufschrift „Kraushofer". Nach ca. 2 km erreichen wir diesen Hof, bleiben aber noch auf der Staub- und Kiesstraße auf Rot. Vom Plateau bietet sich eine grandiose Aussicht nach Norden, u. a. auf die Rudolfshöhe, ebenfalls ein beliebtes Ausflugsziel. Nach zwei weiteren Kehren erreichen wir den nächsten Bauernhof, vor dem

WEGVERLAUF: Rundwanderung. Wilhelmsburg-Kreisbach – Stockerhütte (2 ¼ Std.) – Wasenmühle/Teichstüberl (1 ¼ Std.) – Kreisbach/Bahn (30 Min.)

DAUER: 4 Std.

LÄNGE: 15,5 km

SCHWIERIGKEITSGRAD: Kurze Steilanstiege, ansonsten gemächliche Höhenwanderung

WEGMARKIERUNGEN: Rote Balken, später mit „404", markierungslos, blaue Balken, Rot-Weiß-Rot mit „655"

EINKEHRMÖGLICHKEITEN: Schlosstaverne Lampl (Do bis Sa geöffnet), Florian's Teichstüberl (Mi Ruhetag)

ANFAHRT: Mit der Bahn bis Sankt Pölten/Hauptbahnhof, von dort Anschlusszug Richtung Traisen oder Leobersdorf. Zielpunkt ist die Haltestelle Kreisbach.

Mit dem Auto über die Westautobahn (A1) bis Sankt Pölten-Süd, dann weiter auf der B20 im Traisental Richtung Mariazell und über Sankt Georgen nach Wilhelmsburg. Nach Durchquerung des Zentrums (Untere, dann Obere Hauptstraße, 30-km-Zone) links in die Kreisbacher Straße einbiegen. Gleich vor einer Brücke wird ein großer Parkplatz an der Traisen erreicht.

HINWEIS: Wegen teilweise unzureichender Markierungen ist auf die genauen Orientierungsangaben zu achten.

sich der Weg in Richtung „Kukubauerhütte" oder „Stockerhütte" gabelt. Wir wählen den bergwärts führenden Ast auf Blau zur Stockerhütte.

Nach einem weiteren dichten Waldstück gelangen wir zu einem Gedenkstein, neben dem ein Schild auf den **WWW 404** hinweist, der hier als Teil des **E4** in die westlichsten Teile des Wienerwalds vorstößt. Auf einer staubigen, dann asphaltierten Fahrstraße (Güterweg) wandern wir in freiem Gelände weiter leicht bergauf und passieren den nächsten Bauernhof. An der bald danach folgenden Gabelung führt linker Hand ein Weg ins Tal nach Schwarzenbach an der Gölsen, den wir ignorieren.

Wir bleiben auf der Anhöhe mit fabelhafter Aussicht, wandern auf der gut befestigten Straße niveaugleich weiter und steuern das Anwesen „Zehethofer" an. Die Richtung zur Stockerhütte ist rechts davon bereits eindeutig angeschrieben. Nach dem Hof gelangen wir zu einer Baumreihe und bemerken einen Schrein mit einer kupfernen Madonnenstatuette; eine Inschrift weist auf die unmittelbar dahinter befindliche **Zehethofer Höhe** (604 m) hin. Wir verlassen die Anhöhe

nach links, queren eine Weide und beginnen gleich hinter einem Tiergatter mit unserer „Besteigung" der südwestlichsten Erhebung des Wienerwalds, der **Steinwandleiten**.

Nach fast 200 m im dichten Wald weisen uns mehrere Markierungen nach rechts. Wir gehen aber etwa 200 m unmarkiert nach links. Nach einem leichten Rechtsbogen tauchen gelbe Pfeile mit „Route 2" sowie blaue und auch rote Marken auf, denen wir nach Passieren einer Hausruine im Wald recht steil bergan folgen. Geben die hohen Bäume den Blick nach Osten frei, so kön-

Stein mit Sage vom grausamen Ritter

Blick auf die Steinwandleiten

nen wir im Tal unter uns die Ortschaft **Schwarzenbach an der Gölsen** sehen. Und weiter geht es deutlich bergauf. Der Pfad verläuft nun wieder durch ein dichtes Waldstück, der Anstieg flacht ab. Wir wandern den Kamm der Steinwandleiten entlang und erreichen kurz darauf die ehemalige **Stockerhütte** der Naturfreunde, die heute in Privatbesitz ist. Neben der Hütte ragt ein schlichtes Gipfelkreuz auf, das den höchsten Punkt der Steinwandleiten (734 m) markiert. Der Name der Hütte rührt von dem am Südhang ansässigen Bauern her, der das Gipfelgrundstück in den 1940er-Jahren zur Verfügung stellte (2 ¼ Std.).

Wir benützen die Waldzufahrt zur Hütte (rot markiert) für den Abstieg, der uns etwa 700 m weiter – nach einem hochstämmigen Mischwald – an ein Gatter beim Gut „Stadelböck" bringt, hinter dem sich die asphaltierte Bergstraße fortsetzt. Auf ihr bewegen wir uns in weiten Kehren durch die Streusiedlung **Altenburg** talwärts.

Nach einem kleinen Waldstück sehen wir rechts am Straßenrand an einem Baum die Markierung für den **RWW 655,** den Traisentaler Rundwanderweg, dem wir über die Abzweigung nach links folgen. Beim nächsten Grundstück bleiben wir rechts an Hecke und Einzäunung und steuern oberhalb des nächsten Privathauses ein weiteres Wäldchen an. Danach folgen wir dem gelben Schild „Teichstüberl" des Altenburgwegs.

Am Waldrand müssen wir eventuell ein oder zwei Elektrozäune mit Steighilfen überwinden; danach setzen wir unseren Weg oberhalb oder unterhalb (je nachdem, welche Viehweide gerade in Betrieb ist) einer Strauch- und Baumreihe fort. Vor uns sehen wir bereits deutlich die Siedlungen im Traisental. In einem weiten Bogen wandern wir neben dem Zaun in freiem Gelände talwärts. Wir gehen am nächsten Bauernhof vorbei und setzen auf der Zufahrtsstraße unseren Abstieg ins Tal fort (Altenburgweg). Nach zwei Kehren und einem Wäldchen erreichen wir die Häusergruppe Wasenmühle und überqueren die Gleise der Traisentalbahn. Danach sind es links gewendet noch ca. 500 m bis zum **Teichstüberl**, das neben dem künstlich angelegten Anglerteich zur Einkehr lädt (3 ½ Std).

Wir wenden uns nun zur Traisen hin und wandern die letzten gut 1,5 km auf dem fein gekiesten Damm neben dem meist ruhigen Gewässer und einigen Privatgärten Richtung Wilhelmsburg–Stadt. Wenn wir die nächste Brücke erreichen, gehen wir die Stufen zur Straße hinauf und kommen wenige Schritte danach zur Haltestelle Kreisbach bzw. zum Parkplatz zurück (4 Std.).

Das traditionelle Ausflugslokal „Häuserl am Stoan"

Lokale auf den Touren

Tour 1
Häuserl am Himmel, Tel. 01/320 66 61
Café-Restaurant Oktogon, www.himmel.at/oktogon/cafe-restaurant
Häuserl am Roan, www.amroan.com
Restaurant, Café und Bar Schloss Wilhelminenberg,
www.austria-trend.at/de/hotels/schloss-wilhelminenberg/restaurant-cafe
Gasthaus am Predigtstuhl, www.gasthaus-am-predigtstuhl.at

Tour 2
Josefinenhütte/Hütte am Weg, www.josefinenhuette.at
Café-Restaurant Kahlenberg, www.kahlenberg.wien
Imbiss-Standl Sobieski, https://imbiss-sobieski.eatbu.com
Café-Bistro Schönstatt, www.schoenstattzentrum-wien.at/cafe-bistro
Gasthaus „Zum Agnesbrünnl", www.jaegerwiese.at
Grüass Di a Gott Wirt, www.gdagwirt.at
Häuserl am Roan, www.amroan.com
Häuserl am Stoan, www.amstoan.com

Tour 3
Waldgasthaus „Zur Allee", www.zurallee.com
Mostalm, Tel. 01/979 27 31
Gasthaus Prilisauer, www.prilisauer.at

Tour 4
Landgasthof Windischhütte, http://members.aon.at/windischhuette
Landgasthaus Scheiblingstein, www.landgasthaus-scheiblingstein.at

Tour 5
Gasthof Waldhof, www.der-waldhof.at
Gasthaus Strasshofer, www.gasthaus-strasshofer.at
Landgasthof Windischhütte, http://members.aon.at/windischhuette
Häuserl am Roan, www.amroan.com

Tour 6
Gasthaus Hauser, www.staw.at/Gasthaus_Hauser_20
Hotel-Restaurant Marienhof, www.marienhof-wien.com/de/restaurant.html
Pizzeria Mia Bella, www.pizzeria-miabella.at

Tour 7

Berghotel Tulbingerkogel, www.tulbingerkogel.at
Kartausen-Café, www.kartausencafe.at
Klosterwirt, www.klosterwirt.at
Restaurant Schlosspark Mauerbach, www.schlosspark.at
Gasthaus Ungler, Tel. 01/979 49 45

Tour 8

Restaurant Thalassa, www.thalassa-gablitz.at

Tour 9

Wienerwaldhof, www.wienerwaldhof.at
Most- und Jausenstation „Bauernhof Hoffmann",
www.facebook.com/bauernhof.Hoffmann
Gasthaus Hochramalpe, www.hochramalpe.at
Pizzeria zum Dorfwirt, www.pizzeria-zum-dorfwirt-pizza-vom-holzofen.at
Pizzeria Bardolino, www.bardolino.at

Tour 10

Gasthof Fink in der Au, dzt. keine Kontaktmöglichkeit
Dorfgasthaus Ecker, www.dorfgasthaus-ecker.com
Gasthaus Klaghofer, www.gasthaus-klaghofer.at

Tour 11

Schutzhaus am Buchberg, www.buchberg.co.at
Gasthaus Mayer, www.gasthausmayer.at

Tour 12

Gasthaus zur Schießstätte, www.schiessstaette.net
Gasthaus Lindwurm, www.gasthaus-lindwurm.at
Heurigenschenke „Zur Wildsau", www.wildsau.at
Hirschgstemm, www.hirschgstemm.at
Rohrhaus, www.rohrhaus.at

Tour 13

Wienerwaldgasthaus JohannesBär, www.johannesbaer.at

Tour 14

Gasthaus Lindenhof, Tel. 02233/524 08
Gasthaus Mayer, www.gasthausmayer.at
Asia-Restaurant Neue Happy, www.asia-happy.gemeindeausstellung.at

Tour 15

Odysseus im Grünen Baum, www.odysseus-breitenfurt.at
Gasthaus zur Schießstätte, www.schiessstaette.net

Tour 16

Pizzeria Santa Maria, www.santamaria-breitenfurtbeiwien.at
Gasthof Schöny zur schönen Aussicht, Tel. 02239/22 52

Tour 17

Franz-Ferdinand-Hütte am Parapluiberg, www.franz-ferdinand-huette.at
Kammersteinerhütte, www.kammersteinerhuette.at
Teufelsteinhütte, www.alpenverein.at/teufelsteinhuette
Zum Salzstanglwirt auf der Kugelwiese, www.salzstanglwirt.at
Hans-Nemecek-Hütte, dzt. keine Kontaktmöglichkeit

Tour 18

Höllensteinhaus, www.hoellensteinhaus.com

Tour 19

Bier- und Mostschänke Prukl, www.prukl.com
Gasthaus Die Woeglerin, www.diewoeglerin.at

Tour 20

Mödlinger Kobenzl, www.moedlingerkobenzl.at
Waldmeierei, www.waldmeierei.at
Eis-Café Seegrotte, Tel. 0660/416 36 61

Tour 21

Anninger-Schutzhaus, www.anningerhaus.at
Waldrast Krauste Linde, www.kraustelinde.net

Tour 22

Restaurant Rudolfshof, www.rudolfshof.at
Rudolf-Proksch-Hütte, www.alpenverein.at/rudolfprokschhuette
Anninger-Schutzhaus, www.anningerhaus.at
Waldrast Krauste Linde, www.kraustelinde.net
Waldgasthaus Bockerl, www.bockerl.at

Tour 23

Landgasthof zur Cholerakapelle, www.satran.at/cholerakapelle
Augustinerhütte, www.augustinerhuette.at
Seminarhotel Krainerhütte, www.krainerhuette.at

Tour 24
Schutzhaus am Harzberg, www.harzberg.at
Vöslauer Hütte,
www.naturfreunde-huetten.at/niederoesterreich/voeslauerhuette

Tour 25
Schutzhaus Eisernes Tor, www.oetk-baden.at/schutzhaus

Tour 26
Peilsteinhütte, www.peilsteinhuette.naturfreunde.at
Peilsteinhaus, www.peilsteinhaus.gebirgsverein.at
Pizzeria Mafiosi, www.mafiosi-alland.at
Gasthof „Zum alten Jagdschloss", www.hotel-restaurant-mayerling.at
Klostergasthof Heiligenkreuz, www.klostergasthof-heiligenkreuz.at

Tour 27
Falkensteinerhütte, www.tv-falkensteiner.at
Gasthaus zum Kirchenwirt, www.kirchenwirt-koberger.at

Tour 28
Landgasthof „Zur Linde", www.landgasthof-zur-linde.at
Schöpfl-Schutzhaus, Tel. 02673/83 05
Gasthaus zum Schöpflgitter, Tel. 02257/214
Café Cappuccino, Tel. 02257/488

Tour 29
Kukubauerhütte, Tel. 0664/422 20 41
Gasthaus zur Taverne, Tel. 0664/862 70 77

Tour 30
Schlosstaverne Lampl, www.schlosstaverne-lampl.stadtausstellung.at
Florian's Teichstüberl, www.teichstueberl.at

Übersicht Touren

TOUREN NACH STRECKENLÄNGE (ohne Varianten)

10,5 km – Routen 6, 20
12 km – Routen 7, 19, 29
13 km – Route 2
13,5 km – Routen 10, 28
14 km – Routen 1, 4, 9, 11, 13
15 km – Routen 14, 18, 22, 27
15,5 km – Routen 26, 30
16 km – Routen 3, 17, 23
16,5 km – Route 16
17 km – Route 8
17,5 km – Routen 21, 24
18,5 km – Routen 15, 25
20 km – Route 5
24,5 km – Route 12

TOUREN NACH WEGZEIT (ohne Varianten)

3 Stunden: Routen 6, 7
3 bis 4 Stunden: Routen 2, 4, 9, 10, 13, 19, 20, 27, 28, 29
4 Stunden: Routen 1, 11, 14, 17, 18, 30
4 bis 5 Stunden: Routen 3, 8, 15, 16, 22, 23, 26
5 Stunden: Routen 12, 21, 24
5 bis 6 Stunden: Routen 5, 25

Index

AB AUFS LAND

WILDBADEPLÄTZE

M. Großschädl | N. Großschädl

100 größtenteils kostenlos
zugängliche und mit Öffis erreichbare
Badeziele in Wien, Niederösterreich,
Burgenland und der Steiermark.

256 Seiten, € 29,90